运输组织学

主　编　王小霞　路晓娟　韩　霜
参　编　卢建锋　赵佳虹　刘圆圆　胡三根

机械工业出版社

本书全面、系统地介绍了道路旅客运输和货物运输组织的理论、技术与实务。全书包括12章：绪论、运输组织基础理论、运输需求调查技术、运输量定性预测技术、运输量定量预测技术、运输车辆运用程度评价、运输服务质量评价、道路货物运输组织、车辆行驶线路与车辆运行调度、整车与零担货物运输工作组织、特种货物运输工作组织、道路旅客运输工作组织。

本书在实用性和操作性方面都具有很强的指导作用。书中包含大量的与道路运输组织有关的例题、数据和图表，多数数学模型与预测模型用 Excel 求解，既能提高读者综合运用 Excel 解决实际问题的能力，又能提升学习效率；每章均明确教学目标与教学要求，设置填空题、简答题、计算题、知识拓展题等形式多样的复习思考题，便于读者巩固知识和拓展视野，提高解决问题的能力。

本书配有教学大纲、授课 PPT、复习思考题参考答案等教学资源，免费提供给选用本书的授课教师，需要者请登录机械工业出版社教育服务网（www.cmpedu.com）注册后下载。

本书可作为高等院校交通运输类专业的教材，也可供载运工具运用工程、物流工程和物流管理等专业的学生使用，同时可作为从事交通运输生产以及相关延伸服务（如仓储、配送等）等工作的工程技术人员、管理人员的参考书。

图书在版编目（CIP）数据

运输组织学/王小霞，路晓娟，韩霜主编. —北京：机械工业出版社，2023.8

ISBN 978-7-111-73418-5

Ⅰ.①运…　Ⅱ.①王…　②路…　③韩…　Ⅲ.①运输组织　Ⅳ.①F506

中国国家版本馆 CIP 数据核字（2023）第 118025 号

机械工业出版社（北京市百万庄大街22号　邮政编码 100037）
策划编辑：李　帅　　　　　责任编辑：李　帅　何　洋
责任校对：张亚楠　王　延　　封面设计：张　静
责任印制：郜　敏
三河市国英印务有限公司印刷
2023年10月第1版第1次印刷
184mm×260mm·17印张·375千字
标准书号：ISBN 978-7-111-73418-5
定价：53.90元

电话服务　　　　　　　　网络服务
客服电话：010-88361066　机 工 官 网：www.cmpbook.com
　　　　　010-88379833　机 工 官 博：weibo.com/cmp1952
　　　　　010-68326294　金 书 网：www.golden-book.com
封底无防伪标均为盗版　　机工教育服务网：www.cmpedu.com

前　言

　　交通运输是基础性、先导性、战略性产业，是经济社会发展的重要支撑和强力保障，被喻为国民经济的"大动脉"和"先行官"。党的十九大立足新时代新征程，做出建设交通强国的重大决策部署，这是以习近平同志为核心的党中央对交通运输事业发展阶段特点和规律的深刻把握，是全国人民对交通运输工作的殷切期望，也是新时代全体交通运输人为之奋斗的新使命。党的二十大报告指出："坚持把发展经济的着力点放在实体经济上，推进新型工业化，加快建设制造强国、质量强国、航天强国、交通强国、网络强国、数字中国。"建设交通强国需要培养交通运输类高素质应用型人才。

　　道路运输具有机动、灵活、快速、经济、"门到门"直达等许多其他运输方式不能取代的优点，在交通运输系统中占有重要地位，在国民经济及社会发展中发挥着重要作用。本书围绕道路旅客运输和货物运输的组织工作展开，系统地介绍道路运输组织的理论、形式、方法、手段、制度等，并通过理论知识和操作实务的充分结合，加强读者对运输企业经营管理活动的认识。本书是为满足我国高等院校交通运输类、物流类等专业的学生，以及道路客运业、货运业、物流业、快递业等行业从业人员的学习需要编写出版的。

　　本书对章节结构进行了优化，并对学习内容进行了完善，共分为12章，包括：绪论、运输组织基础理论、运输需求调查技术、运输量定性预测技术、运输量定量预测技术、运输车辆运用程度评价、运输服务质量评价、道路货物运输组织、车辆行驶线路与车辆运行调度、整车与零担货物运输工作组织、特种货物运输工作组织、道路旅客运输工作组织。本书由王小霞负责设计全书结构、制订写作提纲、组织编写和统稿定稿；王小霞、路晓娟、韩霜担任主编；卢建锋、赵佳虹、刘圆圆、胡三根参与编写。

　　本书的编写特点如下：①实践性和应用性较强。书中提供课前导读和导读案例，教学目标与要求，与教材内容密切相关的大量例题，形式多样的复习思考题，以便读者在加深与拓展学习视野的同时，更好地巩固和运用所学运输组织理论和实务。②内容完整、系统，重点、难点突出。③紧密结合课程教学基本要求，力求用现行法律法规、国家标准、行业标准等资料，更准确地解读问题点，并在注重讲述运输组织理论知识的同时，强调知识的应用性，具有较强的实践意义。④有丰富的教学资源，便于混合式教学的开展。

本书在编写过程中参考了大量书籍和其他资料，在此谨向所有作者表示衷心感谢！本书得到广东工业大学本科教学工程（广工大教字〔2020〕22号）的出版资助，在此表示诚挚的谢意！

由于编者的学识水平和实践知识有限，书中难免存在疏漏之处，敬请广大读者批评指正。

编　者

目 录

前言
第 1 章　绪论 …………………………………………………………………………… 1
　1.1　交通运输业概述 ………………………………………………………………… 3
　1.2　交通运输系统的构成及其产品 ………………………………………………… 6
　1.3　道路运输行业的发展趋势 ……………………………………………………… 11
　1.4　道路运输组织学的主要内容 …………………………………………………… 14
　复习思考题 …………………………………………………………………………… 15
第 2 章　运输组织基础理论 …………………………………………………………… 17
　2.1　道路旅客运输与客流 …………………………………………………………… 18
　2.2　道路货物运输与货流 …………………………………………………………… 26
　2.3　道路运输生产过程 ……………………………………………………………… 34
　2.4　道路运输车辆的工作过程 ……………………………………………………… 37
　复习思考题 …………………………………………………………………………… 38
第 3 章　运输需求调查技术 …………………………………………………………… 40
　3.1　运输需求的概念 ………………………………………………………………… 41
　3.2　运输需求的特征 ………………………………………………………………… 42
　3.3　运输需求的影响因素 …………………………………………………………… 43
　3.4　运输需求与运输调查 …………………………………………………………… 46
　复习思考题 …………………………………………………………………………… 59
第 4 章　运输量定性预测技术 ………………………………………………………… 61
　4.1　运输量预测概述 ………………………………………………………………… 62
　4.2　运输量定性预测的含义及方法 ………………………………………………… 67
　复习思考题 …………………………………………………………………………… 75
第 5 章　运输量定量预测技术 ………………………………………………………… 77
　5.1　运输量定量预测的原理 ………………………………………………………… 78
　5.2　时间序列预测模型 ……………………………………………………………… 80
　5.3　因果关系预测模型 ……………………………………………………………… 87

5.4 组合预测模型 ………………………………………………………………… 95
复习思考题 ……………………………………………………………………… 98

第 6 章 运输车辆运用程度评价 …………………………………………… 100
6.1 车辆运用程度单项评价指标 …………………………………………… 101
6.2 车辆运用程度综合评价指标 …………………………………………… 112
6.3 车辆运用程度评价 ……………………………………………………… 114
复习思考题 ……………………………………………………………………… 115

第 7 章 运输服务质量评价 ………………………………………………… 117
7.1 质量信誉考核与运输服务质量 ………………………………………… 118
7.2 运输服务质量内部评价 ………………………………………………… 120
7.3 运输服务质量外部（满意度）评价 …………………………………… 129
7.4 运输服务质量提高的措施 ……………………………………………… 135
复习思考题 ……………………………………………………………………… 136

第 8 章 道路货物运输组织 ………………………………………………… 138
8.1 道路货物运输组织概述 ………………………………………………… 139
8.2 道路货运生产计划的编制 ……………………………………………… 141
8.3 货运车辆运行组织形式 ………………………………………………… 153
复习思考题 ……………………………………………………………………… 161

第 9 章 车辆行驶线路与车辆运行调度 …………………………………… 163
9.1 车辆行驶线路及类型 …………………………………………………… 164
9.2 车辆运行调度的组织 …………………………………………………… 169
9.3 道路货物运输组织合理化 ……………………………………………… 179
复习思考题 ……………………………………………………………………… 184

第 10 章 整车与零担货物运输工作组织 ………………………………… 186
10.1 整车货物运输工作组织 ………………………………………………… 187
10.2 零担货物运输工作组织 ………………………………………………… 191
10.3 整车与零担货物运输的区别 …………………………………………… 200
复习思考题 ……………………………………………………………………… 201

第 11 章 特种货物运输工作组织 ………………………………………… 202
11.1 长大笨重货物运输组织 ………………………………………………… 203
11.2 危险货物运输组织 ……………………………………………………… 207
11.3 鲜活易腐货物运输组织 ………………………………………………… 220
11.4 贵重货物运输组织 ……………………………………………………… 224
复习思考题 ……………………………………………………………………… 225

第 12 章 道路旅客运输工作组织 ………………………………………… 227
12.1 道路客运概述 …………………………………………………………… 228
12.2 道路客运与客运站经营管理 …………………………………………… 230

12.3	道路客运站工作组织	233
12.4	客车运行组织	238
复习思考题		242

附录 244

附录 A	运输组织学的主要图例说明	244
附录 B	某物流园建设的货物运输需求调查表	244
附录 C	道路运输企业质量信誉考核记分标准	251
附录 D	某快递公司顾客满意度评价（专家用）调查表	252
附录 E	某快递公司客户满意度（顾客用）调查表	253
附录 F	道路危险货物运输车辆标志牌图形	256

参考文献 261

第1章 绪 论

【本章提要】

运输业的发展影响着社会生产、流通、分配和消费的各个环节,在国民经济、社会发展和物流系统中占有重要地位;按照不同的划分标准,运输业可以分为不同类型;运输系统主要由载运工具、运输线路、运输站场、运输对象、搬运装卸设备、通信设备、信息管理系统等基本要素构成;运输业的产品有核心产品、形式产品和延伸产品之分;与工农业产品相比,运输产品具有其特殊性;我国道路运输正朝着直达化、快速化、大型化、智能化和环保化方向发展。

【教学目标与要求】

- 了解运输业的性质、地位和作用。
- 理解运输业的分类依据和具体类别。
- 掌握运输系统的基本构成要素。
- 能够进行不同等级公路的交通量换算。
- 了解核心产品、形式产品和延伸产品的区别。
- 掌握运输服务的基本特征。
- 掌握道路运输组织学的研究内容。
- 了解道路运输行业的发展趋势。

【导读案例】

案例1:交通运输工具的选择

寒暑假或节假日,不少同学会外出旅游,了解各地的民俗风情,游览祖国的名山大川，既增长了知识，又锻炼了身体，也陶冶了情操，是一件十分有意义的事情。

问题1：同学们在外出旅游时乘坐过哪些交通运输工具呢？

问题2：若想选择合适的交通运输工具，需要考虑哪些因素呢？

问题3：根据历年的出行体验，你能否感受到我国交通运输业的发展变化呢？

问题4：你可曾想过交通运输业的产品是什么？它具有哪些独特的特点呢？

案例2：打造移动互联网时代综合运输服务升级版

服务是交通运输行业改革发展的出发点和落脚点，是综合交通运输体系建设的根本目的。改进和提升综合运输服务，满足人民群众日益多样化的出行需求、提高运输效率和降低物流成本，是适应经济新常态、加快发展现代服务业的内在要求，是增强人民群众获得感、让经济发展更具活力的有效途径。

"十四五"时期，我国会继续凝聚各方面的力量和智慧，推进综合运输服务高质量发展，着力构建"五个系统"、打造"五个体系"，这些系统和体系是：构建协同融合的综合运输一体化服务系统，构建快速便捷的城乡客运服务系统，构建舒适顺畅的城市出行服务系统，构建集约高效的货运与物流服务系统，构建安全畅通的国际物流供应链服务系统，打造清洁低碳的绿色运输服务体系，打造数字智能的智慧运输服务体系，打造保障有力的安全应急服务体系，打造统一开放的运输服务市场体系，打造精良专业的从业人员保障体系。（资料来源：《综合运输服务"十四五"发展规划》）

问题1：交通运输业的地位和作用是怎样的呢？

问题2：交通运输系统的构成要素有哪些？

问题3：为实现交通强国，需要从哪些方面提升运输业服务品质呢？

【准备知识】

运输业的最常见分类

通常意义上，我们所说的道路运输、铁路运输、水路运输等是按照不同运输方式使用到的运输工具进行的分类，即按照运输工具的不同，运输业的分类如图1-1所示。

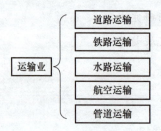

图1-1　运输业的分类

1.1 交通运输业概述

1.1.1 交通运输业的性质

人类社会活动的基础是从事各种生产活动。在生产活动中，必然会出现生产工具、劳动对象和劳动者的位置变化。离开这种位置变化，一切生产活动将无法进行。交通运输是一种能够实现这种位置变化的活动，被比喻为经济发展的"先行官"。

交通运输是人们借助于运输工具，在一定的运输线路上实现运输对象（人或物）空间位移的、有目的的活动。随着社会生产力的发展，运输工具亦发生了相应的变革。人类从原始的利用人力、畜力进行搬运活动，逐步发展到利用各种复杂的水运、陆运、空运的现代运输工具进行搬运活动，现代运输工具的使用促进了交通运输业的进步。

资本主义的产生和发展，尤其是18世纪后期蒸汽机和其他机器的相继出现，引起了工业生产技术的革命，促使交通运输业走上机械化的道路，并成为一个独立的物质生产部门。交通运输业作为国民经济流通领域中一个专门承担客货运输任务的物质生产部门，必须为企业与企业、企业与供销部门、工业与农业、城市与乡村的相互联系服务，这是交通运输业存在的前提。

交通运输业属于第三产业，其产品不同于农产品、工业产品等实体商品，交通运输业的产品是无形的运输服务。由此，运输服务质量的好坏成为运输企业质量信誉考核的主要环节，运输企业质量信誉考核是在考核年度内对运输企业的安全生产、经营行为、服务质量、管理水平和履行社会责任等方面进行的综合评价。

1.1.2 交通运输业的地位与作用

1. 交通运输业在国民经济和社会发展中的地位与作用

交通运输是国民经济的基础命脉，是经济发展的"先行官"。交通运输业的发展影响着社会生产、流通、分配和消费的各个环节，对人民生活、国防建设以及国际交流合作等有着重要意义。

1）交通运输业是国民经济的重要组成部分，是经济发展的基本需要和先决条件。交通运输业和国民经济各部门是紧密联系的。交通运输业担负着社会产品的流通任务，发达的交通运输业是保证工农业生产之间、国家各地区之间稳固经济联系的必要条件，是衔接生产和消费的桥梁。生产的社会化程度越高，商品经济越发达，生产对流通的依赖性越大，交通运输在再生产中的作用越重要。

2）交通运输业推动现代工业的发展。在经济发达的社会中，交通运输不仅可以通过不断扩大运输对象空间位移的规模来刺激流通，而且可以通过本身提出的巨大需求来刺激建筑、能源、采矿以及机械加工等行业的发展，推动工业和科技的进步。

3）交通运输业可以保持市场的供需平衡。在交通运输业发达的国家（或地区），交通运输不但可以保证工农业生产和内外贸易渠道的畅通，而且还可以保持市场的供需平衡。当某个国家（或地区）的工农业产品，出现供过于求或者供不应求的现象时，借助交通运输的物资调运功能，可以实现产品供应的宏观调控，从而保证国民经济健康稳定发展。

4）交通运输业的发展可以降低社会产品的流通费用。大力发展交通运输业是缩短社会产品流通时间的重要手段。通过缩短流通时间，不仅可以降低运输成本，而且可以相对减少流通过程中的资金占用。这不仅关系到"货畅其流、人便其行"的问题，而且，关系到整个社会劳动生产率的提高，其经济效益是十分可观的。

5）交通运输业在国防建设方面有着不可低估的作用。交通运输平时可为经济建设服务，战争时也可为军事服务，其军民两用的性质是非常鲜明的，例如，高速公路可供军用飞机起降，铁路、水路运输可以保证军队的快速集结和居民的快速疏散。交通运输还是联系前方和后方、运送武器弹药和粮食物资等的重要保证。因此，交通运输具有半军事性质，是国家战斗实力的组成部分之一。

6）交通运输业是国际交流的重要桥梁与纽带。交通运输可以促进各国之间的物资交换、经济发展和人员交流，是实现经济全球化的重要保证，是围绕服务国家"一带一路"发展战略，促进基础设施建设和互联互通，对接各国政策和发展战略，深化对外交流与合作，促进协调联动发展，实现共同繁荣的重要组成部分。

2. 交通运输业在物流系统中的地位与作用

物流系统中的运输则专指"物"的载运及输送。它是在不同地域范围间，例如，两个城市之间、两个工厂之间、大型企业内部相距较远的两车间之间，以改变"物"的空间位置为目的的活动，是对"物"进行的空间位移。物流系统中的运输概念极其容易和物流系统中的配送相混淆。关于运输和配送的区分，可以这样说，所有物品的移动都是运输，而配送则专指短距离、小批量的运输。也可以说，运输是指整体，配送则是指其中的一部分。

运输是物流活动的核心内容，物流过程中的其他各项活动，例如，包装、装卸、搬运、配送、信息处理等，都是围绕着运输进行的。运输子系统是物流系统最重要的组成部分。只有通过运输活动，才能将物流系统的各个环节有机结合起来，实现物流系统的终极目标。

1.1.3 交通运输业的常见类型

按照不同的分类标准，可以将现代交通运输业划分为不同的类型，通常有以下几种分类方法。

1. 按运输对象分类

（1）旅客运输　旅客运输是指为实现人的空间位移所进行的运输服务活动，简称为客运。

（2）货物运输　货物运输是指为实现物的空间位移所进行的运输服务活动，简称为货运。

2. 按服务性质分类

（1）公共运输　公共运输是指向社会公众提供运输服务，并向其收取运费的运输活动。例如，面向社会公众提供的航空、铁路、水路以及公路等运输服务，即为公共运输。公共运输会伴随运费的费用结算。

（2）自用运输　自用运输是指为保证单位内部的工作、生产和生活的顺利进行，使用单位自有的运输工具运送员工或货物（如原材料、制成品）的活动。自用运输不发生费用结算，具有非营业性质。

3. 按服务区域分类

（1）城市运输　城市运输是指运输服务范围为一座城市的市区以及城乡接合部。

（2）城间运输　城间运输是指运输服务范围为不同城市之间的广大地区。

4. 按运输工具分类

（1）道路运输　道路运输又称为公路运输，是指在城市道路及城间公路上使用机动车辆或人力车、畜力车等非机动车辆载运旅客和货物的运输方式。

（2）铁路运输　铁路运输是指在铺设的铁路轨道上，以铁路列车载运旅客和货物的运输方式。

（3）水路运输　水路运输是指在江河、湖泊、水库、海洋等天然或人工水道上，利用船舶或其他浮运工具运送旅客和货物的运输方式。

（4）航空运输　航空运输是指利用飞机或其他航空工具在空中进行旅客和货物运输的运输方式。

（5）管道运输　管道运输是指利用钢管、泵站和加压设备等组成的管道，输送气体、液体、粉状固体的运输方式。

5. 按运输作用分类

（1）干线运输　干线运输是指利用铁路、公路的干线，以及大型船舶和飞机的固定航线进行的长距离、大数量的运输。干线运输是进行远距离空间位置转移的重要运输形式，是运输的主体。

（2）支线运输　支线运输是指在干线运输的基础上，对干线运输起辅助作用的运输形式。它是利用与干线相连的分支线路，主要承担从货运站到运输干线上的集结站点以及从干线上的集结站点到配送站的运输任务。相对于干线运输而言，支线运输的路程较短、运输量也较小，同时支线运输的建设水平和运输工具也相对较差，所以，支线运输的运输速度较慢，但它又是运输合理布局的必要要求。

（3）短距离集散运输　短距离集散运输主要指从发货人那里取货后送至货运站，以及将货物从货运站送至收货人的活动。短距离集散运输是集结运输和配送运输的总称。短距离集散运输主要利用汽车以及城市公共交通工具实现，虽然汽车、公交车、出租车等运输工具存在能耗较大和污染较严重等问题，但在旅客和货物的集散方面是无可替代的。

以货运为例，干线运输、支线运输和短距离集散运输的示意图，如图1-2所示。

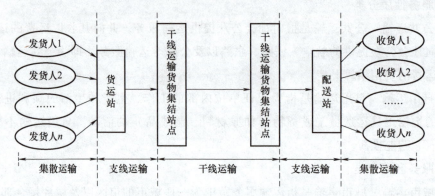

图 1-2 按运输作用划分的运输类型

6. 按运输距离分类

各种运输方式对短途、中途、长途的定义不一样。在道路运输中,短途运输是指运距在 50km 以内的运输;中途运输是指运距在 50~200km 的运输;运距在 200km 以上的运输为长途运输。而在航空运输中,短途运输是指运距在 600km 以内的运输;中途运输是指运距在 600~1100km 的运输;运距在 1100~3000km 的运输为长途运输,3000km 以上是超长途运输。

7. 按运输目的分类

交通运输可分为通勤运输、通学运输、旅游运输、生活运输等。

1.2 交通运输系统的构成及其产品

1.2.1 交通运输系统的构成要素

系统是由具有特定功能的、相关联的多个要素所构成的有机整体。对交通运输系统而言,是指一定空间范围(如一个国家或地区)内,由几种运输方式的运输生产要素,按照一定历史条件下的政治、经济和国防等社会运输要求,将旅客、货物运送到预定目的地的系统。其特定功能是实现人或物的空间位移,其构成要素是实现运输活动所需的各种运输生产要素。

运输生产要素作为交通运输系统的基本构成要素,它至少应包括载运工具、运输线路、运输站场三大要素,除此之外,还应包括运输对象、搬运装卸设备、通信设备、信息管理系统、经营管理人员和经营管理机构等。

(1) 载运工具 载运工具是指车辆、船舶、飞机、火车、管道等,即实现人或物空间位移的运输工具。载运工具作为旅客和货物的重要运送载体,虽然不同类别的载运工具具有不同的使用性能,但是对于被输送旅客和货物来说,理想的载运工具应具备结构简便、安全可靠、轻巧快速、容易操纵、造价低廉、宽敞舒适、结实耐用、故障少、容量大、振动小、能耗低、易维修、污染少等特点。

(2) 运输线路 运输线路是指连接始发地和到达地,供载运工具定向移动的通道。在现代交通运输系统中,运输线路既包括自然形成的海运航道、空运航线,还包括人工修建的公路、铁路、管道、运河等。目前,我国的铁路线、公路线以及航空线等相互交织,形成四通八达的综合运输网,成为国民经济和社会发展的"生命线"。

为规范运输线路的建设、运营与管理,运输线路实行分级(或分类)管理制度,其中,公路线路、铁路线路和内河航道实行分级制度;空中交通线(简称为航线)和管道线路实行分类制度。例如,JTG B01—2014《公路工程技术标准》将公路分为高速公路、一级公路、二级公路、三级公路及四级公路五个技术等级。

1)高速公路为专供汽车分方向、分车道行驶,全部控制出入的多车道公路。高速公路的设计年平均日交通量宜在 15000 辆小客车以上。

2)一级公路为供汽车分方向、分车道行驶,可根据需要控制出入的多车道公路。一级公路的设计年平均日交通量宜在 15000 辆小客车以上。

3)二级公路为供汽车行驶的双车道公路。二级公路的设计年平均日交通量宜为 5000~15000 辆小客车。

4)三级公路为供汽车、非汽车交通混合行驶的双车道公路。三级公路的设计年平均日交通量宜为 2000~6000 辆小客车。

5)四级公路为供汽车、非汽车交通混合行驶的双车道或单车道公路。双车道四级公路设计年平均日交通量宜在 2000 辆小客车以下;单车道四级公路设计年平均日交通量宜在 400 辆小客车以下。

JTG B01—2014《公路工程技术标准》的交通量换算,采用小客车为标准车型。汽车代表车型以及车辆折算系数,见表 1-1。拖拉机和非机动车等交通量换算,也应符合表 1-1 的规定。

表 1-1 汽车代表车型及车辆折算系数

汽车代表车型	车辆折算系数	说明
小客车	1.0	座位≤19 座的客车,以及载质量≤2t 的货车
中型车	1.5	座位>19 座的客车,以及 2t<载质量≤7t 的货车
大型车	2.5	7t<载质量≤20t 的货车
汽车列车	4.0	载质量>20t 的货车

注:1. 畜力车、人力车、自行车等非机动车按路侧干扰因素计。
　　2. 公路上行驶的拖拉机每辆折算为 4 辆小客车。

(3)运输站场 运输站场又称为运输节点或交通港站,是指以连接不同运输方式为主要职能,处于运输线路上的,承担货物集散、运输业务办理、运输工具保养和维修的基地与场所。它是运输工具出发、经过和到达的地点;是旅客和货物的集散地;是各种运输工具的衔接点;是办理客货集散与装卸业务和运输工具作业的场所;是为司机以及乘客、货主等提供服务的场所;是运输企业对运输工具进行保养、修理的场所;是交通运输网络的重要组成部分。运输站场包括客运站、货运站、机场、港口等。

（4）运输对象　运输对象包括旅客和货物。

1）旅客是指经由运输部门运送的人。旅客的社会经济条件、身体状况和出行目的，是决定其所选客运形式及服务水平的主要因素。经济收入水平较高、公费出行旅客的运输费用支付能力较高，通常选择快捷、舒适的客运服务形式，而大中专院校学生通常选择方便、经济的客运服务；身体状况欠佳、老年人或携带婴幼儿出行的旅客，通常选择舒适性较好的客运形式；有急事出行的旅客通常选择快速、直达的客运形式。

2）货物是指凡经由运输部门或仓储部门承运的一切原料、材料、工农业产品、商品以及其他产品。货物是运输的直接对象之一，是物流中的流体，它与运输组织工作有着密切的关系。货物本身的特性以及货主的运输需求，是选用载运工具及装卸设备、保管措施的主要影响因素。

（5）搬运装卸设备　搬运装卸设备是指在运输线路上或在具有与运输线路相似性能的几何体上，用于装载旅客或货物，并使它们发生水平或者垂直位移的各种设备。搬运装卸设备主要包括搬运设备、堆垛机械设备、起重机械设备，连续输送机械设备，自动化装卸系统等。

搬运装卸设备在货物运输中的作用主要包括：

1）缩短搬运装卸作业的时间，加速载运工具的周转。

2）提高搬运装卸作业的质量，减少货损货差的数量。

3）降低搬运装卸作业的成本，提高仓库货位利用率。

4）提高搬运装卸作业的效率，减轻工人的劳动强度。

（6）通信设备　通信设备能够帮助营运管理人员迅速、及时地掌握运输动态，提高运输服务质量与运输效率，并能够及时协助处理运输事故，确保运输持续与安全。现代交通运输的通信设备包括电话通信、卫星通信（如北斗、GPS等）、计算机网络通信等。

（7）信息管理系统　信息管理系统是指应用通信和电子信息等高新技术建立的、为现代交通运输服务的系统。它通过建立一套完善的数据采集、处理与共享机制，构筑交通运输信息平台，为交通运输的发展提供强有力的信息保障。例如，售票信息管理系统、车辆管理信息系统等。

信息管理系统在交通运输系统中起着桥梁和纽带的关键作用，它能够使交通运输系统的其他构成要素实现有机联系，从而实现整个交通运输系统的合理规划，统筹安排，提高交通运输系统的运营效率和服务质量。

（8）经营管理人员和经营管理机构　在整个交通运输系统中，人是最重要的因素，交通运输系统如果只具备载运工具、站场、信息管理系统等软硬件要素，是无法从事运输服务的。只有经营管理人员（包括驾驶员、机车维修养护人员、售票员、调度员以及其他服务人员等）的广泛参与，才能使软硬件要素真正发挥作用。

综上，合理地组织运输生产要素，使运输需求与运输供给的各个环节相互衔接、密切配合，离不开人、车、路、环境等各种要素的合理结合、充分利用，有效的企业经营管理，可以对企业的整个生产经营活动进行决策、计划、组织、控制与协调,并对企业成员进行激励,以尽量少的劳动消耗和物质消耗提供更多的运输服务,以促进运输企业目标的实现。

1.2.2 运输产品与运输服务

1. 运输产品的概念

运输产品

交通运输业和工农业一样,都会从事社会生产活动,都会创造国民收入,但它和工农业又不完全一样,后者会改变劳动对象的性质和形态,而它只改变运输对象在空间和时间上的存在状态,即,运输对象在空间位置上的移动。这种空间位置的改变,也是物质变化的一种形式,称为"位移"或者"运输"。位移虽然不会创造新的有形产品,也不会改变运输对象的形态,但是可以增加货物的使用价值或者满足旅客的出行需要,位移既是运输生产活动产生的效用,也是交通运输业用以出售的"产品"。运输产品的概念可以分为三个层次,如图1-3所示。

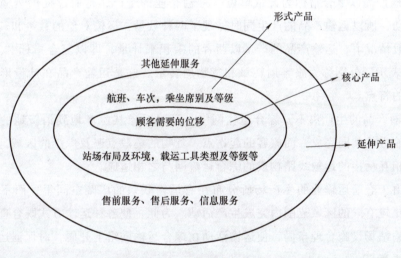

图1-3 运输产品的构成

（1）核心产品　核心产品是运输产品的核心内容,就整个交通运输业而言,是指满足顾客需要的位移。安全、方便、及时、经济地完成旅客（或货物）从始发地到目的地的位移,就是顾客所购买的实质性产品。

（2）形式产品　交通运输业通常用位移载体的外在特性（如航班、车次,乘坐席别及等级,站场布局及环境,载运工具类型及等级等）加以展现,将位移核心产品转变为可以感知的形式产品,以便于顾客判断、评估和选用。

（3）延伸产品　延伸产品又称为扩大产品、附加产品,是指顾客在购买位移核心产品时得到的附加服务和利益,包括售前服务（如客票预约、上门收货等）、售后服务（如在途查询、顾客投诉和建议、客货运输事故理赔等）、信息服务及其他延伸服务（如货运代理、出行信息、天气信息）等。

2. 运输产品的特殊性

与工农业产品相比,运输产品的特殊性表现在以下方面。

(1) 运输产品是无形产品　交通运输业不生产有形的商品,也不增加社会产品的总量,为此,它不改变人或物的形态,而只是使它们在保持原样的情况下,进行空间场所的移动,使之具有空间价值。运输生产活动为社会提供的效用,是一种服务,其产品是无形产品。

(2) 运输产品是即时产品　运输产品只能在生产与消费过程中即时存在,不能脱离运输生产过程而独立存在。交通运输业的生产过程和消费过程完全融合在一起,既不存在可供出售的、任何形式的"半成品",也不存在可以存储、转移、调拨的任何形式的"成品"。因此,运输产品不同于有形产品的生产,它不能储存、不能调拨,更不能像有形产品那样,由于质量不合格进行退换或修复性再加工。这就要求运输生产过程必须保证质量,保证运输对象移动迅速和完整无损。一旦运输产品不合格,会给运输企业带来巨大损失,运输生产必须保证一次成功。

(3) 运输产品以复合指标为计量单位　运输企业的生产,是通过提供运输工具来实现人或物的移动,所以运输产品的产生同时体现了两种数量:运输对象的数量和其被移动距离的数量。一般情况下,运输产品的产量以两者的乘积来计量,即以复合指标"人·km"或"t·km"来表示,分别称为旅客周转量和货物周转量。这是运输产品在计量形式上不同于工农业产品的特点。

(4) 运输产品的生产离不开综合运输网络　运输对象从生产地到消费地的运输过程通常由几种运输方式共同完成,而旅客的起讫点、货物的集散点遍及广泛的区域,必须有一个干支相连、相互衔接的运输线路构成的综合运输网与之相适应。

综上,由于交通运输业的生产场所分布在有运输联系的广阔空间里,而不像工农业那样,可以在比较有限的区域范围内完成生产活动。为此,使各种运输方式既合理分工又协调发展、使运输站场设施合理布局,使运输活动在综合运输网络上开展,对保证运输生产的连续性具有重要意义。

3. 运输产品的生命周期

产品生命周期是指产品从进入市场开始,直到被市场淘汰为止所经历的全部时间。世界著名市场营销权威菲利普·科特勒把产品生命周期划分为四个阶段——介绍阶段(或引入阶段)、成长阶段、成熟阶段和衰退阶段,如图1-4所示。在不同的阶段,利润有升有降,销售者要面对不同的挑战,制定不同的营销策略。

运输产品同样具有生命周期,其周期同样也是根据销售额和企业所得利润额来衡量的。运输企业推出的各种运输产品在不同的区域和时间,会处于不同的生命周期,例如,磁悬浮列车、高速铁路客运等还处于运输产品的介绍与成长阶段,而"夕发朝至"旅客列车已处于运输产品的成熟阶段。通常情况下,一个运输企业所拥有的运输产品往往有多种,而每种运输产品又会处于生命周期的不同阶段,为此,根据运输产品所处的生命周期,制定合理的运输产品营销战略,对运输企业具有重要意义。

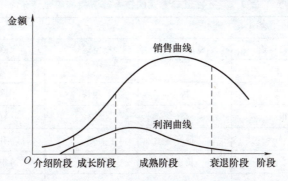

图 1-4 产品生命周期与销售利润曲线

4. 运输服务的基本特征

（1）运输服务的公共性　交通运输业必须以服务作为前提向全社会提供运输产品，必须公平地为社会所有成员服务。交通运输业的服务要为国民经济和社会发展全局服务，要为社会主义新农村建设服务，要为人民群众安全便捷出行服务，因此，运输服务对整个社会的经济发展和人民生活水平的提高均有广泛影响，从而表现出运输服务的公共性特征。

（2）运输服务的准公费服务性　运输服务是介于纯私费服务和纯公费服务之间的一种准公费服务方式。这是由于：一方面，运输产品与其他有形产品的生产一样，也凝结着运输服务供给者创造的劳动价值，其产品也具有商品的属性，可以进行交换，可以获取营利，为了保证交通运输业从业人员的劳动所得及运输企业的扩大再生产，交通运输业也应根据运输产品的价值，按等价交换的原则，通过运输市场向用户提供有偿运输服务；另一方面，由于运输服务具有公共性，为了减轻人民群众的经济负担，运输产品的价格不能过高，特别是旅客运输，因此，运输产品不能完全按企业经营效果来确定价格，尚需由社会公共事业部门通过费用补贴等方式对价格进行调整，例如，我国许多城市对公共交通企业提供财政补贴，对公交月票或地铁月票实行补贴等，既保证了人民最低生活水平的合理负担，也保证了运输企业及其劳动者的基本利益，有利于国民经济的健康发展，这就是运输服务的准公费服务性。

1.3　道路运输行业的发展趋势

1.3.1　道路运输行业的地位

道路、铁路、航空、水路和管道五种运输方式在载运工具、线路设施、营运方式及技术经济特征等方面各不相同，因而各有优势，各有其不同的适用范围，五种运输方式的技术经济指标综合评价见表 1-2。在这五种运输方式中，道路运输与国民经济和人民生活最为密切，其余几种运输方式需通过道路运输才能到达目的地。

表 1-2 五种运输方式的技术经济指标综合评价

评价指标	运输方式				
	道路运输	铁路运输	航空运输	水路运输	管道运输
运输成本	中	中	高	低	很低
运输速度	快	快	很快	慢	很慢
频率	很高	高	高	有限	连续
可靠性	好	很好	好	有限	很好
运输距离	中、短途	长途	很长	很长	长
运输规模	小	大	小	大	大
运输能力	强	强	弱	最强	最弱

注：1. 运输规模是指单个载运工具能够装载货物的数量。
2. 运输能力通常以单位时间内（如 24h 或一年内）某种运输方式完成的运量来计量。

改革开放以来，我国道路运输行业发展快速。从完成的客货运量和周转量来看，道路客运已成为我国客运的主要方式，见表 1-3，道路货运量也远远超过其他运输方式，见表 1-4；尽管道路旅客周转量近年来有所下降，见表 1-5，但货物周转量仍呈现出稳中有升的趋势，见表 1-6。总的来说，道路运输具有机动、灵活、快速、经济、"门到门"直达、运行范围广泛等其他运输方式所不能取代的优点，在交通运输系统中占有重要地位，在国民经济及社会发展中发挥着重要作用。

表 1-3 五种运输方式完成的客运量　　　　　　　　　　　　　　（单位：万人）

运输方式	年份							
	2013	2014	2015	2016	2017	2018	2019	2020
道路运输	1853463	1736270	1619097	1542759	1456784	1367170	1301173	689425
铁路运输	210597	230460	253484	281405	308379	337495	366002	220350
民航运输	35397	39195	43618	48796	55156	61174	65993	41778
水路运输	23535	26293	27072	27234	28300	27981	27267	14987
管道运输	—	—	—	—	—	—	—	—

表 1-4 五种运输方式完成的货运量　　　　　　　　　　　　　　（单位：万 t）

运输方式	年份							
	2013	2014	2015	2016	2017	2018	2019	2020
道路运输	3076648	3113334	3150019	3341259	3686858	3956871	3435480	3426413
铁路运输	396697	381334	335801	333186	368865	402631	438904	455236
民航运输	561	594	629.3	668.0	705.9	738.5	753.1	676.6
水路运输	559785	598283	613567	638238	667846	702684	747225	761630
管道运输	65209	73752	75870	73411	80576	89807	91261	85623

第1章 绪 论

表1-5 五种运输方式完成的旅客周转量 （单位：亿人·km）

运输方式	年份							
	2013	2014	2015	2016	2017	2018	2019	2020
道路运输	11251	10997	10743	10229	9765	9280	8857	4641
铁路运输	10596	11242	11961	12579	13457	14147	14707	8266
民航运输	5657	6334	7283	8378	9513	10712	11705	6311
水路运输	68	74	73	72	78	80	80	33
管道运输	—	—	—	—	—	—	—	—

表1-6 五种运输方式完成的货物周转量 （单位：亿t·km）

运输方式	年份							
	2013	2014	2015	2016	2017	2018	2019	2020
道路运输	55738	56847	57956	61080	66772	71249	59636	60172
铁路运输	29174	27530	23754	23792	26962	28821	30182	30515
民航运输	170	188	208	222	244	263	263	240
水路运输	79436	92775	91773	97339	98611	99053	103963	105834
管道运输	3496	4328	4665	4196	4784	5301	5350	5450

1.3.2 道路运输行业的发展趋势

1. 运输直达化和快速化

运输速度的提高一直是各种运输方式的努力方向，在道路运输中，运输直达化和快速化主要是依托高速公路实现，由于高速公路采用了技术较完备的交通设施，从而为大量、快速、安全、舒适、连续的运送提供了条件和保障。在客运组织形式上，可以采用高速公路客运，以满足顾客多层次、多样性的出行需求。目前，经营高速公路客运虽然一次性投入大，但收益也高，例如，成渝高速公路客运发展初期，客车实载率约为90%，高级大客车单车月营业收入约为20万元，营收利润率约为30%，高额的预期利润吸引了大量社会资金甚至外资进入高速公路客运市场。在货运组织形式上，采用多班运输、甩挂运输、集装箱运输、联合运输等方式，满足安全、快速、便捷的货物运输需求。

2. 运输大型化

大型化是规模经济在交通运输领域的具体体现。公路汽车列车是道路运输大型化的具体体现。当半挂牵引车的有效载质量为24~28t时，其在高速公路上的平均速度70~80km/h，与一辆普通货车相比，其运输效率提高了30%~50%，运输成本降低了30%~40%。目前，重载牵引车（可以是全挂牵引车、也可以是半挂牵引车）载质量可以达到200~300t。

3. 运输智能化

随着经济的发展，世界各国都受到城市交通拥挤问题的困扰。目前，解决交通拥挤的问题主要有两种途径：一种途径是改扩建、新建道路和控制车辆行驶；另一种途径是发展智能运输系统。21世纪，道路运输智能化首当其冲，例如，城市交通流诱导系统、车辆定位及通信系统、车辆安全系统、ETC收费管理系统、无人驾驶车辆系统等，都得到开发和推广。国外智能运输系统的发展轨迹是：公路交通——城市交通——综合交通，当单一运输方式的智能化发展到一定程度时，进行综合运输系统的智能化设计和研究就成为必然的发展趋势。

4. 运输环保化

道路运输在旅客和货物运输中发挥了重要作用，给人民的生活带来了极大便利，但与此同时，它也成为能源消耗和空气污染的一个重要因素，对交通可持续发展提出了挑战。在能源消耗方面，道路运输（包括城市公共交通）约占交通运输能源总消耗的51.6%，如图1-5所示，是交通运输系统的能源消耗大户。据统计，排量在2.0L以下的小汽车的经济车速是45~65km/h，排量在2.0L以上的小汽车的经济车速是55~75km/h，车辆在低速行驶和高速行驶时油耗量都会加剧，低速行驶时的油耗甚至是最低油耗量的3倍，而在我国大城市中，高峰时间的平均车速仅约为20km/h，工作日平均车速约为30km/h，造成能源的极大浪费和尾气的大量排放。在空气污染方面，根据各地的

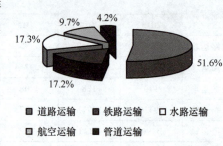

图1-5 交通运输能源消耗结构图

监测数据分析，我国汽车尾气排放量占大气污染源的50%以上；在北京、广州等大城市，80%以上的一氧化碳和40%以上的氮氧化合物来自汽车尾气排放；此外，温室效应、酸雨的形成、光化学烟雾、臭氧层的破坏、地球变暖等均与道路交通尾气排放具有一定关系。

道路运输行业是国务院确定的节能减排重点行业之一。道路运输的节能减排不仅对道路运输成本有直接影响，同时，对道路运输行业的可持续发展也有很大影响，更重要的是关系到整个社会和国民经济的可持续发展。

1.4 道路运输组织学的主要内容

本书将围绕道路旅客运输和货物运输的组织工作展开，从本节开始，所有的理论知识和操作实务均围绕道路运输。

1.4.1 道路运输组织学的核心问题

运输生产与工业生产不同，运输产品的生产和消费是同时进行的，而且是在流动分散、点多线长、广阔的空间范围内进行的。因此，运输组织过程是运输产品的生产和销售交织在一起的组织过程，运输组织工作尤为复杂，是运输企业经营管理活动的中心环节。

道路运输组织学的核心问题是运用现代科学管理方法，组织旅客、货物同载运工具在空间和时间上的有效结合，实现旅客和货物在空间上的移动，实现运输产品生产和消费的有效

融合，提高运输生产能力和运输服务质量。

1.4.2 道路运输组织学的研究内容

道路运输组织学以研究道路运输生产过程中生产力各要素和各环节、各工序的整体结合运动为对象。系统地研究道路运输组织理论、形式、方法、手段、制度等，寻求有效的组织途径和措施，实现生产力各要素的最优结合和各环节、各工序的紧密配合，形成有序、协调、均衡、连续的整体运动，争取以一定的劳动消耗，获得最高的运输效率、最好的服务质量、最佳的经济效益，发挥和发展汽车运输生产力，满足社会对道路运输服务的需要。

复习思考题

1. 单选题

（1）五种运输方式中，机动灵活，能够进行"门到门"货物运输的是（　　）。

A. 铁路运输　　　　B. 航空运输　　　　C. 管道运输　　　　D. 道路运输

（2）运输的生产过程和消费过程同时进行，表明运输产品具有（　　）的特性。

A. 运输产品是无形产品　　　　　　　　B. 运输产品是低值易耗品

C. 运输产品是即时产品　　　　　　　　D. 运输产品是存储产品

（3）运输可以将我国南方的荔枝、龙眼、榴莲等运送到北方，还可以将北方产的苹果、板栗等运送到南方，这体现了运输具有的（　　）。

A. 时间价值　　　　B. 空间价值　　　　C. 附加价值　　　　D. 生产价值

2. 填空题

（1）我国 JTG B01—2014《公路工程技术标准》根据公路的使用任务、功能和适应的交通量，将公路分为_____、_____、_____、_____及_____五个技术等级。

（2）世界著名市场营销权威菲利普·科特勒在其《市场营销学》中，把产品生命周期划分为四个阶段：_____、_____、_____和_____。

（3）运输系统的三大构成要素是_____、_____和_____。

（4）运输产品的概念可以分为_____、_____和_____三个层次。

3. 简答题

（1）道路运输的特点有哪些？

（2）运输业在国民经济和社会发展中的地位与作用是怎样的？

（3）为什么说运输产品以复合指标为主要计量单位？

（4）为什么要大力发展公路快速客货运输？

4. 论述题

仔细阅读《交通强国建设纲要》以及收集相关的解读材料，例如，《交通强国建设目标

明确 掀开新时代交通运输新篇章》等,并论述:

(1)为什么说交通运输是基础性、战略性、先导性和服务性的行业,它与国计民生、经济社会发展、每个人都有着密切关系,事关国家的经济活力和竞争力?

(2)道路运输企业应怎样推动运输高质量发展,怎样提升运输服务品质,以增强人民群众的获得感、幸福感和安全感,从而为交通强国的建设贡献力量?

第 2 章 运输组织基础理论

【本章提要】

客流包括流量、流向、运距、流时和类别 5 个基本因素。客流是合理组织客运生产过程的基本依据；客流图可以清晰地反映出客流的构成因素；客流的波动性体现了客流空间分布及时间分布的不均匀性；货流在时间和方向上的分布也是不平衡的；道路运输的客货周转量换算标准为 1t·km = 10 人·km；道路运输车辆的工作过程由运次、车次、周转构成，运次是最基本的构成单位。

【教学目标与要求】

- 掌握客流 5 个基本要素的含义。
- 理解运量、运距和周转量三者间的关系。
- 掌握客货运输周转量的计算方法。
- 掌握绘制客流图和货流图的方法。
- 了解道路货物运输的分类。
- 掌握旅客周转量和货物周转量间的换算标准。
- 掌握货流的特点并能根据需要绘制货流图。
- 了解道路运输生产过程的构成。
- 分清运次、车次和周转三者间的区别。

【导读案例】

我国道路运输业的整体情况

2020 年，我国完成营业性客运量 96.65 亿人，比 2019 年下降 45.1%，完成旅客周转量 19251.43 亿人·km，下降 45.5%；完成营业性货运量 464.40 亿 t，比 2019 年下降 0.5%，完成货物周转量 196760.92 亿 t·km，下降 1.0%。其中，公路全年完成营业性客运量 68.94 亿人，比 2019 年下降 47.0%，完成旅客周转量 4641.01 亿人·km，下降 47.6%；完成营业性货运量 342.64 亿 t，比 2019 年下降 0.3%，完成货物周转量 60171.85 亿 t·km，增长 0.9%。（资料来源：《2020 年交通运输行业发展统计公报》）

问题 1：你知道旅客周转量和货物周转量的含义吗？

问题 2：你知道客运量与旅客周转量之间具有怎样的关系吗？

问题 3：你知道货运量与货物周转量之间具有怎样的关系吗？

【准备知识】

运输工作量的构成（见图 2-1）

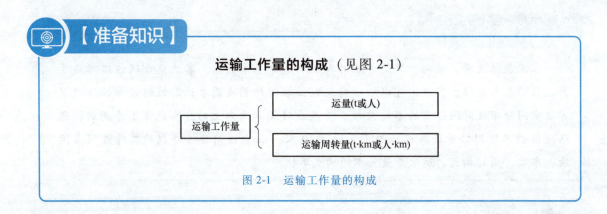

图 2-1　运输工作量的构成

2.1　道路旅客运输与客流

2.1.1　道路旅客运输的概念

道路旅客运输是现代综合运输体系的一个重要组成部分，是道路交通运输部门为满足人们旅行需要所提供的服务。道路旅客运输是指道路交通运输部门利用客车，通过道路、站场等基础设施实现人的空间位移的活动，简称道路客运。

道路旅客运输的基本任务是最大限度地满足人民群众对于出行乘车的需要，确保安全、迅速、经济、便利地将旅客送往目的地。

道路旅客运输的主要服务对象是旅客，具有生产性质。道路旅客运输通过售票工作，把旅客组织起来并最大限度地满足他们在旅行中的物质文化生活需求，集人、车、路、站于一体，主要以提供劳务的形式为旅客服务。

2.1.2　道路旅客运输的分类

不同类型的旅客具有不同的运输服务要求，针对不同类型的旅客开展客运服务，可以大大提高客运的服务水平和组织水平。常见的道路旅客运输分类如下：

1. 按旅客出行目的分类

按旅客出行目的分类，可以将旅客分为出差、商务、旅游、探亲、通勤、生活购物等类型。为上述旅客服务的道路客运可以分为以下两大类：

（1）工作性客运 这类客运是一种因公外出、通勤、上学等出行需要而产生的客运。这类客运的主要特点是运输时间比较集中，运量较大且有规律性，旅客对运输时间的要求较高。

（2）消费性客运 这类客运是一种因探亲访友、旅游观光、生活购物等出行需要而产生的客运。这类客运的主要特点是随机性大，流量与流向难以掌握。

2. 按旅客发送区域分类

（1）市内乘客运输 这类客运旅客的出行范围主要在城区，其出行在时间、空间上的分布很不均衡。客运工作的主要特点是行车频率高、运输距离短、停车次数多，大多由出租车客运、城市公共汽车客运提供相应服务。其中，出租车客运是以轿车、小型客车为主，根据用户要求的时间和地点行驶、上下及等待，按里程或时间计费的一种营运方式。城市公共汽车客运是指在城市及其郊区范围内，为方便公众出行，利用公共汽车运输旅客的一种营运方式，它是城市交通的重要组成部分，对城市政治经济、文化教育、科学技术等方面的发展影响极大，也是城市建设的一个重要方面。

（2）城乡旅客运输 这类客运旅客的出行范围主要在城乡接合部或城市与乡村之间，多表现为早进城、晚回乡，出行距离较短，一般由短途客运系统提供相应服务。

（3）城间旅客运输 这类客运旅客的出行范围主要在城市之间，旅客的客流量相对稳定，旅客的平均运距长，多由长途客运系统提供相应服务。

3. 按旅客是否包租载运工具分类

团体旅客是指一次出行人数较多且目的地一致，由道路交通运输部门安排专车运送的旅客。这类旅客运输具有直达运输、运费统一结算、旅行线路固定等特点。零散旅客是同一时间的出行人数不多，到达地点各异，搭乘既定线路运输工具的旅客。根据《道路旅客运输及客运站管理规定》，为上述旅客服务的道路客运包括：班车（加班车）客运、包车客运、旅游客运。

（1）班车（加班车）客运 这类客运是指营运客车在城市之间、乡镇之间，按照固定的线路、时间、站点、班次进行中长距离运输的一种客运方式，也叫"四定"班车，包括直达班车客运和普通班车客运。加班车客运是班车客运的一种补充形式，是在客运班车不能满足需要或者无法正常运营时，临时增加或者调配客车按照客运班车的线路、站点运行的方式。

（2）包车客运 这类客运是指以运送团体旅客为目的，将客车包租给用户安排使用，提供驾驶劳务，按照约定的起始地、目的地和途径线路行驶，按行驶里程或包用时间计费并统一支付费用的一种客运方式。

（3）旅游客运 这类客运是指以运送旅游观光的旅客为目的，在旅游景区内运营或者其线路至少有一端在旅游景区的一种客运方式。

2.1.3 客流的形成

1. 客流的形成

客流是旅客（或乘客）因生产、工作和生活需要，在一定时期内沿运输线路某一方向有目的的流动。客流是合理组织客运业务的基本依据，也是规划客运站场，进行客运基础设施建设的基础数据资料。客流包括流量、流向、运距、流时和类别5个基本要素。其中，流量表示旅客（或乘客）数量的多少；流向表示旅客（或乘客）流动的方向；运距表示旅客（或乘客）发送地与到达地的距离；流时表示旅客（或乘客）出行所耗费的时间；类别表示旅客（或乘客）的构成。

客流量是反映一定时期社会经济发展、人民物质文化水平以及旅游业发展、人口增长速度等因素的一个综合性指标。客流量包含了大量的社会学、经济学信息。客流量的测算也常应用于旅客（或乘客）运输工作量的计算。旅客（或乘客）运输工作量指一定数量的旅客（或乘客）被运送一定距离之后产生的运输效能。旅客（或乘客）运输工作量包括旅客（或乘客）运量和运输周转量。旅客（或乘客）运输周转量是反映一定时期内旅客运输工作总量的指标，在实行客运单独核算的运输业中，是计算和分析客运劳动生产率和运输成本的主要依据，同时还是我国旅客运输计划的主要指标之一，也是制订运输计划和考核运输任务完成情况的主要依据之一。其与旅客（或乘客）运量的关系为

$$P = \sum_{i=1}^{n} q_i \times l_i \quad (2\text{-}1)$$

运输周转量的计算

式中　P——旅客（或乘客）的运输周转量（人·km）；

　　　q_i——旅客（或乘客）的运量（人次）；

　　　l_i——旅客（或乘客）的运输距离（km）；

　　　n——运次数，完成一个包括运输准备、装货或旅客上车、运送、卸货或旅客下车4个主要环节在内的运作过程称为一个运次。

【例2-1】 某运输公司的某辆车从A地出发去往D地，途中需在B地和C地接送零散旅客，表2-1所列为路段客流量统计表，请计算此次运输的旅客周转量。

表2-1　路段客流量统计表

统计值	停靠站		
	A→B	B→C	C→D
站距/km	60.0	57.4	43.1
路段客流量（人）	38	33	45

解：

根据式（2-1），$n=3$时，旅客的运输周转量为

$$P = \sum_{i=1}^{3} q_i \times l_i = (38 \times 60.0 + 33 \times 57.4 + 45 \times 43.1) \text{人·km} = 6113.7 \text{人·km}。$$

2. 客流图

客流图是反映旅客（或乘客）流向、流量、运程及其类别的示意图，能动态地、直观地反映运输线路上客流的基本情况以及地区间的经济、文化联系，是研究全国或地区运输网或某一运输干线、运输枢纽发展规模的重要依据。城市公共交通部门常通过绘制旅客流向图和流量图，了解旅客（或乘客）流量和流向在时间或空间上的变化情况，为编制车辆运行作业计划或进行现场调度提供依据。

客流图及其含义

客流图可以针对某一地区、某车队、某线路等的客流量绘制，为了便于绘制客流图和分析客流，可以先列出各路段的客流量，据此可以很方便地绘制客流图。绘制客流图的方法，是把旅客（或乘客）沿实际道路的曲线流动表示成直线图形，从始发点开始，用横坐标表示道路长度，按一定比例标出各类旅客（或乘客）运输起讫点间的距离，用纵坐标表示旅客（或乘客）数量，不同类别的旅客（或乘客）可以用不同图示符号（或颜色）、按比例标画在纵坐标上，将同一方向（如去程）的客流表示在横坐标轴的一侧，而将相反方向的客流表示在横坐标轴的另一侧，这样就得到一个包括不同类别旅客（或乘客）所构成的流向、流量、运程的客流图。客流图上每个矩形面积表示不同类别旅客（或乘客）的运输周转量，矩形在纵坐标轴上的刻度长短，表明了不同类别旅客（或乘客）的运量。

【例 2-2】 某运输公司某营运线路 AB、BC、CD 三个路段的月客流量统计表见表 2-2。请根据表 2-2 绘制客流图。

表 2-2 路段客流量某月统计表

路段名称	AB	BC	CD
路段距离/km	5	10	5
去程客流量（人）	800	1200	800
返程客流量（人）	800	1400	800

解：

将路段距离标在横坐标轴上，将去程客流量绘制在横坐标轴上方（第一象限中），将返程客流量绘制在横坐标轴下方（第四象限中），得到的客流图如图 2-2 所示。

客流图的主要作用体现在以下几方面：

1）客流图能够直观清晰地表明旅客（或乘客）的流量、流向、运距，便于发现运输组织计划中的问题，增强客流流向的合理性。

2）便于根据客流特点组织车辆的配置与调度。

3）便于编制和检查车辆运行作业计划，组织合理运输。

4）便于确定线路和站点的通过能力，为线路和站点的新建、扩建提供必要的基础资料。

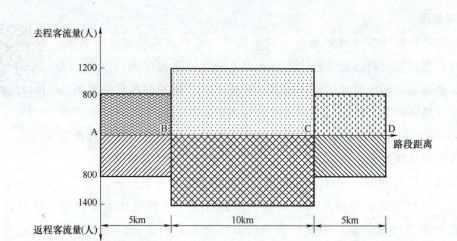

图 2-2 客流图

2.1.4 客流的波动性

运输需求的不均匀性,在旅客(或乘客)运输方面表现得十分明显。客流在地区、方向和时间上的分布极不均衡,被称为客流分布的波动性。客流分布的波动性实质上反映了运输需求在空间分布及时间分布上的不均匀性。

旅客(或乘客)运输需求在空间上分布的波动性,主要表现为客流量在运输区域分布的不均匀性和运输方向分布的不均衡性,例如,经济发达区域的客流量高于经济落后区域,市区客流量高于郊区。旅客(或乘客)运输需求在时间上分布的波动性是客流量在时间上的分布不均衡,例如,春节后流向经济发达地区的民工客流量剧增,而春节前返乡过年的民工客流量很大;清晨,客流多向工作地点、学校流动,而傍晚,客流多向住所流动。

通过研究旅客(或乘客)运输沿运输地区、方向和时间的波动性,可以向旅客(或乘客)提供适宜的运输服务项目、优质的运输服务质量以及合理的运输组织方式。旅客(或乘客)运输需求的波动性,要求客运经营者提供的运输能力、组织水平要与之相适应。

1. 客流的地区分布波动性

衡量客流地区分布波动性的两项主要指标如下:

(1) 路段不均匀系数 K_{li} 路段不均匀系数 K_{li} 指统计期内营运线路上某路段的客流量与该营运线路平均路段客流量之比,用以评价客流沿路段分布的不均匀程度,其表达式为

$$K_{li} = \frac{Q_{li}}{\overline{Q_l}} \quad (i=1,2,\cdots,n) \tag{2-2}$$

式中 K_{li}——营运线路第 i 路段的路段不均匀系数;

Q_{li}——第 i 路段的客流量(人);

$\overline{Q_l}$——平均路段客流量(人);

n——营运线路的路段数(个)。

通常将 $K_{li}>1$ 的路段称为客流高峰路段。当 K_{li} 值较高时，应采用诸如加开区间车等措施，以改进运输服务质量。

【例 2-3】 某运输公司某营运线路总计分为 4 段，分别用 AB 段、BC 段、CD 段、DE 段表示，该线路一年内的路段客流量统计表见表 2-3，试计算该线路各路段的路段不均匀系数。

表 2-3　路段客流量统计表　　　　　　　　　　　　　　（单位：万人）

路段名称	月份											
	1	2	3	4	5	6	7	8	9	10	11	12
AB	2.5	3.0	2.1	3.2	1.6	2.4	2.6	3.1	3.2	1.9	2.6	2.9
BC	3.6	2.9	2.8	3.4	3.6	4.1	2.9	3.7	4.0	3.7	4.8	4.1
CD	6.4	6.2	5.8	5.7	5.6	5.1	6.3	6.1	6.8	6.9	6.7	5.9
DE	4.1	3.9	3.7	4.2	3.8	3.5	4.1	4.6	4.2	3.4	4.5	3.9

解：

AB 段、BC 段、CD 段、DE 段在一年内的客流量分别为 $Q_{AB}=31.1$ 万人；$Q_{BC}=43.6$ 万人；$Q_{CD}=73.5$ 万人；$Q_{DE}=47.9$ 万人。

平均路段客流量 $\overline{Q}=49.025$ 万人。

为此，路段不均匀系数 $K_{AB}=0.63$；$K_{BC}=0.89$；$K_{CD}=1.50$；$K_{DE}=0.98$。

因为 $K_{CD}>1$，所以，CD 段为该营运线路的客流高峰路段。

（2）站点不均匀系数 K_{zj}　站点不均匀系数 K_{zj} 指统计期内营运线路的某停靠站旅客（或乘客）集散量与各停靠站旅客（或乘客）平均集散量之比，用以评价客流沿营运线路各站点分布的不均匀程度，其表达式为

$$K_{zj}=\frac{Q_{zj}}{\overline{Q}} \quad (j=1,2,\cdots,m) \tag{2-3}$$

式中　K_{zj}——营运线路第 j 站点不均匀系数；

Q_{zj}——第 j 停靠站旅客（或乘客）的集散量（人）；

$\overline{Q}$——各停靠站旅客（或乘客）的平均集散量（人）；

m——营运线路的停靠站数目（个）。

旅客（或乘客）集散量指某一停靠站在统计期内上、下车的旅客（或乘客）人数总和。通常将 $K_{zj}>1$ 的停靠站称为客流高峰站。当 K_{zj} 较高时，可以开设只在这类站点停靠的营运快车，以缓和这类站点旅客（或乘客）上、下车的拥挤程度，及时疏散滞留在这类停靠站的旅客（或乘客），城市公交系统尤其适用。

【例 2-4】 某运输公司某营运线路 A、B、C、D 四个停靠站点的旅客（或乘客）集散量见表 2-4，试计算该线路的站点不均匀系数。

表 2-4　四个停靠站的旅客（或乘客）集散量　　　（单位：万人）

停靠站	月份											
	1	2	3	4	5	6	7	8	9	10	11	12
A 站上	78	86	93	65	93	86	83	79	59	88	69	84
A 站下	58	63	61	49	57	61	70	58	67	63	57	60
B 站上	38	45	49	52	50	47	43	51	58	42	50	61
B 站下	89	82	76	81	79	90	72	76	80	90	82	78
C 站上	60	67	70	69	78	72	74	80	83	69	75	73
C 站下	37	42	36	38	31	34	42	43	39	37	39	34
D 站上	58	59	62	58	67	53	64	65	59	61	70	58
D 站下	49	46	50	57	43	48	39	58	46	59	51	47

解：

A、B、C、D 四个停靠站的旅客（或乘客）集散量分别为 $Q_A = 1687$ 万人；$Q_B = 1561$ 万人；$Q_C = 1322$ 万人；$Q_D = 1327$ 万人。

四个停靠站的旅客（或乘客）平均集散量 $\overline{Q} = 1474.25$ 万人。

为此，四个停靠站的站点不均匀系数 $K_A = 1.14$；$K_B = 1.06$；$K_C = 0.90$；$K_D = 0.90$。

因为 $K_A > 1$，$K_B > 1$，所以，A 站和 B 站为客流高峰站。

2. 客流的方向分布波动性

客流的方向分布波动性表示某条运输线路上的旅客（或乘客）数量在流动方向上的变化状态。每条运输线路都有去程、返程之分（公共交通每条线路有上行、下行之分），两个运送方向的客流量经常是不平衡的，有些线路不同运送方向上的客流量甚至差别较大。根据运送方向上的客流量大小，客流可划分为以下两种类型：

（1）双向型客流　凡是某条线路两个方向的客流量相等或接近相等，称为双向型客流。大部分地区的市区线路均属于这种类型，由于两个方向的客流量近乎相等，车辆运行调度工作相对容易。

（2）单向型客流　凡是某条线路两个方向的客流量有很大差异，称为单向型客流。由市区通向郊区的市郊线路上，大多属于这种类型。由于同一线路两个方向的客流量不平衡，车辆座位的利用率就会受到影响，这给车辆运行调度工作带来不少困难。

实际生活中，客流沿运送方向的分布，表现为长期和短期的分布规律差别较大。

从长期看，客流在方向上的分布具有较大的平衡性。因为旅客（或乘客）一般总是有去有回，只有少数旅客（或乘客）因某种原因（如改变居住地点）例外。一般而言，这种平衡性在线路客流中的表现更为明显。形成上述平衡，线路客流经历的时间通常要长于城市客流，如前者可能需要一年，而后者可能只需要一周。

从短期看，客流在方向上的分布具有较大的不平衡性。选取的时间跨度越短，这种不平衡性表现得越充分。为了评价客流在方向分布上的不均匀程度，通常采用方向不均匀系数这一指标。方向不均匀系数 K_f 是指统计期内营运线路的最大单向客运量与平均单向客运量之比，即

$$K_f = \frac{Q_{fmax}}{\overline{Q}_f} \tag{2-4}$$

式中 K_f——营运线路的方向不均匀系数；

Q_{fmax}——营运线路的最大单向客运量（人）；

$\overline{Q}_f$——营运线路的平均单向客运量（人）。

如果 K_f 值过高，运输企业应采取某些措施，如增加车次、开设线路快车等，以提高运输服务质量。尽管这些措施可能会导致另一单向的车辆运力未能充分利用，但相对社会效益和企业获取的经济效益而言，上述措施的采用仍是值得的。

【例 2-5】 某运输公司某营运线路连续 6 年的单向运输客运量见表 2-5，试计算该营运线路的方向不均匀系数。

表 2-5 某营运线路的单向旅客运输量 （单位：万人）

年度	1	2	3	4	5	6
客运量	105	110	108	115	110	123

解：

$Q_{fmax} = 123$ 万人；$\overline{Q}_f = 111.83$ 万人。

所以，$K_f = 1.10$。

3. 客流的时间分布

客流时间分布波动性的指标主要有以下三项：

（1）月不均匀系数 月不均匀系数 K_{mi} 指营运线路在一年内某月运送的客运量与全年平均每月客运量之比，即

$$K_{mi} = \frac{Q_{mi}}{\overline{Q}_m} \quad (i = 1, 2, \cdots, 12) \tag{2-5}$$

式中 K_{mi}——第 i 月的月不均匀系数；

Q_{mi}——第 i 月的客运量（人）；

$\overline{Q}_m$——平均每月的客运量（人）。

月不均匀系数值在旅游旺季、节假日较高。

（2）日不均匀系数 日不均匀系数 K_{di} 指营运线路在月营运时间内，某日客运量与平均日客运量之比，即

$$K_{di} = \frac{Q_{di}}{\overline{Q}_d} \quad (i = 1, 2, \cdots, 30) \tag{2-6}$$

式中　K_{di}——第 i 日的日不均匀系数；

　　　Q_{di}——第 i 日的客运量（人）；

　　　$\overline{Q}_d$——平均每日的客运量（人）。

（3）小时不均匀系数　小时不均匀系数 K_{hi} 指营运线路在日营运时间内，某一小时的客运量与平均每小时客运量之比，即

$$K_{hi} = \frac{Q_{hi}}{\overline{Q}_h} \quad (i = 1, 2, \cdots, 24) \tag{2-7}$$

式中　K_{hi}——第 i 小时的小时不均匀系数；

　　　Q_{hi}——第 i 小时的客运量（人）；

　　　$\overline{Q}_h$——平均每小时的客运量（人）。

通常，当 $K_{hi} > 1.8$ 时，称为客流高峰小时；当 $K_{hi} < 1.0$ 时，称为客流低峰小时；其他时间为客流平峰小时。

2.2　道路货物运输与货流

2.2.1　道路货物运输的概念

从广义上讲，道路货物运输是指利用一定的载运工具，如载货汽车、拖拉机、畜力车、人力车等，通过道路使货物产生空间位移的过程。从狭义上讲，道路货物运输是指以载货汽车为载运工具，通过道路使货物产生空间位移的过程，即指汽车货物运输。

2.2.2　道路货物运输的分类

1. 按货物的物理属性分类

按货物的物理属性分类，可以分为针对固体、液体和气体三种不同种类货物的货物运输。

在不同地理和经济区域以及产业发展的不同阶段，三种不同物理属性的货物量构成是不同的。针对我国现阶段的货物物理属性构成而言，以固体货物的运输量为最大，而其中又以块状货物（如煤炭、矿石等）和粉末状货物（如水泥、化肥等）居多。

2. 按货物的装卸方法分类

按货物的装卸方法分类，可以将货物运输分为计件货物运输和散装货物运输。

1) 计件货物是指可以用件计数的货物。每一件货物都有一定的质量、形状和体积。带运输包装的件装货物按照其包装物的形状可以分为桶装、箱装和袋装货物等多种类别；按其包装物的性质可以分为硬质包装、软质包装和专门包装等多个类别。

2) 散装货物可以分为堆积货物和罐装货物。堆积货物是不能计点件数，但可以用堆积

方法来装卸的货物,即允许散装散卸的货物,如煤炭、砂石、矿石、土等。罐装货物一般指液体货物,如油类、桶装水等,用罐装方法进行装卸搬运的货物。

3. 按货物的运输和保管条件分类

按货物的运输和保管条件分类,可以将货物运输分为普通货物运输、特种货物运输和轻泡货物运输。

1)普通货物指在运输、配送、保管及装卸搬运过程中,不必采用特殊方式或手段进行特别防护的货物。普通货物分为一等货物、二等货物和三等货物:一等货物主要是堆积货物,其价值较低,如煤、砂、石及某些非金属矿石等;二等货物主要是工业产品、农业产品和加工过的矿产品;三等货物主要是各种价值较高的工业制品、机器及设备等。

2)特种货物指在运输、配送、保管及装卸搬运过程中,必须采取特别措施,才能保证其完好无损和安全的货物。特种货物又可以分为危险货物、长大笨重货物、鲜活易腐货物和贵重货物。特种货物运输因货物质量、性质、体积等的要求,需要汽车列车以及冷藏车、保温车等专用汽车进行运输。

3)轻泡货物是体积大而自重轻的货物,在道路运输中,指每立方米体积质量不足333kg的货物(如海绵、棉花等)。其体积按货物(有包装的按货物包装)外廓最高、最长、最宽部位的尺寸计算。

4. 按货物的托运批量分类

按货物的托运批量分类,可以分为整车货物运输、零担货物运输和集装箱运输。

1)整车货物指一次托运货物的质量在3t(含3t)以上,或虽不足3t但其性质、体积、形状需要一辆汽车运输的货物。整车运输的特点是货流比较稳定,装卸地点变动较少(如粮食、煤炭、建筑材料等)。整车货物宜采用大载质量的载运工具进行运输,并配合使用生产效率高的装卸机械。

2)零担货物指一次托运货物的质量在3t以下或不满一整车的小批量货物。零担货物的主要特点是货物种类繁多,批量小,货流不稳定,装卸地点经常变动。零担货物宜采用小载质量的载运工具进行运输。各类危险货物、易污染货物和鲜活货物一般不作为零担货物。

3)集装箱运输是指以集装箱这种大型容器为载体,将货物集合组装成集装单元,以便在现代流通领域内运用大型装卸机械和大型载运车辆进行装卸、搬运作业和完成运输任务,从而更好地实现"门到门"运输的一种新型、高效率和高效益的运输方式。在道路运输中,集装箱运输以汽车集装箱运输为主,有以下几类:

① 国内集装箱运输和国际集装箱运输。

② 标准集装箱运输和非标准集装箱运输。

③ 普通集装箱运输和特种集装箱运输(如危险、冷藏、保温和罐式集装箱运输等)。

④ 整箱运输和拼箱运输。

⑤ 用托运人的集装箱进行的运输和用承运人的集装箱进行的运输。

⑥ 用单车型式车辆进行的集装箱运输和用牵引车加挂半挂车的列车组合形式进行的集装箱运输。

5. 按运送速度分类

按运送速度分类，可以分为一般货物运输、快件货物运输和特快专运。

1）一般货物运输是指在运送速度上没有特殊要求，只要满足常规运送的速度要求就可以达到托运人意愿的运输方式。

2）快件货物运输要求货物位移体现一个"快"字，这就要求在最短的时间内将货物安全、及时、完好无损地运送到目的地。《道路零担货物运输管理办法》规定，快件零担货运是指从货物受理的当天15时起算，300km运距内，24h以内送达；1000km运距内，48h以内送达；2000km运距内，72h以内送达。

3）特快专运是指应托运人的要求，即托即运，在约定时间内送达。

6. 按运输方式的多少分类

按运输方式的多少分类，可以分为单一方式运输和道路运输参加的多式联运。

1）单一方式运输是指全程的运输服务，仅由道路运输这一种运输方式完成。

2）多式联运是指由两种及其以上的运输方式相互衔接而共同完成的运输过程。道路运输参加的多式联运是指道路与铁路、道路与水路、道路与航空等组成联运的形式，共同开展运输。

7. 按货物装卸责任分类

按货物装卸责任分类，可以分为由托运人或收货人自理（或负责）装卸车的货物运输，以及由承运人负责装卸车的货物运输。

8. 按货物的运输时间缓急分类

按货物的运输时间缓急分类，可以分为重点物资运输和一般物资运输。所谓运输时间缓急，主要是依据国家政策及有关规定确定的。

1）重点物资是指在运输时间上对国民经济、人民生活、宏观效益等方面有重要影响的物资，如抢险救灾物资、战备急需物资等。托运人自己要求优先安排的货物一般不算重点物资。重点物资运输是根据重点物资的运输要求，组织的快速、直达货物运输。该类运输具有较强的优先性。

2）一般物资是指相对重点物资而言的其他各种货物，它们在运输时间上没有特殊要求。有些一般物资有较强的时间性，例如，农业生产用的种子、农药、化肥、薄膜等，为了不误农时，承运人应以支农物资对待，并优先安排运送。

9. 按经营方式分类

按经营方式分类，可以分为公共货物运输、合同运输、自用货物运输、汽车货运代理经营的货物运输。

1）公共货物运输是以整个社会为服务对象的专业性道路货物运输。按其经营方式分类有以下几种：

① 定期定线运输。

② 定线不定期运输。

③ 定区不定期运输。

2）合同运输是根据承运人和托运人双方签订的运输合同，组织货物运输的一种形式，分为长期、短期和临时合同运输。运输合同的主要内容包括：货物的情况及包装标准；货物起点和到达地点；收发货人及地址；运输质量及安全要求；货物装卸责任和方法；货物的交接手续及运输的起止日期；运杂费计算标准及结算方式；违约责任。合同签订后，双方应按合同规定履行义务，违反合同时，违反方须按规定向对方支付违约金，造成损失时应予以赔偿。

3）自用货物运输是使用自有运输设备运输自有的、承租的或受托的货物的活动。

4）汽车货运代理经营的货物运输是为汽车运输部门代收货物、揽货的公司，接受货物发货人或收货人的委托，以委托人或自己的名义，为委托人办理货物运输及相关业务，并收取劳务报酬的货物运输形式。

10. 按托运货物是否保价（或保险）分类

货物保价运输是指货物的发货人或托运人在托运货物时，声明其价格并向承运人支付保价费用，由承运人在货物损失时按声明价格及货物损坏程度予以赔偿的一种货物运输方式。货物保险运输是指发货人或托运人在托运货物时，以道路运输过程中的各类货物为保险对象，向保险公司支付投保费用，由保险公司在货物损失时按责任范围内的损失及保险条款约定，予以赔偿的一种货物运输方式。

货物保价、保险的目的是相同的，二者都是为了防止在运输过程中，出现货物的损坏或丢失，由发货人或托运人在货物运输前，事先向承运人或保险公司支付一笔费用作为代价，一旦遇到被运送的货物出现损坏或丢失事故，发货人或托运人可以通过向承运人或保险公司索赔得以补偿。二者的区别为：在货物保价运输中，承担责任、收取保价费用及给予赔偿的主体是承运人，而在货物保险运输中，承担责任、收取投保费用及给予赔偿的主体是保险公司。

按托运货物是否保价（或保险）分类有以下几种：

1）保价（或保险）货物运输。

2）不保价（或不保险）货物运输。

3）既不保价也不保险货物运输。

2.2.3 道路货物运输的特点

我国道路货物运输具有以下特点：

1）以普通中型载货汽车为主要载运工具。

2）以单辆载货汽车为主要运行单位。

3）以整车货运为主，零担货运与集装箱货运为次。

4）以普通货物为主要运输对象，危险货物、鲜活易腐货物、长大笨重货物等特种货物为次要运输对象。

2.2.4　道路货物运输的开展条件

1. 货运基础设施

货运基础设施包括各种货运站（或中转站）、仓储设施、装卸设施、物流中心、货运枢纽、道路桥梁、通信设施等，即为实现货物的理货、分拣、装卸、仓储以及组织管理等所需要的设施设备。

货运基础设施具有投资高、使用期限长等特点，其设计、运转情况直接影响到货运的效率。

2. 货运经营主体

货运经营主体是从事道路货物运输业及相关服务的经营者。按照其经营的内容划分，货运经营主体包括货运经营者（如普通货运经营者、零担货运经营者、大件货运经营者、集装箱货运经营者和其他相关服务的经营者等）以及货运代理商。

具有较强实力的货运经营者一般都具有完善的货运固定设施以及与货物运输相关的部门和人员。

货运代理商是专门受托运人委托，代其办理有关货物交接、仓储、调拨、检验、包装、装运、订舱、报关等业务的机构或个人，货运代理商是一种带有中介性质的经营主体。货运代理商已经成为货运业中的一个重要组成部分，是社会大生产所形成的专业化分工与协作的产物，是集运输服务的社会性与经济性为一体的、实行自主经营、自负盈亏、独立核算的经济实体。货运代理商中介性质的服务功能主要如下：

1）承揽货源。货运代理商承揽的货源可以委托第三方（如货运公司或货运企业）承运，并进行相关物流过程服务。

2）组织货运。由货运代理商下属或相关的运输经营单位组织货物运输过程。

3）费用结算。货运代理商承担与用户（包括托运人、承运人、收货人等）进行费用结算的功能。

4）货运质量保证。要求货运代理商对为用户提供的服务实行质量担保。

5）组织多式联运。货运代理商应能为用户提供跨区域、跨运输方式的货运服务。

3. 货运服务客体

货运服务客体是指货运经营主体的服务对象，包括货运服务对象自身（如普通货物、危险货物等）及其对运输服务的要求（如整车集散、成组集散、快速集散、准时集散等）两个方面的内容。

4. 货运市场

货运市场是一个具有多重含义的概念，可以从以下三个角度理解：

1）货运市场是运输产品交换的场所。货运的需求方和供给方因运输需要而发生联系的地点，形成了一个交易场所。在这个交易场所里，货运需求方（通常是货主）和货运供给方（通常是货运经营者以及货运代理商）相互协商，在条件具备的情况下，发生交换或买卖行为。

2）货运市场是货运产品供求关系的总和。这里所称的货运市场，由不同的运输产品、劳务、资金、技术、信息等供给和需求所构成，这一市场概念强调的是买方力量和卖方力量的结合，"买方市场"和"卖方市场"就反映了这一概念下供求力量的对比结果。

3）货运市场是在一定的时空条件下，对货运产品需求（包括现实需求和潜在需求）的总和，即认为货运市场是由具有现实需求和潜在需求的消费者所组成的。

货运市场的构成要素包括：

1）货运需求方。货运需求方是构成货运市场的重要因素。货运需求方由具有现实或潜在需求的单位、组织和个人组成。货运需求方是货运市场上的买方。货运需求方的总体数量以及单个货运需求者的需求状况决定着货运市场的总体需求规模。

2）货运供给方。货运供给方是指提供各种货物运输服务，满足货物空间位移要求的各类运输者。货运供给有三层含义：一是由于资源的稀缺性，货运供给在一定条件下是有限的；二是货运供给在不同的时空条件下是可以变化的，具有一定弹性；三是随着生产能力的提高和科技进步的加快，货运供给也表现出不断扩大的趋势。

3）货运中介方。货运中介方是指为货物运输需求与运输供给牵线搭桥，提供各种货物运输服务信息以及货运代理业务的企业或经纪人。

4）政府方。在现代市场经济条件下，政府在经济活动中具有一定的地位和作用，这种作用是其他经济主体不可替代的。政府在多数情况下并不直接参与企业的具体经营活动，而是通过制定有关法律法规、政策来规范和影响货运市场。在货运市场上，政府代表的是国家和一般公众的利益。

5. 移动设施

移动设施是实现货物运输的保障设施，包括货运车辆（如大型货车、中型货车、小型货车、专用厢式车等）和移动式装卸设备（如叉车、堆垛机等）。

6. 组织管理手段

组织管理手段即运用现代通信技术、电子计算机技术等实现货运全过程的管理。

2.2.5 货流及货流图

1. 货流的作用

货流是在一定时期和一定范围内，一定种类和一定数量的货物，沿一定方向有目的的位移。货流同样包括流量、流向、运距、流时和类别五个方面的要求。

货流反映了国民经济各部门、各地区、各企业间的经济联系。货流的变化对运输组织工作影响很大。货流的数量、结构、性质决定了站场设施、载运工具、装卸机械等的类型、结构和能力，决定了运输工艺和装卸工艺、运输组织方式和劳动组织形式，进而决定了劳动生产率和运输成本水平。因此，掌握货流变化规律，是合理组织货物运输的基础，有利于促进社会物流合理化。

货物运输工作量是指一定数量的货物，被运送一定距离之后产生的运输效能，以货物运量和运输周转量进行测算。货物运量和运输周转量的关系式为

$$P = \sum_{i=1}^{n} q_i \times l_i \tag{2-8}$$

式中 P——货物的运输周转量（t·km）；
　　q_i——货物的运量（t）；
　　l_i——货物的运输距离（km）；
　　n——运次数（次）。

2. 换算周转量

我国交通运输系统为了便于综合评价客、货运输的工作效果，采用了"换算周转量"这一指标。换算周转量是指在一定时期内，运输企业、运输公司或运输车队在运输工作中完成（或计划完成）的旅客和货物换算吨公里数。

换算周转量的计算方法如下：将旅客周转量按一定比例换算为货物周转量，然后与货物周转量相加成为一个包括客货运输的换算周转量指标。它综合反映了载运工具在报告期实际完成的旅客和货物的总周转量，是考核运输业综合性的产量指标。换算周转量的计算公式为

$$P_0 = P_1 + P_2 r \tag{2-9}$$

式中 P_0——换算周转量（t·km）；
　　P_1——货物周转量（t·km）；
　　P_2——旅客周转量（人·km）；
　　r——客货换算系数。

客货换算系数 r 的大小，取决于运输 1t·km 和 1 人·km 所耗用人力和物力的多少。目前，我国统计制度规定的客货换算系数 r：按座位折算，内河为 0.33，道路为 0.1，航空国内为 0.072、国际为 0.075；按铺位折算，铁路、远洋、沿海、内河运输的系数为 1。因此，适用于道路运输的客货换算系数为 $r=0.1$，即 1t·km = 10 人·km。

3. 货流图

为了便于研究货流的特性，同样可以采用编制货流表和绘制货流图的方法，其编制和绘图过程与客流图相似。货流图能够明晰、直观地反映各种货物的流量、流向和运距等，所以被广泛应用于编制货物运输计划和车辆运行作业计划。

【例 2-6】 已知某运输企业各货运点的货运量，见表 2-6。其中，A、B 间的距离为 150km，B、C 间的距离为 200km，A、C 间的距离为 350km，A 为货运线路起点，A、B、C 为同一线路上的三个货运点，试绘制相应的货流图。

表 2-6 货物流向 OD 表　　　　　　　　　　　　（单位：t）

O	D			共计发送
	A	B	C	
A	—	100	200	300
B	200	—	100	300
C	100	300	—	400
共计到达	300	400	300	—

注：表中 O 指的是起点（Origin），D 指的是终点（Destination）。

解：

将 A 至 C 方向的货物运输定为顺向（去程）运输，C 至 A 方向的货物运输定为反向（返程）运输，A 作为坐标原点，并根据 A、B、C 三者之间的距离关系，将 B 点和 C 点标在横坐标轴上，如图 2-3 所示。

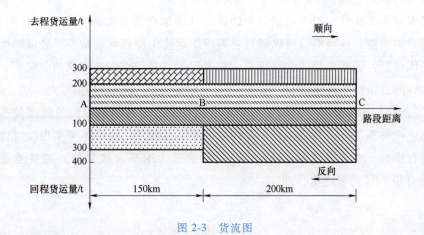

图 2-3 货流图

由于 A 到 C 的货运量为 200t，将其标注在纵坐标轴上（第一象限），并以它作为矩形的宽，以 AC 作为矩形的长，绘制"▨"形状的矩形，该矩形的面积代表了 A、C 两点间的（去程）货物周转量。

由于 A 到 B 的货运量为 100t，将其叠加在纵坐标轴上（第一象限），并以它作为矩形的宽，以 AB 作为矩形的长，绘制"▨"形状的矩形，该矩形的面积代表了 A、B 两点间的（去程）货物周转量。

用同样的方法，可以得到 B 和 C 两点间（去程）、C 和 A 两点间（返程）、B 和 A 两点间（返程）、C 和 B 两点间（返程）的货物周转量，将它们分别标注在图 2-3 上，便完成了货流图的制作。

4. 货流分布的不平衡性

货流分布在时间和方向上都是不平衡的。货流的不平衡性是货流布局研究的重点内容之一。

1）货流的方向不平衡性。货流的方向不平衡性指货流沿运输线路两个方向的货流量不相等。例如，矿山及其他原材料产地的产品呈明显的单向流动，所以又称单向货流。货流的这种方向不平衡程度可以用回运系数度量。回运系数指运量较小方向的货流量与运量较大方向的货流量之比，即

$$r_\mathrm{d} = \frac{Q_\mathrm{min}}{Q_\mathrm{max}} \tag{2-10}$$

式中　r_d——回运系数（$0 \leqslant r_\mathrm{d} \leqslant 1$）；

Q_min——运量较小方向的货流量（t）；

Q_max——运量较大方向的货流量（t）。

显然，回运系数 r_d 值越小，表明货流的方向不平衡程度越大，载运工具的行程利用率越低；反之，则表明方向不平衡程度越小，载运工具的行程利用率越高。

产生货流在运输方向上不平衡的主要原因包括：货源分布的不均衡性、社会物质生产部门空间分布上的差异、地区生产力水平参差不齐等。

货流的方向不平衡性一般不可能完全消除，其结果必然导致部分载运工具的空载运行，造成部分运力的浪费。这种浪费可以通过合理组织运输工作而将其减小至最低限度来提高回运系数，具体包括：返程载货的优惠运价；在不误生产并征得用户同意的前提下，适当提前或延后货运时间；组织循环运输。

2）货流的时间不平衡性。货流的时间不平衡性指货流在不同时间的货流量不相等。例如，农产品生产有季节性，其货流量也呈相应的季节性变化，这种不平衡程度可以用货流量波动系数进行度量。货流量波动系数指全年货运量最大季节（或月份）的货流量与全年平均季节（或月份）货流量之比，即

$$r_\mathrm{t} = \frac{Q_\mathrm{max}}{\overline{Q}} \tag{2-11}$$

式中　r_t——波动系数；

Q_max——最大季节（或月份）的货流量（t）；

$\overline{Q}$——全年平均季节（或月份）货流量（t）。

显然，波动系数 r_t 越小，表明货流的时间不平衡程度越小；反之，则表明货流的时间不平衡程度越大。

货流在时间分布上的不平衡主要是由生产、消费以及自然因素造成的。一般而言，大部分工业制成品形成的货流，在时间分布上的不平衡性较小；而农产品、支农工业品以及以农产品为原料的工业品所形成的货流，在时间分布上的不平衡性较高。此外，由于某些自然因素（如台风、水灾、雪灾、地震等）的作用，也可能会增加上述不平衡的程度。

2.3　道路运输生产过程

道路运输生产过程是一个多环节、多工种的联合作业过程，是实现货物和旅客空间位移

不可缺少的、重要的服务过程。

2.3.1 道路运输生产过程的含义

道路运输生产过程是指运输业的劳动者运用运输车辆、装卸设备、承载器具、站场设施等，通过各种作业环节，将货物或旅客等运输对象，从始发地运送到目的地的全过程。这种生产过程，由运输车辆负载运行，由运输企业提供运输劳务，同时又被客货所消费，从而完成客货运输，取得营运收入。

道路运输组织工作应以运输车辆的运行为核心，系统地研究和分析运输生产活动的全过程，有效地组织客货运输，提高运输质量，保证运输任务的完成。

2.3.2 道路运输生产过程的构成

道路运输生产过程由三个相互关联、相互作用的部分构成，即运输准备过程、基本运输过程和辅助运输过程。

1. 运输准备过程

运输准备过程也称为运输生产技术准备过程，是指在货物或旅客被运送之前所做的各项技术性准备工作。有些工作需要在运输前进行较长时间的准备，例如，运输经济调查与运输工作量预测、营运线路的开辟、营运站场的设置、运力配置、运输生产作业计划安排等；有些工作是经常性、不间断进行的准备工作，例如，出车前的车辆技术状况检查、货源调查与组织、承运业务办理等。

2. 基本运输过程

基本运输过程是运输生产过程的主体，是指直接组织旅客或货物，从起运地运送至到达地，完成其空间位移的生产过程。在客运方面，包括检票、行李包裹装载、旅客上车入座组织、车辆负载运行、中间站旅客及其行李上下车、终点站旅客及其行李下车等作业过程；在货运方面，包括货物装车、车辆负载运行、中间站装卸货和终点站卸货等作业活动。

3. 辅助运输过程

辅助运输过程是指为保证基本运输过程正常进行，所必需的各种辅助性生产活动。辅助运输过程本身不能直接构成货物或旅客的空间位移，它只包括运输车辆、装卸设备、承载器具及专用设施的维护保养与修理工作，燃料、润滑油、轮胎等的组织供应与保管工作，运输劳务组织工作，代办保险，小件物品寄存，茶水供应及旅行用品供应等站务工作。

上述三个道路运输生产过程组成部分，是构成道路运输生产过程所必需的。实际上，这三个组成部分的划分是相对的，既有区别又有联系，是构成道路运输生产过程的有机整体。其中，基本运输过程是主要的运输工作环节，也是在运输生产经营中获得营运收入的有效运输工作环节，另两项运输生产过程组成部分需围绕基本运输过程的各类需要，科学、及时地进行组织，从而使基本运输过程与客流过程、货流过程的各个功能环节有机地协调起来，以保证道路运输生产过程的正常进行，使运输生产过程的服务质量得以提高。

2.3.3 道路运输生产过程组织的基本要求

组织道路运输生产过程，要在保障客流与货流服务质量和服务水准的前提下，合理安排道路运输生产活动，使运输生产中各个生产环节有效配合与衔接，做好各项作业在人力、设备和工艺方案方面的调配与计划安排，使各部门、各环节的工作经常处于科学的计划、组织与控制之中，在满足市场运输需求的质量和数量前提下，使运输企业的人力、物力得到充分运用，实现运输过程的服务质量优、运输效率高、运输成本低、经济效益好。

道路运输生产过程的组织，与运输企业的服务项目、经营规模、车型结构、营运范围、经营方式、客货流分布特点、服务质量要求等有着密切关系。尽管不同运输企业具有各自的特点，但就道路运输生产过程组织而言，仍有一般性的共性要求，即在满足市场对运输服务质量要求的前提下，尽可能地做到运输生产过程的连续性、协调性和均衡性。

1. 连续性

连续性是指道路运输过程的各个生产环节、各项作业之间，在时间上能够紧密衔接和连续进行，不发生不合理的中断现象，使旅客或货物在接受运输服务过程中的各项作业能够很好地衔接起来，不发生或少发生不必要的停留和等待现象。连续性是提供较高运输服务水准、获得较高劳动生产率的重要因素，它可以缩短旅客或货物的在途时间，提高运送速度；可以有效地利用车辆、站场和仓库等，提高设备利用率；可以改善运输服务质量、节约运输时间与运输费用等。

2. 协调性

协调性是指道路运输过程的各个生产环节、各项作业之间，在时间上尽可能保持平行关系，在生产能力上保持比例关系。这两方面关系的实现，就可以在确保运输服务质量的前提下，使所配备的生产人员（包括驾驶员、装卸工人及其他生产工作人员等）、车辆（包括车型、吨位、座位等）、运输设施（包括站场、装卸设备等）在数量上协调配合，不发生失调、脱节现象。将道路运输过程的各个生产环节、各项作业，在安排生产能力上保持协调性，既可以大大提高旅客或货物的运送速度，又可以提高车辆、运输设备的利用率以及生产人员的劳动生产率。在道路运输生产活动中，客货流的变化、技术组织条件的改变、经营机制的不断完善等，都会使各个生产环节、各项作业间的生产能力和作业安排发生较大改变。因此，为了适应协调性作业的要求，必须注意发现生产作业计划中的薄弱环节，及时采取有效的措施加以改善。

3. 均衡性

均衡性是指运输企业及其内部各个生产环节、各项作业，在同一时期内完成大致相等的工作量或稳步递增的工作量，避免出现时松时紧、前松后紧的情况。保持道路运输过程的均衡性，有利于运输企业保持正常的生产秩序，有利于充分运用车辆、站场、仓库等的生产能力，有利于提高行车安全和运输服务质量。需要指出的是，运输过程的均衡性要求只能是相对的，是以满足旅客或货主的要求为前提的，运输活动的组织者应尽可能地做到车辆、人员负荷的相对均衡性。

2.4 道路运输车辆的工作过程

道路运输车辆的工作过程，是利用汽车或汽车列车运送旅客或货物的工作过程。其主要环节包括：

（1）准备工作　准备工作是指给旅客或货物的起运地点提供运输车辆，包括空车或空位。

（2）装载工作　装载工作是指在旅客或货物的起运地点，组织旅客上车或进行货物装车。

（3）运送工作　运送工作是指在旅客或货物的运输线路上，借助载运工具运送旅客或货物。

（4）卸载工作　卸载工作是指在旅客或货物的到达地点，组织旅客下车或进行货物卸车。

包括上述四个环节的道路运输车辆的工作过程，可以用图2-4说明，图中主要符号的含义见附录A。

如图2-4所示，汽车或汽车列车由车场P空车开往起运点A，准备装货（或上客），这时，完成了准备工作。在A点完成装货（或上客）后，车辆将货物（或旅客）运至B点，这时，完成了装载工作和运送工作，然后，在B点卸下部分货物（或旅客），接着，在C点卸下部分货物（或旅客），最后，在D点卸下所有货物（或旅客），这时，完成了所有货物（或旅客）的卸载工作。

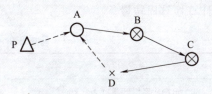

图2-4　道路车辆运输工作过程

我们把完成了包括运输准备、装载、运送以及卸载这四个工作环节在内的运作过程，称为一个运次。比较容易与"运次"混淆的概念，有车次和周转。

1）如果在完成运输工作的过程中，车辆从起运地点行驶至到达地点，途中存在车辆停歇并存在货物装卸或旅客上下车，则这一运输过程称为车次（或单程）。一般来说，一个车次包括两个或两个以上的运次。例如，汽车或汽车列车由车场P空车开往起运点A，在A点装货（或上客）后，将货物（或旅客）运往B点，在B点完成部分货物的装卸（或部分旅客的上下车）后，继续驶往C点和D点，继续完成货物装卸（或旅客上下车），那么，自P点至D点的运作过程便称为车次。

2）如果在完成运输工作的过程中，车辆又周期性地返回到第一个车次（或运次）的起点，那么，这种运输工作过程称为周转。例如，汽车或汽车列车在完成上述自 P 点至 D 点的运作过程后，又周期性地返回到 A 点，继续执行下一趟运输任务，便称为周转。周转的行车路线，习惯上称为循环回路。

复习思考题

1. 填空题

（1）因探亲访友、旅游观光、生活购物等乘客出行需要而产生的客运，称为_____。

（2）按旅客是否包租载运工具，可以将旅客划分为团体旅客和_____。

（3）客流包括流量、流向、_____、时间和类别五个基本因素。

（4）某运次完成的运输周转量，可以用该运次的运距和_____的乘积表示。

（5）普通货物和特种货物是按照货物的_____进行的分类。

（6）在道路运输中，一次托运货物的质量在 3t 以下或不满一整车的小批量货物称为_____。

（7）道路客货运的换算周转量是：1t·km＝_____人·km。

（8）_____是道路运输生产过程的最基本工作环节。

2. 计算题

（1）某运输公司某年各季度完成的道路旅客周转量和道路货物周转量情况见表 2-7，试计算换算周转量。

表 2-7 某运输公司某年道路旅客周转量和道路货物周转量

季度	1	2	3	4
道路旅客周转量（人·km）	30000	65000	75000	70000
道路货物周转量（t·km）	110000	140000	190000	165000

（2）已知某运输企业某运输线路某年的货运量，见表 2-8，其中，去程货运量和返程货运量分别表示该运输线路两个方向的货运量，试计算该运输线路某年的回运系数。

表 2-8 某运输企业某年的货运量统计表（一） （单位：t）

季度	1	2	3	4
去程货运量	2690	2135	2810	1980
返程货运量	2540	2460	2910	1550

（3）已知某运输企业某年各季度完成的货运量，见表 2-9，试计算相应的货运量波动系数。

表 2-9　某运输企业某年的货运量统计表（二）　　　　　　　　　　（单位：t）

季度	1	2	3	4
货运量	22510	22170	22890	21890

3. 简答题

（1）客流图有什么作用？简要说明客流图的绘制过程。

（2）当路段不均匀系数 $K_{lt}>1$ 时，应怎样做才能改进运输服务质量？

（3）货流分布的不平衡性体现在哪两个方面，用哪些指标表示？

（4）造成货流在运输方向上不平衡的主要原因有哪些？

（5）道路运输生产过程由哪三个相互联系的部分构成？

（6）运次、车次和周转之间的关系是怎样的？

（7）在图 2-5 所示的运输车辆工作过程中，你可以找到哪些运次呢？

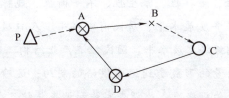

图 2-5　道路运输车辆的工作过程

第 3 章　运输需求调查技术

【本章提要】

运输需求具有普遍性、多样性、派生性、不平衡性、规律性、部分可替代性的特征；旅客运输需求受到经济发展水平、居民消费水平、人口数量、运输服务价格等的影响；货物运输需求受到经济发展水平、国民经济产业结构、交通运输网络建设情况、运价水平等的影响；运输量的形成受到运输供给的制约；运输调查可以为运输市场预测提供依据；运输调查分为调查准备、调查实施和调查总结三个阶段。

【教学目标与要求】

- 了解运输需要和运输需求的关系。
- 了解运输需求的影响因素。
- 理解运输需求和运输量的关系。
- 了解运输调查的常见形式。
- 理解运输调查的目的和影响因素。
- 掌握客运调查和货运调查的目的以及常用方法。
- 能够根据调查需要，设计相应的调查表格并开展实地调查。

【导读案例】

货物运输需求调查

某物流园计划在物流园区内建设铁路集装箱货运站场、开通中德国际铁路集装箱直达车，该项目有望成为新亚欧大陆桥的国内节点之一，具有非常重要的现实和长远意义。然而，该项目能否规划和建设好，主要取决于科学研究论证的可信度和说服力，这就要求准确地调查货物运输需求，科学地预测物流作业量和集装箱办理量，做好物流园区的近期与远景发展规划。

问题1：请问什么是货物运输需求调查？

问题2：如何理解货物运输需求调查的目的和意义？

问题3：如果你是组织此次货物运输需求调查项目的负责人，你计划如何设计相关调查表格呢？（参考答案见附录B：某物流园建设的货物运输需求调查表）

【准备知识】

运输需要和运输需求间的制约关系（见图3-1）

图3-1　运输需要和运输需求间的制约关系

3.1　运输需求的概念

运输需求是指在一定的时期内和一定的价格水平下，社会经济生活对旅客（或乘客）与货物空间位移方面，所提出的具有支付能力的需要。运输需求必须具备两个基本条件，即具有实现位移的愿望和具备支付能力，缺少任意一个条件都不构成现实的运输需求。

运输需求与运输需要是两个不同的概念，运输需要是指旅客（或乘客）与货主对运输供给者提出的、实现空间位移的要求，而运输需求则是指这种要求当中有支付能力、可以实现的部分。因此，运输需要的概念比运输需求的概念大一些，简单地说，运输需求是有支付能力的运输需要。

每个具体的运输需求一般包括六项要素：

1）运输需求量。运输需求量通常用客运量或货运量表示，用来说明客运需求和货运需求的数量与规模。

2）流向。流向指旅客（或乘客）或货物发生空间位移的空间走向，表明客货流的产生地和消费地。

3）流距。流距指旅客（或乘客）或货物所发生空间位移的起始地至到达地之间的距离。

4）运价。运价指运输每位旅客（或乘客）或单位质量（或体积）的货物，所需要的运输费用。

5)流时和流速。流时指旅客（或乘客）或货物发生空间位移时，从起始地至到达地之间的时间；流速指旅客（或乘客）或货物发生空间位移时，从起始地至到达地之间单位时间内的位移。

6)运输需求结构。运输需求结构是按照不同的货物种类、不同的旅客（或乘客）类型或不同的运输距离等，对运输需求的分类。

■ 3.2 运输需求的特征

与其他商品需求相比，运输需求具有其独有的特征如下：

1)普遍性。运输需求存在于社会生产和生活的各个角落。运输业作为现代社会的一个独立的物质生产部门，是社会经济活动赖以存在的基础，任何社会活动和经济活动都不能脱离它而独立存在。

2)多样性。运输业面对的是品类日益繁多的货物和不同出行目的的人群。对货物运输需求而言，承运的货物由于在质量、体积、形状、性质、包装上各有不同，因而对运输条件的要求也不同，在运输过程中必须采取不同的技术措施，例如，石油等液体货物需用罐车或管道运输，鲜活货物需用冷藏车运输，化学品、危险货物、长大货物等都需要特殊的运输条件。对旅客运输需求而言，由于其出行目的、收入水平、身份职业等的不同，对运输服务质量的要求必然也不相同，这些要求体现在时间性要求（能否安全、按时到达目的地）、方便性要求（购票、乘车、行包托运等是否方便）、经济性要求（在满足需求的前提下，运输服务是否经济）、舒适性要求（所乘用的车辆是否舒适，运输服务是否周到）、安全性要求（运输过程是否能够满足安全运送的期望）等方面。

3)派生性。在经济生活中，如果一种商品（或服务）的需求，是由另一种或者几种商品（或服务）派生出来的，则称该商品（或服务）的需求为派生需求，引起派生需求的商品（或服务）为本源需求。运输需求是社会经济生活的需求派生出来的，因为货主或旅客提出位移要求的根源，并不是空间位移本身，而是为实现生产或生活的目的。可见空间位移只是其实现真正目的一个必不可少的环节。因此，相对运输需求而言，社会经济活动是本源需求，运输需求是派生需求，研究运输需求要以社会经济活动为基础。

4)不平衡性。运输需求的不平衡体现在时间、空间和方向上。时间上的不平衡，主要起因于农业生产的季节性、贸易活动的淡旺季、节假日以及旅游季节等。例如，周末和重要节日前后的客运需求明显高于其他时间，市内交通的高峰期是上下班时间，蔬菜和瓜果的收获季节也是这些货物的运输繁忙期。空间和方向上的不平衡，主要起因于资源分布、生产力布局、地区经济发展水平、运输网络布局等。例如，盛产煤炭的地方多为煤炭运输需求的起始点，具有大型钢铁冶炼企业的地区多为铁矿石运输需求的目的地。

5)规律性。运输需求起源于社会经济活动，而社会经济活动的发展及增长速度具有一定的规律性,所以运输需求在时间上的统计特征也呈现出一定的规律性,通常情况下,经济繁荣带来运输需求的增长,经济萧条带来运输需求的下降。但是社会经济活动的兴衰反映到运输需求上,一般会有一定的时间滞后。

6) 部分可替代性。一般来说,不同的运输需求之间是不能替代的,例如,旅客与货物的位移需求不能相互替代。但是在某些情况下,从本源性需求功效的同一性出发,可以对实现本源性需求所需的运输需求做出替代性安排,例如,随着现代通信技术的发展,参加会议的旅客运输可以用电视会议替代;当原料产地和产品市场分离时,还可以通过生产位置的确定,在运送原料还是运送产成品(或半成品)之间做出选择。

3.3 运输需求的影响因素

3.3.1 旅客(或乘客)运输需求的影响因素

1. 旅客(或乘客)运输需求的来源

旅客(或乘客)运输需求来源于生产和消费两个不同的领域。与人类的生产、交换和分配等活动有关的运输需求,称为生产性运输需求,例如,因各种订货、展销、技术交流、售后服务等活动产生的旅客(或乘客)运输需求,它是生产活动在运输领域的继续和延伸,其产生的运输费用分摊计入产品成本或劳务成本。而探亲、访友、度假、旅游等为目的的运输需求,称为消费性运输需求,其费用来源于个人消费基金。

2. 旅客(或乘客)运输需求的层次

旅客(或乘客)对运输的需求是随着社会经济的发展而变化的,其层次上的需求也是随着社会发展而发展的。一般而言,运输产品的服务质量好,运输服务的价格就会较高,选择这种运输产品的旅客(或乘客),其个人经济能力一般也较好。按照旅客(或乘客)收入水平、对舒适度的需求和消费观念,可以将旅客(或乘客)运输需求划分为四个层次,如图3-2所示。

图3-2 旅客(或乘客)运输需求的层次

1) 欠缺需求层。处在欠缺需求层的旅客(或乘客)对运价十分关注,而对运输过程中的服务质量和外界环境一般不太关注。这类旅客(或乘客)一般在运输过程中表现为超员部分,也就是由具体线路上的运力不足造成的。随着经济的发展,这个层次的旅客(或乘客）正在逐渐减少。

2）经济需求层。处在经济需求层的旅客（或乘客）有一定的经济承受能力，但由于消费观念等诸多方面的限制，他们对于运输的要求并不高，只要在运输过程中有座位即可。这类旅客（或乘客）相对于欠缺需求层来说，在经济承受力上有了一定提高。

3）满足需求层。处在满足需求层的旅客（或乘客）对运输质量有较高的要求，他们不仅要求"走得了"，还要求"走得好"，所以他们比较关注运输过程及相关的环境因素。

4）享受需求层。处在享受需求层的旅客（或乘客）十分注重服务质量，以及旅途中的舒适性与方便性。他们具有良好的经济承受能力，但不能忍受在旅途中由于运输本身而带来的不愉快。

3. 旅客（或乘客）运输需求的影响因素

影响旅客（或乘客）运输需求的主要因素如下：

1）经济发展水平。人们的出行需求相当一部分是属于生产性的运输需求，而这些活动都是与商品经济联系在一起的。为此，商品经济的发展程度直接影响这部分生产性的旅客（或乘客）运输需求，商品经济越发达，商务活动越频繁，活动范围越广泛，生产性运输需求就越旺盛。

2）居民消费水平。根据马斯洛的需求层次理论（见图3-3），吃、穿、住、劳动安全、生活稳定等只能算是人们最起码的生理需要和安全需要。这些需要满足后，就会产生友谊和社交的需要。随着居民生活水平的提高，居民消费总额中用于吃、穿、住、劳动安全、生活稳定等生理和安全需要的支出比重将逐渐减少，用于提高生活质量的高层次需求，例如，探亲访友、度假、旅游等消费性运输需求的支出比重将逐渐增加，与此相联系的消费性运输需求也将随着生活水平的提高，在数量上和质量上发生变化。

图3-3　马斯洛的需求层次理论

3）人口数量及城市化程度。人口数量是影响旅客（或乘客）运输需求的重要因素，因为旅客（或乘客）运输的对象是人，人口数量及其增长速度，尤其是劳动力数量及其增长速度，是影响人口迁移和流动的重要因素，同时城市化进程则进一步加剧了人口的迁移和流动,引起运输需求的增长。

4) 运输服务价格。运输服务价格对消费性运输需求的影响较大。安全、迅速、便利、舒适的运输服务以及低廉的运输价格,将刺激消费性运输需求的增长;反之,则抑制消费性运输需求的增长。

5) 运输线路的开通。新开通的运输线路一方面会刺激旅客(或乘客)运输需求总量的增加,另一方面还可以对旅客(或乘客)运输需求起到分流作用,例如,"村村通"公路的建设,促进了城乡客流的发展。

6) 经济体制。在计划经济体制下,国家实行严格的户籍管理和就业制度,人员流动较小;而市场经济体制下,人们在就业方面有较大自由,人口流动相对频繁,因此,客运需求量也增大。近年来,随着市场经济的快速发展,人们收入水平不断提高,大大增加了人口的流动性,客运量也出现了迅猛增长的趋势。

7) 其他运输方式的竞争。其他运输方式的开通、运价水平和服务质量,直接影响到某种运输方式的旅行需求。目前,在全国客运总量中,道路客运占绝对优势,但是,从长远来看,铁路特别是高速铁路的作用不容忽视,因为未来经济的发展将以城市和城市群为中心展开,客流的集中度将会有上升趋势,在经济活跃、客流繁忙的城市群之间,修建高速或城际铁路网将有效地满足人们的出行要求。

3.3.2 货物运输需求的影响因素

1. 货物运输需求的来源

货物运输需求来源于以下三个方面:

1) 自然资源的地区分布不均衡。自然资源是大自然赋予人类的巨大财富,然而自然资源的地区分布不均衡是一种地理现象,例如,我国煤炭探明储量集中在北方,约占全国煤炭探明储量的87%,其中,山西、内蒙古、陕西就占68%;铁矿石集中在河北、辽宁、四川,其铁矿石储量约占全国铁矿石探明储量的52%。由于生产力布局与自然资源产地的分离,以及生产力布局不可能完全与自然资源相配合,这就必然产生运输需求。

2) 生产力布局与消费群体的空间分离。由于自然地理环境和社会经济基础的差异,以及各地区的经济发展水平和产业结构不同,决定了生产性消费分布的存在。随着生产的社会化和专业化、区域经济的分工与合作、生产要素的进一步优化组合,部分商品的生产将日益集中在某些区域,因此,生产和消费的空间分离将日益增大,也就必然产生运输需求。

3) 地区间商品品种、质量、性能、价格上的差异。不同地区、不同国家的自然资源、技术水平、产业优势不同,产品的质量、品种、性能、价格方面也会存在很大差异,由此会引起货物在空间上的流动,产生货物运输需求。近年来,随着快递业的快速发展,以及B2B、B2C、C2C等电子商务的蓬勃发展,地区间的货物运输需求激增。

2. 货物运输需求的影响因素

(1) 宏观方面的影响因素 从宏观层面来看,影响货物运输需求的主要因素如下:

1）经济发展水平。货物运输需求属于派生性需求，该需求的大小取决于经济规模和经济发展水平。经济规模越大的国家和地区，运输需求则越大。各国在经济发展的不同阶段，对货运需求的数量和质量差别很大，例如，在工业化初期，对大宗、散装货物的原材料运输需求旺盛；而进入精加工工业时期，经济增长对原材料依赖减少，原材料运输需求随之降低，但对运输服务的质量要求却越来越高。

2）国民经济产业结构和产品结构。首先，生产不同产品所引起的厂外运量（包括原材料、半成品和产品等）差别很大，例如，生产1t棉纱引起厂外运量2.5~3t，生产1t水泥引起厂外运量4~5t，生产1t钢引起厂外运量7~8t。其次，不同产品利用某种运输方式的产运系数（即产品的运输量与其总产量的比值）是不同的，例如，煤炭和基础原材料业对铁路的依赖较大，而其他产品则可能更多地利用别的运输方式。最后，不同的产业构成，在运输需求的量与质上要求不同，例如，重工业的货运强度大于轻工业，轻工业的货运强度大于服务业，随着产业结构层次的提高，货运强度将逐渐下降。

3）交通运输网络的建设情况。交通运输网络的布局，极大地影响着各条运输线路对货物的吸引范围、对货物的输送能力和对货运需求增长的适应性。

4）运价整体水平的变动。运输需求对运价水平的波动是有影响的，总的来说，运价水平下降时，运输需求上升，反之，运输需求会受到一定程度的抑制。

5）国家经济政策和经济体制。例如，产品流通和物资分配体制，从计划经济转向市场经济体制，会使货物流通的范围扩大，随之带来运输需求的增加。

6）人口的数量增长及其分布。人口数量的增加，必然会引起粮食、食用油、日用消费品等供应的增加，进而会引起货物运输需求的增加。人口分布发生变化，例如，大量人口涌入城市，必然引起人口密集区域的粮食、食用油、日用消费品等供应的增加，使得货物运输需求增加。

（2）微观方面的影响因素　从微观层面来看，影响货物运输需求的主要因素如下：

1）货物的种类。

2）运输价格。

3）运输偏好。

4）运输时间。

5）非价格成本。

6）运载工具。

3.4　运输需求与运输调查

3.4.1　运输需求与运输量的关系

运输需求是社会经济生活在人与货物空间位移方面，提出的有支付能力的需要。运输量则是在一定供给条件下，所能实现的人与货物空间位移。通常认为，社会经济活动对旅客或货物的运输需求，可以通过运输量的形式反映出来。

这两个概念，既相互区别，又相互联系。假定运输需求与运输供给均衡，或者运输供给大于运输需求的情况下，运输需求量才是实际的运量。但是，如果运输供给不足，实际运输量则会小于经济发展所产生的运输需求量。这里的实际运输量小于运输需求量的那一部分，并不是由于人们的支付能力不足造成的，而是由于运输供给不足造成的，如果增加运输设施、扩大运输能力，被不正常抑制的运输需求就会迅速变成实际的运量，并形成诱发运量。因此，运输量本身不能完全代表社会对运输的需求特征，它反映的是被一定运输供给水平（如基础设施、载运工具、运输组织条件等）所限制的运输需求量，或已被满足的运输需求量。

运输需求的真正实现，即运输量的形成，是受运输供给制约的，运输需求、运输供给和运输量三者之间的相互关系，通过图3-4可以形象地看出。当运输供给大于或等于运输需求时，全部的运输需求可以转为运输量；当运输供给小于运输需求时，只有部分的运输需求可以转为运输量。

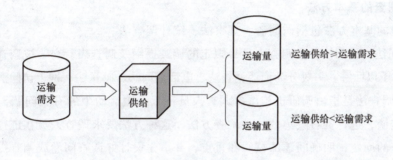

图3-4　运输需求、运输供给和运输量三者之间的相互关系

3.4.2　运输调查

1. 运输调查的概念与意义

运输调查又称为运输市场调查，是运用一定的调查方法和调查形式，对一定范围或区域内运输需求与运输供给的情况，进行有目的、有计划的、系统性的收集、整理和分析，并最终形成调查报告的过程。

运输调查

运输调查的结果可以为运输市场预测和某类决策提供依据。从宏观上看，它对于交通运输主管部门摸清实情，编制交通运输事业发展规划，引导运输经营者正确地展开经营活动，提高交通运输业的管理水平，促进交通运输业与国民经济的协调发展，均具有重要意义。从微观上看，它也有利于运输企业或运输经营者发现经营机会，改进运输组织工作，提高运输服务质量，增强市场竞争能力。

2. 运输调查的形式

运输调查的形式包括综合调查、专题调查、典型调查和日常调查等多种形式。

1）综合调查一般是为了编制年度和季度运输生产计划，集中在一个较短时间内，对营运区域内客货源的形成及其影响因素进行全面调查。综合调查所获得的资料比较全面，但人力、物力和财力的消耗较大。因此，一般都是在年度开始前的两个月，进行一年一次的调查。如果为新营运线路的开辟而开展综合调查，则应及时对该营运线路的沿线区域进行全面调查。

2）专题调查是针对某些重点部门、某一重点物资或特定运输任务、特定运输时间（如节假日），专门进行的一种深入的、系统的调查，以充分了解事物的本质及其发展规律性，从而更好地指导运输生产活动，使运输计划的安排更加合理，更能适应情况的变化。

3）典型调查是根据工作需要，选择代表性的区域或运输线路作为调查对象，通过对调查情况进行周密分析，以探讨类似区域或线路的客货流规律，寻求同类事物的共同规律，达到以点带面的目的。

4）日常调查是通过客运站、货运站的售票、检票、托运等环节的日常工作，向旅客或货主了解客货流的变化情况以及运输要求，并做出各项记录。

3. 运输调查的基本方法

运输调查的基本方法包括访问法、观察法、统计调查法。

（1）**访问法** 访问法是指调查人员将拟定的调查提纲及调查表，交给被调查单位或者被调查者，请其予以回答。一般分为面谈调查法、电话询问法、邮送法、网上访问法四种形式。

1）面谈调查法是指由调研机构派出调查人员，就运输活动中的有关问题，直接与被调查者面对面交谈，进行资料收集的一种调查方法。这种方法要求调查人员在进行面谈前，先熟悉所要调查的问题，明确问题的核心和重点，并事先设计好调查问卷或调查提纲。它具有直接性和灵活性的特点，能够直接接触被调查者，收集到第一手资料，并根据被调查者的具体情况进行深入询问，从而取得良好的调查结果；同时，面谈调查法还可以使调查人员观察被调查者，便于判断被调查者回答问题时实事求是的态度；另外，面谈调查法的问卷回收率较高，样本代表性强，有助于提高调查结果的可信程度。因面谈调查法具有全面、具体、灵活的特点，是普遍采用的一种运输调查方法。其不足的地方是：调查费用高，调查时间长，如果调查样本多，需分别面谈，花费很多时间，尤其需要调查人员具备熟练的谈话技巧，善于启发和引导被调查者，善于归纳和记录谈话内容，如果不具备这些条件，面谈调查效果会受到一定影响。因此，面谈调查法在实践中的应用是有条件的。面谈调查法的实施办法如下：调查人员可以深入到被调查单位或被调查者的住所进行调查；也可以站在预先选定的调查路段旁边，拦截车辆或乘客进行调查。

2）电话询问法是指调查人员根据事先拟定的问题，用电话向被调查者询问以获取信息资料的方法。这种方法的优点是：方便迅速，费用低廉。其缺点是：受时间限制，难以询问比较复杂的问题，调查事项不易深入具体；不易取得对方的信任与合作，甚至会碰到被调查者拒绝接听电话的现象。电话询问法的特点决定了，要成功地进行访问，必须解决好以下几个问题：

① 设计好问卷调查表或调查提纲。

② 挑选和培训好调查人员。

③ 做好调查样本的抽取。

④ 选择恰当的访问时间。

3) 邮送法是指调查人员把设计好的调查问卷,有选择性地邮发给被调查者,请被调查者准确、如实地回答调查问卷中的提问,并清楚地填写回答结果,再将填写好的调查问卷,邮寄回调查机构或调查人员,由调查机构进行统计和分析的一种调查方法。这种方法的优点如下:调查空间范围大,即可以不受被调查者所在地域的限制,没有访问人员偏差;可以给予被调查者相对更加宽裕的时间作答,问卷篇幅可以较长,并且便于被调查者深入思考或从他人那里寻求帮助,可以避免被调查者可能受到调查人员的倾向性意见影响。其缺点如下:问卷回收率低,因而容易影响样本的代表性;问卷回收期长,时效性差。邮送法在国外的使用较为普遍,而在我国的应用不太普遍。

4) 网上访问法是指随着计算机技术和网络技术的发展与普及,而日益兴起的一种运输调查方法。根据采用的调查方法不同,可以分为网上问卷调查法、网上实验法和网上观察法,常用的是网上问卷调查法。目前,网上问卷调查法主要有三种基本方法:

① Email 问卷调查。Email 问卷调查是将问卷按照已知的 Email 地址发出,并请被调查者回答完毕后,通过 Email 回复给调查机构或调查人员的一种调查方法。

② 交互式电脑辅助电话访谈(CATI)系统。交互式电脑辅助电话访谈(CATI)系统,是利用一种软件语言程序在电脑辅助电话访谈的基础上,设计问卷结构并在网上进行传输。在 CATI 系统中,因特网服务器直接与数据库连接,收集到的调查答案直接存储到系统中。

③ 网络调研系统。网络调研系统是专门为网络调研设计的问卷链接和传输软件,包括整体问卷设计、网络服务器、数据库和数据传输程序。常见的用法如下:问卷由简易的、可视的问卷编辑器产生,传送到因特网服务器上以后,被调查者可以随时在网络或者屏幕上,填写调查问卷,还可以看到调查数据的整体统计或图表统计。例如,微信、问卷星等创建的调查问卷都属于此类调查方法。

面谈调查法、电话询问法、邮送法、网上访问法这四种调查方法,在处理复杂问题的能力、对调查者效应的控制等方面的比较,见表 3-1。

表 3-1 四种运输调查方法的比较

评价标准	面谈调查法	电话询问法	邮送法	网上访问法
处理复杂问题的能力	很好	好	差	一般
收集大量信息的能力	很好	好	一般	很好
对调查者效应的控制	差	一般	很好	很好
样本数量的控制	很好	好	一般	差

(续)

评价标准	面谈调查法	电话询问法	邮送法	网上访问法
收集资料的周期	一般	很好	一般	很好
调查费用的支出	差	好	好	很好
与被调查者互动的灵活程度	很好	好	差	一般
问卷的回收率	高	较高	差	一般
收集到的资料真实性	好	一般	好	一般

(2) 观察法 观察法是指调查人员凭借自己的感官和各种记录工具,深入调查现场,在车站或者线路上的停靠点,进行定期或不定期的观察,通过做好调查记录,以收集运输生产活动相关信息的一种方法。观察法的主要特点如下:

1) 观察法所观察到的内容是经过周密考虑的,是调查人员根据某种需要,有目的、有计划地收集资料,研究运输问题的过程。

2) 观察法要求对观察对象进行系统、全面的观察。在实地调查前,应根据调查目的,设计出具体的观察方案。例如,表 3-2 可以作为调查人员驻站观察记录表。

表 3-2 驻站观察记录表

站点名称: 调查人员: 调查时间: 年 月 日星期 天气:

班次	车号	到站时间	离站时间	乘客变动情况				站点人数变动情况		备注
				到达人数	下车人数	上车人数	发车人数	离站人数	滞留人数	

3) 观察法要求调查人员在充分利用感官的同时,还要尽量运用科学的观察工具,例如,照相机、摄像机、望远镜等观察工具,不仅能够帮助提高观察能力,还能将观察结果记录下来,增加了调查资料的翔实性。

4) 观察法的观察结果,应当是当时正在发生的、处于自然状态下的现象。这种现象是各种因素综合影响的结果,没有人为制造的假象。在这样的条件下取得的观察结果,才能客观、真实地反映实际情况。

5) 观察法取得的调查材料比较真实客观,有较高的准确性和可靠性,但也存在只看到当时的表面情况,需要进行大量观察才能保证较高正确性的缺点。因此,只限于做重点调查。

(3) 统计调查法 统计调查法是指利用售票、检票、调度资料等原始记录,通过表格整理,得到调查资料。其优点如下:可以在原始数据上直接加总,便于了解某线路、班次等对运输要求的适应程度,便于分析运输生产过程。例如,道路客运班车载客动态调查表,见

第3章 运输需求调查技术

表3-3,通过该表,可以清晰地了解客运班车在运输线路上各个站点的客流变化。再例如,基于公交 IC 刷卡数据和公交车 GPS 数据,可以完成居民出行 OD(Origin Destination)调查。

表 3-3 道路客运班车载客动态调查表

调查线路名称: 　　　调查人员: 　　　调查时间: 　年　月　日星期　　　天气:

	班次							
	车号							
始发站	站点名称							
	发车时间							
	发车人数							
中间站 1	站点名称							
	站点距离							
	到达人数							
	下车人数							
	上车人数							
	发车人数							
中间站 2	站点名称							
	站点距离							
	到达人数							
	下车人数							
	上车人数							
	发车人数							
…	…							
终点站	站点名称							
	站点距离							
	到达时间							
	到达人数							
合计	旅客运量(人)							
	旅客周转量(人·km)							

4. 运输调查的步骤

运输调查的步骤分为调查准备、调查实施和调查总结三个阶段。运输调查程序与调查步骤如图3-5所示。

(1)确立调查目的和指导思想　运输调查活动的组织者,应在初步分析的基础上明确调查目的,即回答为什么调查;调查项目是什么;主要调查对象是什么;调查的起止时间是怎样的;选用何种调查形式与调查方法;经调查后,应取得哪些资料;调查成果是怎样的。在明确上述调查目的以后,接着需要确定调查的指导思想。指导思想是指导调查工作全过程的准则,各个阶段的工作都不应偏离指导思想。

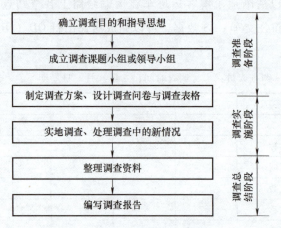

图 3-5 运输调查程序与调查步骤

(2) 成立调查课题小组或领导小组　在开始调查前,应以运营调度部门为主,组成运输调查课题小组或领导小组,并取得当地政府的支持,召开运输调查工作会议。调查小组组长应是懂得调查技术、熟悉调查内容、富有组织才能的专家。调查小组成员应是熟悉调查内容的人员,并且富有工作热情、工作责任感和吃苦耐劳精神。必要时,还应对调查小组成员进行调查前的培训,让调查小组成员不仅能够完成正常的调查任务,而且懂得应对突发情况的技巧。

(3) 制订调查方案、设计调查问卷与调查表格　调查开始后,可以先进行一般性的、已有资料的收集,例如,向当地交通运输主管部门了解相关的法规、规定,收集本地区的运输统计资料等,以便为制订调查方案提供依据。制订调查方案,是根据调查总目标进行目标分解,做好系统化地设计,确定调查形式与调查方法,安排调查工作计划,以及确定各阶段的工作目标。制订的调查方案要明确,具体包括调查项目、调查范围、调查内容、调查形式、调查方法、调查人员分工、调查时间安排、调查要求、调查注意事项、调查资金安排、调查材料的提交形式等,并附有各种调查表格,例如,道路旅客运输能力供应调查表,见表 3-4。

表 3-4　道路旅客运输能力供应调查表

调查人员:　　　　　调查时间:　　年　　月　　日星期

客运线路名称	客运线路条数	投放运力(车辆类型及数量)
省际客运线路		
市际客运线路		
县际客运线路		
县内客运线路		

调查方案完成后,课题小组便要拟订调查题目。这些调查题目的范围,不应超出调查目标所限定的范围。调查题目的设计应符合以下要求:

1）尽量减轻被调查者的负担。凡是与调查目的关系不大或比较隐晦的调查题目均可省去，凡是需要被调查者经过反复回忆或艰辛查找资料才能回答的调查题目，也应避免。

2）调查题目宜具体，用语要准确，表述不能模棱两可，减少被调查者的时间耗费。

3）调查题目的答案应完备，不能让被调查者感到没有答案可选。

4）调查题目不能具有诱导性，以免被调查者受到调查人员态度倾向的影响。

5）调查题目应简单明了，题目之间的逻辑顺序应符合人们的一般思维过程。

6）调查题目应使用通俗语言。

7）调查题目应与被调查者的知识水平相适应，让被调查者能够和愿意回答。

8）尽量使用计算机容易识别的调查表格，以提高调查资料的整理速度，节省调查数据的统计费用。

（4）实地调查、处理调查中的新情况　调查问题和调查表格设计完成以后，应组织调查人员进行学习，让调查人员了解调查目的和指导思想，熟悉调查方案，了解调查表格的填写要求，以利于开展调查工作。除了按调查方案开展调查以外，调查人员还应及时处理调查过程中出现的各种问题，关注调查工作的进展，做好调查进度的控制，以保证如期完成调查任务。

（5）整理调查资料　对获取到的资料应分门别类地整理和分析，例如，进行交通结构分析、运输服务质量分析、运输工作量分析等，同时还应审查调查资料之间的偏差，以及从调查资料中优选信息，总结出几种典型观点或建议。调查资料的整理，是一项烦琐而艰辛的工作，需要调查人员具有耐心、细致的工作态度。

（6）编写调查报告　在对调查资料整理和分析的基础上，就可以编写调查报告了。调查报告的编写，应紧扣主题，力求客观、扼要并突出重点，便于供决策者参考，调查报告的用语要简洁，必要时可以配图表进行说明。

5. 运输调查的基本内容

运输调查主要包括客运调查和货运调查两大部分。客运调查是对客运服务区域内客运动态特征的调查，主要包括客运需求调查和客运服务调查；货运调查主要指货物运输需求调查，通常包括货流起讫点调查与货运车辆出行调查。

（1）客运调查　客运调查包括：

1）客运需求调查。客运需求调查是对居民居住与工作（或学习）地点、出行目的、出行工具、出行时间等的综合调查。客运需求调查的结果，可以为城市或地区客运总体规划与运输组织方案提供参考。客运需求调查的内容主要有被调查者的性别、年龄、家庭成员情况、文化程度、职业、一昼夜间的出行情况等。城市居民出行调查问卷如图3-6所示。

2）客运服务调查。客运服务调查是为了解客运服务的现状，以及客运服务满足客运需求的程度，包括客运供给调查和客运服务质量调查。其中，客运供给调查用来获取下述资料：停靠站的客运量、乘客集散量、车辆满载率、不同乘行方向的客流量等，为方便调查，通常在停靠站进行驻站观察调查，客运供给调查表格可以在表3-2的基础上，添加车辆满载率这一调查项目，得到表3-5的公交驻站调查表。

```
一、个人特征及家庭特征(仅限户主填写)
1. 性别:( )
   A. 男  B. 女
2. 年龄____周岁
3. 文化程度:( )
   A. 小学  B. 初中  C. 高中(职业高中、中专)  D. 大学(大专、大本)  E. 研究生(硕士、博士)
4. 职业:
   A. 工人  B. 管理人员  C. 服务人员  D. 公司职员  E. 公务员  F. 专业技术人员  G. 企事业负责人  H. 医护人员  I. 教师  J. 个体户  K. 军警政法人员  L. 农林牧渔业  M. 离退休人员  N. 自由职业  O. 无业  P. 其他
5. 家庭人口____人;其中6周岁以上(含6周岁)____人
6. 暂住人口____人;主要来自:( )
   A. 本市  B. 本省其他城市  C. 外省
7. 家庭人均月收入:( )
   A. 1000元以下  B. 1000~2000元  C. 2000~4000元  D. 4000~6000元  E. 6000~8000元  F. 8000~10000元
   G. 10000元以上
8. 家庭拥有交通工具情况
   小汽车:( )辆  A. 0  B. 1  C. 2  D. 3  E. 3辆以上
   电动车:( )辆  A. 0  B. 1  C. 2  D. 3  E. 3辆以上
   自行车:( )辆  A. 0  B. 1  C. 2  D. 3  E. 3辆以上
   摩托车:( )辆  A. 0  B. 1  C. 2  D. 3  E. 3辆以上
二、一昼夜间的出行情况
```

出行次序	出发地址	出发时间	出行目的	主要出行方式	到达地址	到达时间
		时 分				时 分
		时 分				时 分
		时 分				时 分

户主签名:_____ 调查员签名:_____ 调查时间:____年____月____日

图 3-6 城市居民出行调查问卷

表 3-5 公交驻站调查表

站点名称:　　　调查人员:　　　调查时间:年　月　日星期　　　天气:

班次	车号	到站时间	离站时间	乘客变动情况				站点人数变动情况		满载率	备注
				到达人数	下车人数	上车人数	发车人数	离站人数	滞留人数		

满载率填写时应注意:1. 所填数据应为车辆上客结束时的观察结果。2. 为节省统计时间和便于后续数据处理,只需将与实际满载率相对应的序号填入"满载率"栏,其中,"0"表示车内仅有少量乘客;"1"表示1/4座位坐满;"2"表示2/4座位坐满;"3"表示3/4座位坐满;"4"表示座位全满;"5"表示少数乘客站立;"6"表示1/4站满;"7"表示1/2站满;"8"表示3/4站满;"9"表示全部站满;"10"表示过度拥挤(有乘客上不了车)。

　　客运服务质量调查,主要从可感知性、可靠性、反应性、保证性和移情性五个方面来进行。

　　① 可感知性是指运输服务的有形部分,例如,各种服务设施、服务设备以及服务人员的外表等。由于运输服务的本质是一种行为过程而不是某种实物,所以顾客只能借助这些有形的、可视的部分来把握运输服务的实质。例如,旅客在乘车出行时,看到清洁的车厢,感受到周到的服务,自然而然地会认为该辆客车的服务水准好,在评价运输服务质量时,会给

以较高评价。

② 可靠性是指准确无误地完成所承诺的运输服务。许多以优质服务著称的运输企业，都是通过可靠的运输服务来建立声誉的。可靠性实际上是要求，避免在服务过程中出现差错，这是由于服务差错给运输企业所带来的，不仅仅是直接意义上的经济损失，而且可能意味着失去许多潜在顾客。

③ 反应性是指有愿意和随时准备为顾客提供快捷、有效的运输服务。对于顾客的各种要求，运输企业能否及时地予以满足，反映出运输企业是否把顾客利益放在第一位。同时，服务传递的效率也会从侧面反映出服务质量。研究表明，在服务传递的过程中，等候服务的时间是关系到顾客满意度的一个重要因素，为此，尽可能地缩短顾客等候时间，无疑将有助于提高服务传递效率，有助于提高运输服务质量。

④ 保证性是指运输服务人员的友好态度与胜任能力，它能够增强顾客对服务质量的信心和安全感。当顾客同一位友好、和善的服务人员打交道时，会从中获得信心和安全感，尤其是在服务产品不断推陈出新的今天，服务人员更应该拥有较高的知识水平，从而提高运输服务的保证性。

⑤ 移情性是指运输企业要真诚关心顾客，了解他们的实际需要并给予满足，使整个运输过程富有人情味。

基于可感知性、可靠性、反应性、保证性和移情性，设计的客运服务质量综合调查问卷，某班车客运服务质量调查表见表3-6。

表3-6　某班车客运服务质量调查表

欢迎您乘坐本站客运班车，为了解您的服务需求，进一步改善我们的服务质量，需要占用您一点宝贵的时间，配合我们完成此次问卷调查，谢谢您的支持与合作！

一、个人特征

1. 性别是（　　）。

A. 男　　　　　　　　B. 女

2. 年龄是（　　）。

A. 16岁以下　　　　　B. 17~40岁　　　　　C. 41~50岁　　　　　D. 50~60岁

E. 60岁以上

3. 来源地是（　　）。

A. 本市　　　　　　　B. 本省其他城市　　　C. 外省

4. 职业分类是（　　）。

A. 工人　　　　　　　B. 管理人员　　　　　C. 服务人员　　　　　D. 公司职员

E. 公务员　　　　　　F. 专业技术人员　　　G. 企事业负责人　　　H. 医护人员

I. 教师　　　　　　　J. 个体户　　　　　　K. 学生　　　　　　　L. 农林牧渔业

M. 离退休人员　　　　N. 自由职业　　　　　O. 无业　　　　　　　P. 其他

5. 费用支付方式是（　　）。

A. 自费　　　　　　　B. 公费

（续）

6. 文化程度是（　　）。

A. 小学　　　　　　　　　　　　B. 初中

C. 高中（职业高中、中专）　　　　D. 大学（大专、大本）

E. 研究生（硕士、博士）

7. 月收入在（　　）。

A. 1000 元以下　　B. 1000～2000 元　　C. 2000～4000 元　　D. 4000～6000 元

E. 6000～8000 元　　F. 8000～10000 元　　G. 10000 元以上

8. 旅行目的是（　　）。

A. 出差　　　　　　B. 学习实习　　　　C. 探亲访友　　　　D. 购物

E. 娱乐　　　　　　F. 其他

9. 您在一周中乘坐汽车的次数为（　　）次。

A. 0　　　　　　　B. 1　　　　　　　C. 2　　　　　　　D. 3

E. 4　　　　　　　F. 5 次以上

10. 您此次旅行的购票渠道是（　　）。

A. 车站窗口　　　　B. 代售点　　　　　C. 电话订票　　　　D. 旅馆、旅行社代购

E. 上车补票　　　　F. 网上订票　　　　G. 其他

11. 您认为购票方便吗？（　　）

A. 方便　　　　　　B. 比较方便　　　　C. 一般　　　　　　D. 不方便

12. 车站各服务处所的标志齐全、清楚吗？（　　）

A. 清楚　　　　　　B. 比较清楚　　　　C. 一般　　　　　　D. 差

二、站容站貌

13. 候车室的通风、照明怎么样？（　　）

A. 好　　　　　　　B. 较好　　　　　　C. 一般　　　　　　D. 差

14. 候车的舒适度（温度、座椅等）怎么样？（　　）

A. 好　　　　　　　B. 较好　　　　　　C. 一般　　　　　　D. 差

15. 候车室、通道、站台等的卫生怎么样？（　　）

A. 好　　　　　　　B. 较好　　　　　　C. 一般　　　　　　D. 差

16. 车站服务人员的服务态度怎么样？（　　）

A. 好　　　　　　　B. 较好　　　　　　C. 一般　　　　　　D. 差

17. 车站的秩序怎么样？（　　）

A. 好　　　　　　　B. 较好　　　　　　C. 一般　　　　　　D. 差

18. 在车站问询、查询各种事情方便吗？（　　）

A. 方便　　　　　　B. 比较方便　　　　C. 一般　　　　　　D. 不方便

19. 车站供水情况怎么样？（　　）

A. 好　　　　　　　B. 较好　　　　　　C. 一般　　　　　　D. 差

20. 车站销售的商品品种、质量怎么样？（　　）

A. 好　　　　　　　B. 较好　　　　　　C. 一般　　　　　　D. 差

21. 车站销售的商品价格合理吗？（　　）

A. 合理　　　　　　B. 较合理　　　　　C. 一般　　　　　　D. 不合理

（续）

22. 车站广播服务怎么样？（   ）

    A. 好　　　　　　　B. 较好　　　　　　　C. 一般　　　　　　　D. 差

23. 您希望在车站了解下列哪种信息？（   ）

    A. 如何进站　　　　B. 班车运行正晚点　　C. 候车地点　　　　　D. 检票时间

    E. 检票地点　　　　F. 其他

24. 您是否希望了解下列中转换乘信息？（   ）

    A. 在哪里换车　　　B. 车次　　　　　　　C. 换乘时间　　　　　D. 票价

    E. 停靠站台　　　　F. 票额情况　　　　　G. 其他

25. 您候车时，希望车站具备哪些方面的服务设施？（   ）

    A. 娱乐　　　　　　B. 休息　　　　　　　C. 购物　　　　　　　D. 餐饮

    E. 通信　　　　　　F. 医疗急救设施　　　G. 治安　　　　　　　H. 卫生设施

    I. 消防设施　　　　J. 其他

26. 您还需要车站提供哪些信息？（   ）

    A. 旅馆住宿服务　　B. 旅游信息　　　　　C. 市内交通图　　　　D. 出租汽车点

    E. 交通法规　　　　F. 天气　　　　　　　G. 新闻　　　　　　　H. 其他

27. 您对车站的总体印象如何？（   ）

    A. 好　　　　　　　B. 较好　　　　　　　C. 一般　　　　　　　D. 差

三、班车服务

28. 在汽车上，您希望了解列车的哪些运行状况？（   ）

    A. 行车速度　　　　B. 运行区段　　　　　C. 前方到站　　　　　D. 到发时分

    E. 晚点时间及原因　F. 其他

29. 在车上，您是否需要购买车票（返程票、其他车次车票）？（   ）

    A. 是　　　　　　　B. 否

30. 您是否希望了解沿途的相关信息？（   ）

    A. 沿线车站　　　　B. 沿线的风景名胜　　C. 沿线特产　　　　　D. 沿线人文介绍

    E. 其他

31. 在车上，您是否需要了解下列信息？（   ）

    A. 目的地旅馆　　　B. 目的地商业信息　　C. 目的地医疗信息　　D. 目的地天气

    E. 新闻　　　　　　F. 旅游景点　　　　　G. 目的地交通信息　　H. 其他

32. 旅行中，您认为可以承受的班车晚点时间为（   ）。

    A. 5min　　　　　　B. 10min　　　　　　 C. 20min　　　　　　 D. 30min

    E. 30min 以上

33. 在运行途中，您能接受的一次最长停站时间为（   ）。

    A. 2min　　　　　　B. 5min　　　　　　　C. 10min　　　　　　 D. 20min

    E. 30min　　　　　 F. 30min 以上

34. 您认为随车服务人员的服务态度怎么样？（   ）

    A. 好　　　　　　　B. 较好　　　　　　　C. 一般　　　　　　　D. 差

35. 您还希望汽车提供哪些方面的服务？（   ）

    A. 娱乐　　　　　　B. 餐饮　　　　　　　C. 医疗急救设施　　　D. 消防设施

    E. 其他

(2) 货运调查　货运调查包括：

1) 货流起讫点调查。货流起讫点调查是对货物发生与吸引的地点，以及货物流向与流量的调查（OD 调查）。货流起讫点调查表见表 3-7。

表 3-7　货流起讫点调查表

起点 i	终点 j				D_i
	1	2	…	n	
1	Q_{11}	Q_{12}	…	Q_{1n}	D_1
2	Q_{21}	Q_{22}	…	Q_{2n}	D_2
…	…	…	…	…	…
n	Q_{n1}	Q_{n2}	…	Q_{nn}	D_n
C_i	C_1	C_2	…	C_n	$\sum C = \sum D$

注：1. i, j ($i, j=1, 2, 3, …, n$) 为货流起讫点小区序号。
　　2. Q_{ij} 是起点为 i、终点为 j 的货流量（t）。
　　3. C_i 是终点为 j 区的收货量总计（t）。
　　4. D_i 是终点为 i 区的发货量总计（t）。

当营运服务区域内的货运点数量较多、分布面较广时，为了便于调查和统计，通常将整个区域划分成有限数量的交通小区，以交通小区为货流的起讫点进行调查。当划分后的交通小区内货运点数量较多时，可以在各交通小区内进行货物发生与货物吸引地点的抽样调查，据此推算出交通小区的货物运入、运出数量，然后，将调查结果汇总到 OD 调查表中。

2) 货运车辆出行调查。货运车辆出行调查的主要内容包括：车辆类型、核定载质量、牌照号、起讫点名称、经过的站点、装载货物的种类及质量、车辆出发时间与到达时间、载货里程、车辆总行程以及总运次数。

货运车辆出行调查通常采取专项调查的形式，并辅之以询访调查和路旁调查。某营业性货运车辆的出行调查表见表 3-8。

表 3-8　某营业性货运车辆的出行调查表

一、基本信息			
（一）车辆信息			
车牌号码：	车牌颜色：　1. 蓝色　2. 黄色　3. 绿色　4. 黑色　5. 白色　6. 其他		
运管部门征费吨位/t		核定载质量/t	
车辆自重/t		燃油类型	1. 汽油　2. 柴油　3. 其他
车轴数	1. 两轴　2. 三轴　3. 四轴　4. 五轴　5. 六轴及以上		
车辆类型	1. 普通　2. 专用　3. 危险品　4. 农用运输车　5. 运输拖拉机　6. 其他		
专用车车型结构	1. 集装箱　2. 挂车　3. 大件运输车　4. 保温冷藏车　5. 商品车运输专用车　6. 罐车　7. 平板车　8. 其他		

(续)

集装箱箱位/TU		发动机功率/kW	
发动机排量/L		车龄/年	
车辆管理机构所在地	_____省（区、市）　_____市（区）　_____县（区、市）		

（二）被调查者信息

被调查者姓名		联系电话	
被调查者身份	1. 车主　2. 驾驶员　3. 企业管理人员　4. 其他		

二、燃油消耗信息

调查期内耗油总量/L		调查期内总行驶里程/km	

三、运输信息

趟次序号	开始时间 （月-日）	结束时间 （月-日）	货物种类代码	载货里程/km	货运/吨	货物周转量/(t·km)
1						
2						
3						
4						
5						

四、经营情况（填写____月份的经营信息）（单位：元）

运输收入		运输支出	燃料费	货代、装卸费	事故损失费
			过路过桥费	罚款	上交企业费用
			维修保养费	通讯、食宿及停车费	车辆保险费

调查员：_____　　电话：_____　　填表日期：

复习思考题

1．判断题

（1）运输需求量往往大于运输需要量。　　　　　　　　　　　　　　　（　　）

（2）有一批货物从 A 地运往 B 地，另一批货物从 B 地运往 A 地，则说明这两批货物的流向相同。　　　　　　　　　　　　　　　　　　　　　　　　　　　　　（　　）

（3）社会经济活动是交通运输的本源需求，运输需求则是派生需求。　　（　　）

（4）按照旅客收入水平、对舒适度的需求和消费观念，可以将旅客运输需求划分为四

个层次,在同一个层次中,旅客对于运输需求的要求是没有区别的。   (   )

(5) 运输调查的主要成果形式是运输调查报告。   (   )

(6) 货物运输需求调查可以分为货流起讫点调查与货运车辆出行调查。   (   )

2. 简答题

(1) 运输需求具有哪些特征?

(2) 运输需求、运输供给和运输量三者之间的关系是怎样的?

(3) 运输调查的基本方法有哪四种?分别的优缺点是什么?

(4) 调查表格与调查题目设计的主要要求是什么?

(5) 客运需求调查的调查内容主要有哪些?

3. 思考题

(1) 请自行设计调查表格,调查你所在区域某客运站(或某公交线路或客运班线)的客运需求与客运供给情况。

(2) 请自行设计调查表格,调查你所在区域货运车辆的出行情况。

第 4 章　运输量定性预测技术

【本章提要】

运输量预测可以为运输计划与控制决策的制定提供依据；根据不同的分类依据，预测有着不同的分类；运输量预测应遵循目的性原则、连贯性原则、模拟性原则、综合性原则、客观性原则、及时性原则、修正性原则和经济性原则；运输量定性预测方法主要有集体意见法、头脑风暴法、德尔菲法、主观概率法、专业人员经验判断预测法、相对重要度法等。

【教学目标与要求】

- 掌握运输量预测的概念。
- 了解运输量预测的分类。
- 理解运输量预测的原则。
- 掌握运输量定性预测的常用方法。
- 能够根据运输量预测要求，合理选用定性预测方法。

【导读案例】

某货运公司根据历年的货运量增长状况，假定下一年度的货运量可能为 500 万 t、550 万 t、600 万 t，现邀请四位专家（专家编号分别为 A、B、C、D）进行预测，四位专家的主观概率统计结果，见表 4-1。

表 4-1　货运量主观概率统计

货运量	专家编号				合计
	A	B	C	D	
500 万 t	0.1	0.2	0.3	0.2	0.8
550 万 t	0.4	0.3	0.3	0.4	1.4

(续)

货运量	专家编号				合计
	A	B	C	D	
600 万 t	0.5	0.5	0.4	0.4	1.8
合计	1.0	1.0	1.0	1.0	4.0

问题 1：请问应该使用哪种定性预测方法解决该预测问题呢？

问题 2：请问该问题的预测结果是多少？

【准备知识】

运输量预测方法的分类（见图 4-1）

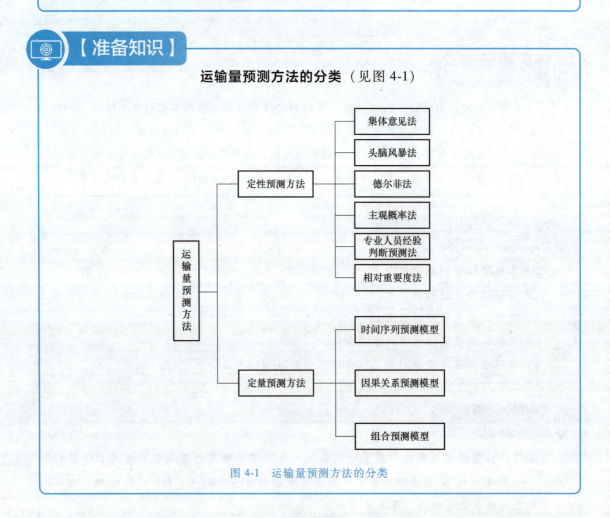

图 4-1　运输量预测方法的分类

■ 4.1　运输量预测概述

预测是指在掌握现有信息的基础上，依照一定的方法与规律，对事物未来的发展状态进行测算，以预先了解事物的发展结果。

运输量预测是在客货运输调查以及对调查资料进行全面、系统研究的基础上,利用科学的预测方法和手段,就未来期间的旅客和货物运输量做出判断。

运输量预测具有非常重要的意义,运输量预测是国家经济预测的重要组成部分,也是研究与分析交通运输发展战略和重大决策的依据,做好客货运输量预测,对于保证运输业适应国民经济发展和人民物质文化生活水平的提高,具有十分重要的意义。就整个运输行业而言,它是研究运输业未来需要担负的运输任务、寻求发展运输能力的有效途径,是研究各种运输方式之间运输量的合理分配、建设高效完善的综合运输网络,以及形成合理运输结构的依据;就运输企业而言,它是做好运输生产计划的前提条件,是进行运输生产决策和制订企业发展规划的重要依据,是科学经营、改造营运线路、合理布局运力、合理设置站点以及进行运输生产要素配置的重要依据。

运输量的预测结果,通常包括旅客运量、旅客周转量、货物运量和货物周转量。

4.1.1 预测问题的提出

辩证唯物主义认为,无论自然界还是人类社会,都处在普遍联系、相互制约中,任何一种现象的出现,都是由某种或某些现象引起的,而这种或这些现象的出现,又会进一步引起另一种或另一些现象的产生,在此,引起某一种现象产生的现象称为原因,而被某些现象所引起的现象称为结果。客观现象之间的这种引起和被引起的关系,就是事物的因果关系。人们在对现有事物的认识过程中,随着认识的加深,认为事物间存在的因果关系和规律性是可以被掌握的,为此,人们在已经掌握的信息与数据基础上,对事物在未来不同时期即将发生的状态或结果加以研究,并分析事物未来状态或结果的发展趋势及其概率特征,逐渐地,对运输量未来发展状态估计的问题便应运而生。

4.1.2 运输量预测的分类

迄今为止,预测理论产生了许多种预测方法,在进行运输量预测时,要根据社会经济现象的不同特点以及所掌握的历史数据,选择合适的预测方法,并将多种预测方法结合起来使用,以实现较好的预测效果。

1. 按预测的时间跨度分类

按预测的时间跨度不同,运输量预测分为近期预测、中期预测和长期预测。

近期预测通常是指5年以内的运输量预测,一般适用于运输企业年度计划;中期预测通常是指5~10年的运输量预测,主要用于运输企业发展战略规划或区域交通规划;长期预测通常是指10年以上的运输量预测,例如,10年、20年的运输量预测,主要用于全国或城市交通运输规划。通常,预测的时间跨度越短,预测结果的准确性越高,反之,预测结果的准确性越低。

2. 按预测的对象分类

按预测的对象不同,运输量预测分为客运运输量预测和货运运输量预测。

由于旅客运输市场可以根据旅客的年龄、职业、出行目的、出行距离、对旅行条件的要求等进行市场细分，则客运运输量预测也可以根据细分的客运市场进行分类。例如，根据旅客行程的长短，可以分为长途、中途和短途客运运输量预测；根据旅客出行的目的，可以分为工作性和消费性客运运输量预测。同理，货运市场预测也可以根据细分的货运市场进行分类，例如，根据货物的运输和保管条件，可以分为普通货物和特种货物运输量预测。

3. 按预测的空间层次分类

按预测的空间层次不同，运输量预测分为国内预测和国际预测。

国内预测是对我国运输市场的预测，包括全国运量预测、国民经济各部门运量预测、各地区运量预测、各种运输方式运量预测等。国际预测是对世界范围的运输市场动态以及进出口贸易行情的预测。

4. 按预测经济活动的范围分类

按预测经济活动的范围不同，运输量预测分为宏观预测和微观预测。

宏观预测是从国民经济全局出发，为制订国家或地区交通运输发展规划，对运输量所做出的预测，例如，国民经济运输量的预测，包括对正常运量、转移运量和新增运量等方面的预测。微观预测是运输企业从自身角度出发，为制订运输计划、发展规划、竞争策略等，对运输量所做出的预测，例如，运输企业对计划期内运输市场占有率的预测。

5. 按预测结果的要求分类

按预测结果的要求不同，运输量预测分为定性预测和定量预测。

定性预测是对运输市场的一般变动方向和大致趋势进行的预测，只要求对预测对象有一个概括性的了解，但有时也含有某些数量说明和必要的数量分析，例如，预测道路客运市场的发展前景等，这种预测通常是依靠预测人员的知识、经验和直观判断进行的，所以也称为直观判断预测。定性预测一般不需要建立高深的数学模型，易于普及和推广。定性预测的缺点如下：由于缺乏客观标准，往往容易受到预测人员经验和认识上的局限，可能会带有一定的主观片面性。

定量预测是预测人员利用历史资料或其他材料，使用一定的统计方法和数学模型，对预测对象的未来状态进行定量预测。

4.1.3 运输量预测的原则和步骤

1. 运输量预测的原则

科学的运输量预测是在一定的原则指导下，按照一定的步骤，有计划、有组织地进行。运输量预测一般应遵循以下原则：

1）目的性原则。运输量预测的目的性，要求预测人员在进行预测时，必须明确预测结果的用途，以及用户对预测结果的要求。一般情况下，使用运输量预测结果的用户主要是运输市场营销决策者，因此，预测人员与决策者之间的沟通显得十分重要。在实际预测工作中，要求运输主管人员重视预测工作，并促进预测人员与决策者之间的相互沟通，以保证预测工作有明确的目的性，避免产生盲目性。

2）连贯性原则。运输市场的发展变化同其他事物一样，都有其前因后果，具有一定的历史连续性，变化过程中的各个阶段既有区别又相互联系，甚至会有极大的相似性，现在的运输市场是过去运输市场的历史演进，未来的运输市场又将是现在运输市场发展的继续。因此，必须掌握历史的和现实的运输量资料，分析其发展变化的规律，按照连贯性原则进行逻辑推理，才能预测出未来运输市场的发展。

3）模拟性原则。运输量的发展变化有其特点和规律，是按照一定的模式进行的，因此，可以将其抽象为一个简化的数学模型，按照模拟性原则进行定量分析，从而推断出运输量发展变化的趋势和动向。

4）综合性原则。运输市场涉及政治、经济、社会和技术等多方面的因素，综合性原则要求预测人员具有广博的知识和丰富的经验，善于进行综合性的、多向性的思考和分析，运输量预测的数据应尽可能地全面，同时避免使用单一的预测方法，并且能够将定量方法和定性方法结合起来，既善于逻辑推理，又兼顾直觉判断。

5）客观性原则。整个预测过程必须严格认真、实事求是，坚持以市场调查为基础，不能想当然的主观臆断，以保证预测结果的可靠性。

6）及时性原则。运输量预测是一项时间性很强的工作，运输市场营销决策者必须不失时机地做出正确决策，这就要求运输量预测能够迅速、及时地提供必要信息。否则，预测结果一旦过时，就变得毫无价值。

7）修正性原则。由于影响运输市场变化的因素复杂多变，甚至有许多始料不及的因素，这就决定了运输量预测的精度是一个相对概念，允许有其合理的误差，这种误差随着时间的推移会呈扩大趋势，所以，运输量预测不是一次完成的，它要求随着运输市场的发展变化，不断地将预测结果与实际值相比较，通过对预测误差的分析，找出产生误差的原因，并及时对原预测结果进行修正和补充，以减少预测误差，提高预测的可靠性和准确性。

8）经济性原则。按照经济性原则进行运输量预测，要求在保证预测结果的精度的前提下，合理选择样本容量、计算方法和计算工具，确定恰当的预测模型或预测方法，以最低的费用和最短的时间，获得最佳的预测结果，切忌过于追求预测的精确性，而不顾费用和时间的耗费。

2. 运输量预测的步骤

运输量预测是调查研究、综合分析和计算推断的过程。一个完整的运输量预测项目，一般应包括以下几个步骤：

1）确定预测目标，制订预测计划。进行一项运输量预测，首先必须明确预测的目标，即明确预测对象、预测目的和预测要求。预测对象应视为预测系统的总体，预测目的是指通过预测要了解什么问题和解决什么问题，预测要求是指对预测结果的具体要求和附加条件。

例如，预测是定性预测还是定量预测，对哪个时期预测，对预测时间和预测精确度有什么要求等，这些预测目标将直接影响着预测内容和预测规模，影响着对预测人员的组织，对预测数据的搜集，对预测方法的选择，以及预测费用的支出和预测效果等。总之，只有预测目标明确，才能使预测工作有的放矢，避免盲目性，从而，以较短的时间、较少的费用，取得较满意的预测结果。

为保证运输量预测目标的实现，要求制订具体周详、切实可行的预测计划。预测计划应包括预测工作的负责人、预测前的准备工作、收集和整理数据的方法和步骤、预测方法的选择、预测精确度的要求、预测工作的期限、预测费用等。预测计划不是一成不变的，在实际的预测工作中，应结合实际情况适时对原计划做出必要调整。

2) 收集和整理资料。数据是预测的基础，数据的质量直接关系到预测精度。要根据预测目的和预测要求，广泛收集影响到预测对象未来发展的一切数据，既要收集预测对象本身的历史数据，也要收集对预测对象有影响作用或与之相关的数据。例如，对预测对象的未来发展会造成较大影响的间接数据。数据收集的范围包括统计数据、会计数据、业务技术考核数据、生产计划数据、方针政策和其他社会调查资料等。在收集数据时，要注意数据的基本来源和不断补充更新的可能性。对收集到的数据，要进行认真审核，对不完整和不适用的数据要进行必要调整，例如，把偶然发生而将来不太可能重现的一次性事件，从历史数据所呈现出的趋势中清除出去，从而保证数据的准确性、系统性、完整性和可比性。经过审核和整理后的数据，还需要进行初步分析和观察数据结构，作为选择适当预测方法的依据。

3) 选择适当的预测方法。如何选择适当的预测方法，是提高预测质量的一个重要因素，因此，必须从实际出发，根据预测对象的特点、预测目的、预测期限、预测费用和预测精度的要求，结合收集到的数据，依托预测人员的技术条件，选择有效的预测方法。选用的预测方法应在满足预测要求的前提下，尽量简单、方便、实用。有些预测方法要求建立复杂的数学模型，而有些预测方法则可以采用简单的推算、模拟测算。此外，在选用预测方法时，要根据实际情况，有时可以选择一种，有时可以几种方法结合起来，相互验证预测结果，以提高预测的准确性。

4) 进行实际预测。根据已选定的预测方法，利用所掌握的数据和资料，就可以具体地计算和研究，做出定性预测或定量预测，推测和判断预测对象的未来发展状态和发展趋势。

5) 分析预测误差。所谓预测误差，是指预测值和实际值之间的差异。由于预测是根据历史数据，利用简化的模型进行的，不可能包罗影响预测对象的所有因素，因此，误差是不可避免的。预测误差的大小，反映出预测的准确程度。如果误差过大，就失去预测的意义，预测结果用于决策则会产生危害。因此，预测人员应该认真分析预测误差产生的原因，找出把预测误差控制在所容许范围内的措施。

6) 参照新情况，确定预测值。利用预测方法得到的预测值，仅能作为初步预测结果，不能简单地认为，预测结果就是最后的预测值。还应参照当前已经出现的各种可能性，利用正在或将要形成的各种趋势、征兆，进行综合对比和判断推理，最后，确定出预测值。这是由于预测不仅是科学，而且还是一种艺术，预测技术是工具，每个人都可以使用，但使用的好坏，则由使用者的能力高低所决定。

4.2 运输量定性预测的含义及方法

运输量定性预测是指建立在经验、逻辑思维和推理基础上的预测。运输量定性预测主要通过调查研究，采用少量的资料和直观材料，再结合预测人员已有的知识和经验，加以综合分析，从而对预测对象做出预测。运输量定性预测主要用于预测对象的未来性质、发展趋势和发展转折点预测，适合于缺乏充分数据的预测场合。运输量定性预测有集体意见法、头脑风暴法、德尔菲法、主观概率法、专业人员经验判断预测法、相对重要度法等。

4.2.1 集体意见法

集体意见法是指把预测人员的个人预测结果，通过加权平均汇集成集体预测结果的方法。其步骤如下：

1）要求每一位预测人员，就预测结果 F_{ji} 的最高值、最低值和最可能值，加以判断，并对这三种情况出现的概率 P_{ji} 进行估计。例如，第 i 位预测人员对预测结果 F_{ji} 及其出现概率 P_{ji} 做出的估计，可以这样表示：最高值为 F_{1i}，其出现的概率为 P_{1i}；最可能值为 F_{2i}，其出现的概率为 P_{2i}；最低值为 F_{3i}，其出现的概率为 P_{3i}。并且有：$0 \leq P_{ji} \leq 1$，$P_{1i}+P_{2i}+P_{3i}=1$。

2）根据预测人员对预测结果的最高值、最可能值和最低值的估计，以及对三种情况出现概率的估计，计算每一位预测人员的预测平均值 F_i，其计算公式为

$$F_i = \sum_{j=1}^{3} F_{ji} P_{ji} \tag{4-1}$$

3）根据每位预测人员个人意见的重要程度 W_i，得到集体意见 F，其计算公式为

$$F = \sum_{i=1}^{n} F_i W_i \tag{4-2}$$

式中 n——预测人员的人数（人）。

【例 4-1】 某货运站的现有货位不够用，拟扩建。为对该项目进行可行性研究，请使用集体意见法，对未来第五年的货运量进行预测。

解：

采用集体意见法进行预测的具体过程如下：

1）明确预测问题。本例题的预测问题是：预测货运站今后第五年的货运量。

2）组织专家进行预测。货运站邀请了甲、乙、丙 3 位专家，要求 3 位专家分别对货运

站今后第 5 年的最高运量、最可能运量和最低运量进行预测，并对这 3 种情况的出现概率进行估计，得到 3 位专家的预测结果，见表 4-2。

表 4-2　某货运站货运量的专家预测结果

专家	预测值类别	预测值/万 t	概率估计	专家意见平均值/万 t
甲	最高运量	200	0.3	146
	最可能运量	140	0.5	
	最低运量	80	0.2	
乙	最高运量	240	0.2	180
	最可能运量	180	0.6	
	最低运量	120	0.2	
丙	最高运量	180	0.2	114
	最可能运量	120	0.5	
	最低运量	60	0.3	

3）计算最终预测结果。首先，分别给三位专家的预测值赋予相应权重，设甲、乙、丙三位专家个人意见的重要度权重分别为 0.4、0.3 和 0.3，那么，三位专家最终的集体意见为（146×0.4+180×0.3+114×0.3）万 t＝146.6 万 t，这就是最终的预测结果，即货运站今后第五年的货运量为 146.6 万 t。

4.2.2　头脑风暴法

头脑风暴法又称为专家会议法、集思广益法，是指预测人员邀请有关专家，以讨论会的方式，向专家获取相关预测信息，经归纳、分析、判断和推算，进而预测事物未来发展趋势的一种预测方法。它是由会议主持人召集一个没有限制的自由讨论会。首先，主持人提出一个要预测的问题，然后，请预测专家们各抒己见，提出自己的观点和看法。该方法吸收了全体预测专家的创造性思维过程，能使微观的智能结构形成宏观的智能结构，并通过专家信息的交流引起共振，所以该方法也被称为思维共振法。

1. 头脑风暴法的步骤

头脑风暴法一般按照下述步骤实施：

1）确定与会专家的名单、人数和会议时间。为了提供一个创造性的思维环境，与会专家应尽量互不认识，会议人数以 10 人左右为宜，会议时间以 1h 左右为好，不宜过长。

2）召开专家讨论会。在讨论会上，首先，会议主持人对预测问题进行简要说明，使与会专家明确要预测的问题，然后，请专家们参加讨论、发表意见。在讨论中，主持人要创造一种自由、活跃、民主的讨论气氛，激发专家们参与讨论的积极性，此外，会议主持人还要严格限制讨论范围，避免讨论范围超过会议主题。主持人对专家们提出的各种意见或方案，不可持否定和批评态度，因为讨论会上提出的预测设想多多益善，讨论的问题越广越深，产生有价值的设想的概率越大。

3）对各种设想进行归类、比较和评价。会议主持人要把专家们提出的所有设想，编制成名称一览表，然后，用专业术语表述每一种设想的内容和特点，找出重复或者互为补充的设想，进行比较分析，最后，以此为基础，形成一种较为完整的综合设想，以及对每一种设想的评价意见。

2. 头脑风暴法的优点

1）由于该方法是在充分利用专家们丰富的知识和经验基础上，通过意见交换、互相启发，对预测对象的过去进行分析与评价，对预测对象的未来趋势进行探索与判断，因此，能够较全面地考虑到事件发生的可能性，从而达到预测目标。

2）这种预测方法简单易行，节省时间。

3. 头脑风暴法的缺点

1）由于参加会议的专家人数有限，因此不能更广泛地收集各方面人员的意见。

2）由于它是面对面地讨论，因此可能会出现少数人的正确意见屈服于多数人的错误意见，或者受到权威人士意见的左右，导致部分专家不能充分地发表个人意见和看法。

4.2.3 德尔菲法

德尔菲法是指由美国著名的咨询机构——兰德公司，于20世纪40年代创始并使用的一种预测方法。它是以匿名的方式，通过轮番征询专家意见，最终得出预测结果的方法。该预测方法是定性预测方法中最重要、最有效的一种方法，它不仅可以用于短期预测，而且也能够用于中长期预测，尤其是在缺乏必要历史数据的时候，或者是在应用其他预测方法有困难时，采用德尔菲法进行预测，往往能够得到较好的预测结果。

德尔菲法

1. 德尔菲法的步骤

德尔菲法预测的步骤如图4-2所示。

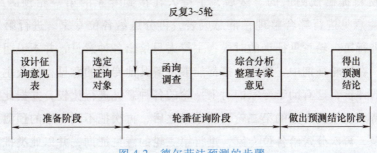

图4-2 德尔菲法预测的步骤

（1）准备阶段 该阶段主要完成"设计征询意见表"和"选定征询对象"两个方面的工作。

1）要根据预测目的和预测要求，拟定需要调查和了解的预测问题，设计征询意见表。

征询意见表的设计应做到以下几点:

① 主题明确、中心突出。

② 语言简练、文字表达准确。

③ 问题简单明确,且数量不宜过多。

④ 问题之间应有一定的内在联系,以使被征询者保持一个连贯性的思路。

⑤ 问题要有启发性。

⑥ 问题的解答应便于数量化处理。

⑦ 表格的设计应当简洁明了,不要太复杂。

⑧ 应当提供一些已掌握的背景材料,供专家预测时参考。

总之,征询意见表的设计要有利于专家充分发表自己的意见,同时又不离题。

2) 要选定征询对象。选择的专家是否合适,是德尔菲法成败的关键。总的来说,德尔菲法所要求的专家,应当是对预测对象和预测问题有比较深入的研究,知识渊博,经验丰富,思路开阔,富于创造性和判断力的人。专家的选择要注意以下几点:

① 自愿性。选择专家时,应考虑专家是否有时间和精力参加此项预测活动。只有充分考虑专家的自愿性,才能避免专家意见回收率低的问题,保证专家充分发挥积极性、创造性和聪明才智。

② 广泛性。德尔菲法要求专家有广泛的来源,这同时是定性预测本身需要多样化知识面的要求。

③ 人数适度。选择的专家人数要适宜,人数过少,缺乏代表性,信息量不足;人数过多,组织工作困难,成本增加。专家人数一般不超过 20 人。

(2) 轮番征询阶段　准备阶段的工作完成以后,就进入向专家们进行征询的阶段。在向专家征询的这一阶段,主要是通过反复地轮番征询专家意见来实现。首先,进行第一轮的意见征询,主持人向专家寄送征询意见表,请专家在限定时间内寄回预测结果,在调查期间,各个专家根据他们所收到的材料,书面提出自己的预测意见,并说明自己是怎样利用这些材料提出预测值的。然后,主持人在接到专家的第一轮预测结果之后,把不同专家的预测意见进行综合整理,汇总成表,再分送给各位专家,进行第二轮的意见征询,在向专家进行第二轮意见征询的时候,主持人只给出各种意见,并不说明发表意见的专家姓名。因此,在这轮征询中,每位专家都能够了解其他专家的意见,以及主持人和其他专家对自己意见的评价,这有助于专家们对上一轮的各种意见进行比较,并据此修正自己的意见和判断。主持人在接到专家的第二轮预测结果之后,再次把不同专家的预测意见进行综合整理,汇总成表,再次分送给各位专家,进行第三轮的意见征询,并以此类推下去,直至专家们的意见趋于一致,预测过程才会结束。一般情况下,专家意见经过 3~5 轮征询,就会基本趋于一致。

(3) 做出预测结论阶段　该阶段是根据轮番征询阶段所得到的全部资料,得出预测结论的阶段。该阶段最重要的工作是使用一定的统计方法对专家意见做出统计和归纳处理。常用的统计方法有中位数和上下四分位数法、算术平均值法等。

1）中位数和上下四分位数法。该方法主要用于预测结果为时间或数量时的统计处理，中位数表示预测结果的最可能期望值，反映了专家意见的集中程度或协调程度；上下四分位数分别表示预测结果的上限和下限，反映了专家意见的离散程度。使用该方法时，要先将各位专家的预测结果，包括重复的预测结果，按从小到大的顺序排列起来，构成一个数列，在这个数列中，处于最中间的那个数，即为专家预测结果的中位数。当有奇数个预测结果时，位于正中位置的预测数据为中位数，当有偶数个预测结果时，以位于最中间的两个预测数据的算术平均值为中位数，并以此作为最终的预测结果。类似地，上下四分位数分别表示处于预测结果排序数列中 3/4 处和 1/4 处的数。

2）算术平均值法。该方法对所有的预测结果进行算术平均，并用该值作为专家预测的最终结果。这种方法主要用于预测结果为数量时的统计处理。

2. 德尔菲法的优点

1）匿名性。在德尔菲法的每一轮征询中，均采用"背靠背"的方法向专家征询意见，这样可以保证每位专家不制约、不影响其他人的意见，所以，匿名性可以创造一种平等、自由的气氛，鼓励专家发表自己的见解。

2）回馈性。德尔菲法需要多次轮番征询意见，每次征询都必须把主持人的要求以及上一轮的专家意见反馈给专家，因此，德尔菲法具有信息反馈沟通的特点，这样，经过多次反馈，预测意见不断得到修正，预测结果会更加准确可靠。

3）集思广益。在整个预测过程中，每一轮次预测意见的汇总和反馈，都是专家们在"背靠背"的情况下，充分了解各方面的客观情况以及其他专家的意见后，做出慎重决定的过程，从而有助于专家们开拓思路，集思广益。

4）趋同性。德尔菲法强调对每一轮的专家意见，做出定量统计或归纳分析，这就使得专家们能够借助反馈意见，形成趋于一致的预测结论，即能够使专家们的预测结果"趋同"，而且，这种"趋同"不带有盲目屈从权威的色彩。

3. 德尔菲法的缺点

1）预测需要的时间较长。

2）主要凭借主持人和专家的主观判断，缺乏客观标准。

4. 德尔菲法的适用范围

1）该方法适用于没有足够信息或历史数据的中长期预测，还可以用于决策和技术咨询等。

2）对于难以用精确的数学模型处理，以及需要征求意见的人数较多、成员较分散、经费有限、难以多次开会或因某种原因不宜当面交换意见的预测问题，使用该种方法的预测效果较好。

【例 4-2】 交通部门准备将某三级汽车客运站进行升级改造，为完成该改造工程的经济评价，需要使用德尔菲法，对该客运站今后第 5 年的日旅客发送量进行预测。请利用中位数和上下四分位数法统计预测结果。

解：

预测采用德尔菲法进行，具体过程如下：

1）设计征询意见表。征询意见表的样式，见表4-3。

表4-3　汽车客运站改造征询意见表

序号	征询意见内容	备注
1	请您在阅读汽车客运站相关背景资料的基础上，对该客运站是否需要升级改造做出判断。需要改造（　　）；不需要改造（　　）	在相应结果后面的括号（　　）中填写√即可
2	结合当地经济发展，您认为客运站今后第五年的旅客发送量将达到（　　）千人/天	直接在括号（　　）中填写阿拉伯数字即可

2）选定征询对象。根据预测目标，邀请了3位经济学家、2位领导人员、4位业务管理人员和2位用户代表进行预测。向11位征询对象发放征询意见表，并要求在1周内将填写好的意见表寄回。

3）汇总意见，整理预测结果。经过三轮意见反馈，得到该客运站今后第5年日旅客发送量的预测结果，见表4-4。

表4-4　某客运站今后第5年日旅客发送量的专家预测结果　（单位：千人）

结果	专家											合计
	1	2	3	4	5	6	7	8	9	10	11	
第一轮结果	3.4	3.5	3.8	4.0	2.5	3.6	3.1	4.5	4.2	3.9	4.5	41
第二轮结果	3.8	3.5	3.7	3.8	2.8	3.5	3.3	4.2	4.2	3.4	4.0	40.2
第三轮结果	3.0	3.5	3.6	3.4	2.9	3.5	3.6	4.0	4.0	3.4	3.8	38.7

注：1. 3位经济学家、2位领导人员、4位业务管理人员和2位用户代表，在表4-4中分别用专家代号1、2、3、4、5、6、7、8、9、10、11表示。

2. 专家代号1表示第一位经济学家，专家代号4表示第一位领导人员，依次类推。

4）分析、计算和得出预测结果。首先，把11位专家的第三轮预测结果从小到大依次排列，得到以下数列：2.9，3.0，3.4，3.4，3.5，3.5，3.6，3.6，3.8，4.0，4.0。那么，中位数为第6个数，中位数=3.5千人，即客运站今后第五年的期望日旅客发送量为3500人。

在11个专家的预测结果排序数列中，位于3/4处的数据是：11×(3/4)=8.25≈8，即第8个数字。所以，客运站今后第五年的最高期望日旅客发送量为3.6千人。

在11个专家的预测结果排序数列中，位于1/4处的数据是：11×(1/4)=2.75≈3，即第3个数字。所以，客运站今后第五年的最低期望日旅客发送量为3.4千人。

4.2.4 主观概率法

主观概率法是指专家对事件的未来趋势或发展可能,进行的主观判断和估计。运用主观概率法进行预测时,它要求专家对事件的未来发生可能性的大小给出经验信息变量,然后,计算它们的平均值,以此作为对事件的预测结论。

主观概率法中所采用的概率,是人们凭借个人经验估计的主观概率,而不是客观概率或统计概率。一般情况下,多采用 0~1 之间的不同数值来表示专家对事件发生可能性大小的估计,即主观概率同样符合概率论的基本原理。假设主观概率为 P,则

1)任何随机事件的概率都在 0(不可能事件)与 1(必然事件)之间出现,即
$$0 \leqslant P \leqslant 1 \tag{4-3}$$

2)样本空间中所有事件的概率之和等于 1,计算公式为
$$\sum_{i=1}^{n} P(E_i) = 1 \quad (0 \leqslant P(E_i) \leqslant 1) \tag{4-4}$$

式中 $E_i(i=1,2,\cdots,n)$——经验样本空间的各事件。

因此,如果要预测某事件发生的可能性,可以将各个预测者的主观概率相加,求其平均值,作为该事件发生的概率,即
$$\overline{P} = \frac{\sum_{i=1}^{n} P_i}{n} \tag{4-5}$$

式中 $\overline{P}$——某个预测事件的平均概率;

$P_i(i=1,2,\cdots,n)$——各个预测者的主观概率;

n——预测者的数量(个)。

得到的最终预测结果,即
$$Y = \sum_{i=1}^{n} (E_i \times \overline{P}) \tag{4-6}$$

主观概率法采用主观概率为权数,综合反映了各位专家的意见,相比德尔菲法有了一定进步,但是在主观概率法中,专家没有机会修改自己的意见。

【例 4-3】 某货运公司根据前 5 年的道路货运量增长情况,假定某年度货运增长率可能为 8%、9%、10%,现请 A、B、C、D、E 共 5 位货运专家进行货运量增长的主观概率预测,预测结果见表 4-5。试计算该货运公司该年度的货运增长率。

表 4-5 5 位货运专家的主观概率预测结果

增长率	专家					合计
	A	B	C	D	E	
8%	0.2	0.3	0.2	0.1	0.1	0.9
9%	0.3	0.3	0.4	0.3	0.4	1.7
10%	0.5	0.4	0.4	0.6	0.5	2.4
合计	1.0	1.0	1.0	1.0	1.0	5.0

解：

该货运公司该年度的货运增长率为

$$[(8\%×0.9+9\%×1.7+10\%×2.4)/5]=9.3\%$$

4.2.5 专业人员经验判断预测法

专业人员经验判断预测法

专业人员经验判断预测法是指由运输部门负责人召集相关专业人员，通过会议进行预测，该方法基于专业人员的知识、经验和分析判断能力，在对历史资料综合分析的基础上，对事件的未来发展趋势做出预见和判断。

由于专业人员的工作职责或工作范围有限，掌握全部资料的可能性有限，因此，他们的看法也有一定的局限性，容易出现预测值过大或过小的现象，为了克服这一局限性，通常采用推定平均值的方法处理预测结果，即

$$X=\frac{X_1+X_2×4+X_3}{6} \tag{4-7}$$

式中　X——推定平均值；

　　　X_1——最低估计值；

　　　X_2——最可能估计值，且 $X_1<X_2<X_3$；

　　　X_3——最高估计值。

【例 4-4】 某运输公司经理对下一年度的旅客运输周转量做出的估计如下：最低值为 25000 人·km，最可能值为 30000 人·km，最高值为 35000 人·km，请计算此次预测的推定平均值。

解：

$$推定平均值=\frac{25000+30000×4+35000}{6}人·km=30000人·km$$

4.2.6 相对重要度法

相对重要度法是指按照知识和经验水平，将预测者划分为不同类型，然后，确定不同类型预测者的重要度，从而对不同类型预测者的预测结果加以推定平均的一种方法。其计算公式为

$$E_p=\frac{\sum_{i=1}^{n}a_ix_i}{\sum_{i=1}^{n}a_i} \tag{4-8}$$

式中　　　　E_p——预测结果；

$a_i(i=1,2,\cdots,n)$——不同类型预测者的重要度；

　　　　　　x_i——不同类型预测者的预测结果。

由式（4-8）可知，当 $a_1=a_2=\cdots=a_n$ 时，式（4-8）即为同等重要度公式，相当于求算术平均数。

【例 4-5】 某运输公司甲、乙、丙、丁 4 位管理人员，对公司下一年度的货运量做出了如下估计：甲的估计值为 34000t，乙的估计值为 32000t，丙的估计值为 28000t，丁的估计值为 39000t。已知，甲、乙、丙、丁 4 位管理人员的相对重要度比为 0.5∶1∶1.5∶1。请使用相对重要度法计算预测结果。

解：

$$预测结果\ E_p = \frac{34000\times 0.5+32000\times 1+28000\times 1.5+39000\times 1}{0.5+1+1.5+1} t = 32500t$$

复习思考题

1. 名词解释题

（1）运输量预测。

（2）微观运输预测。

（3）定性预测。

（4）预测误差。

（5）头脑风暴法。

2. 计算题

（1）某货运站现有货位不够用，拟扩建。为对该项目进行可行性研究，甲、乙、丙 3 位专家对该货运站今后第五年的运量预测如下：甲的预测值为 145t，乙的预测值为 200t，丙的预测值为 179t。根据甲、乙、丙 3 位专家个人意见的重要程度，设甲、乙、丙 3 位专家给出的预测值的权重分别为 0.2、0.3 和 0.5，请使用集体意见法，对该货运站未来第五年的运量进行预测。

（2）某交通运输部门准备将某汽车客运站进行升级改造，共准备了 5 个方案，邀请了 4 位专家对这 5 个方案进行评价，最后一轮的评价结果（即各方案的得分值）见表 4-6，请利用德尔菲法的算术平均值法，求出最优方案。

表 4-6　各方案的得分值

专家	方案				
	方案 1	方案 2	方案 3	方案 4	方案 5
专家 1	60	80	90	100	70
专家 2	100	70	85	80	40
专家 3	85	100	70	80	60
专家 4	80	60	90	100	70

（3）某运输公司甲、乙、丙、丁 4 位管理人员，对公司下一年度的货运量做出了如下估计：甲的估计值为 30000t，乙的估计值为 35000t，丙的估计值为 28000t，丁的估计值为

39000t。已知，甲、乙、丙、丁4位管理人员的相对重要度比为1.3∶0.7∶1.2∶0.8。请使用相对重要度法计算预测结果。

3. 简答题

（1）请简述运输量预测的步骤。

（2）举例说明运输量定性预测方法的应用。

第 5 章　运输量定量预测技术

【本章提要】

运输量定量预测，应遵循可知性、可能性、可控性、系统性、连续性、类推性、因果性、反馈性、可检性、经济性的原理；运输量的时间序列预测模型主要有简单平均数法、加权移动平均法、指数平滑法等；运输量的因果关系预测模型主要有回归分析预测法、增长率统计法、乘车系数法等；运输量的组合预测模型是把几种预测方法的预测结果，选取适当的权重进行加权平均的预测方法。

【教学目标与要求】

☞ 掌握运输量定量预测的含义。
☞ 掌握运输量定量预测的时间序列预测模型、因果关系预测模型和组合预测模型。
☞ 能够根据实际的运输量预测问题，合理选用定量预测模型。

【导读案例】

道路客运量预测方法的比较

科学、准确地预测道路客运量，掌握道路客运量的发展趋势、特点和规律，是制定道路客运发展策略的基础，是进行客运站场配置与规划的依据。运用指数平滑法、回归分析预测法、组合预测模型等多种预测法，可以实现道路客运量的预测，通过残差分析和绝对百分比误差进行择优，能够提高预测的精确度，采用组合预测方法可以进一步确定预测结果的终值。预测结果表明，由于组合预测方法综合考虑了多种因素的影响，从而提高了客运量的预测精度，能够为道路客运发展，提供科学的决策依据。

问题1：你知道该案例中的指数平滑法、回归分析预测法、组合预测模型等预测方法，为什么被称为定量预测方法吗？

问题2：应该如何应用指数平滑法、回归分析预测法、组合预测模型等，解决具体的预测问题呢？

【准备知识】

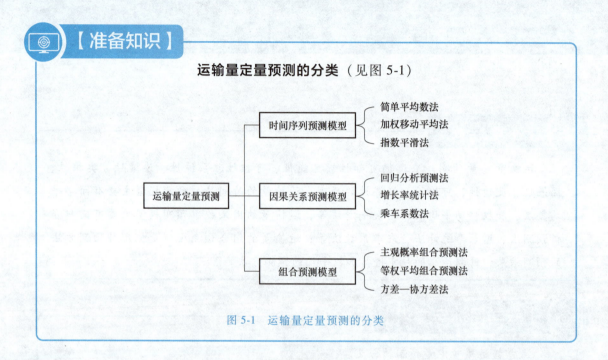

图 5-1 运输量定量预测的分类

5.1 运输量定量预测的原理

1. 可知性原理

世界上一切事物的运动、变化都是有规律的，同时客观事物发展的规律性是可以认识的，因此，客观世界是可知的，人们不但可以认识过去和现在，而且可以通过总结过去和现在，寻找其发展变化的规律性，并据此预测未来。针对运输市场而言，其发展规律也是可以认识的，人们可以根据运输量发展的规律性，预测运输量的未来发展趋势。

2. 可能性原理

由于事物的发展具有各种可能性，预测对象的相关因素也不是一成不变的，都有其固有的发展历史，这些因素在各个发展阶段对预测对象都有影响，并相互制约，有时甚至改变预测对象的发展方向或性质。根据可能性原理，在对运输量进行预测时，要求按照预测对象发展变化的多种可能性去确定预测值。

3. 可控性原理

任何事物的发展，都具有不依赖人的意志为转移的客观规律性，人们只能按照客观规律办事。但是，这并不说明人在客观规律面前是无能为力的，当认识了事物发展的客观规律性以后，就可以预测事物的未来发展趋势和进程，从而积极创造条件，对事物的发展进行必要控制，使事物朝着所希望的方向发展。根据可控性原理进行运输量预测时，应尽可能利用运输市场的可控因素，要特别重视国家的方针政策、国民经济发展计划对运输市场的影响，从而增强对运输量发展趋势和进程的控制能力。

4. 系统性原理

系统论认为，事物是在普遍联系中存在和发展的，任何一种事物都有一个完整的系统，它不仅与其他事物存在相互联系、相互制约的关系，在其系统内部，各个组成部分之间也存在相互联系、相互作用的关系。运输系统也是一个庞大的有机整体，必须将其看作一个大系统。根据系统性原理，在进行运输量预测时，不能独立地、封闭地研究运输市场，而是要求：一方面，必须把运输市场放在社会经济的大系统中加以研究，将运输量预测与人口预测、工业预测、农业预测等有机结合起来；另一方面，还必须把运输市场与其内部的各子系统有机结合起来，在不同层次上分析运输市场的影响因素。从而防止顾此失彼，产生片面性，以提高预测结果的准确性和实用性。

5. 连续性原理

任何事物的发展变化，都有其合乎自身规律的连续性，只要规律发生作用的条件不变，则合乎规律的现象必然会重复出现。运输市场也和其他事物一样，其发展变化具有连续性，现在的运输市场是过去运输市场的历史演进，未来的运输市场也将是现在运输市场发展的继续。因此，可以通过分析历史的和现实的运输市场资料，找出运输市场发展变化的固有规律，按照连续性原理进行逻辑推理，从而预测未来运输市场的特点。

6. 类推性原理

客观事物之间在结构和发展模式上，往往存在某种相似性，人们可以根据已知事物的结构和发展模式，类推某个预测对象未来的结构和发展模式。因为典型样本与样本总体，在结构和发展模式上具有相似性，可以利用典型样本来推断总体，并得出符合实际的结论，这就是运输量预测类推性原理的基础。运用类推性原理进行预测，既适用于同类事物之间的类推预测，也适用于不同事物之间的类推预测，在不同事物之间进行类推预测时，要注意：不同事物之间在结构、本质特征和发展模式上，必须具有明显的相似性。

7. 因果性原理

世界上各种事物、现象的交织变化和更替运动，存在于因果关系变化之中。作为原因的某种现象一旦发生，作为结果的另一种现象必然随之发生，有因必有果，有果必有因。依据因果性原理，人们一旦把握了某种事物或现象发展变化的原因，便可以基于这些已知原因，推测事物或现象未来发展变化的结果。运用因果性原理进行运输量预测时，要注意以下几个问题：首先，必须对影响预测对象发展变化的各种因素进行具体分析，找出预测对象与影响因素之间的数量变动关系和因果关系；其次，必须对预测对象的因果关系进行全面分析，在运输市场发展的因果链条中，分清对预测对象起关键作用的内部与外部原因，紧紧把握住影响预测对象的主要原因和内部原因，排除非主要原因的干扰，从而由因推果，推测运输市场的未来发展趋势。

8. 反馈性原理

预测效果的检验标准是事物未来的实绩，预测值与实际值之间存在差异是正常的。因此，在进行运输量预测时，要借助各种渠道或途径，把各种市场信息迅速、准确地反馈出来，并反馈到远期预测值中，然后经过类比、判断、加工后，调整预测模型，得到新的预测结果和预测误差，最后再按照上述步骤进行反馈处理，从而形成良好的预测反馈系统。

9. 可检性原理

预测具有可检性的基本特点，这也是对预测的基本要求，如果不具备这一特点，预测工作就不能戴上科学的桂冠。可检性是指预测结果必须是明确无误的，不能是含糊的，或者是模棱两可的，必须指出事件发生与否，以及最终的预测结果，以备未来的实践所验证。在实际预测中，常采用多种预测方法对同一事件进行预测，目的是为相互检验预测方法的优劣。通过预测方法的相互检验，往往能够取得较为一致的预测结果。

10. 经济性原理

预测是一种经济管理活动，必须考虑经济效益。预测的目的是得到预测结果，然后运用预测结果，指导生产实践活动，这就要求预测结果必须具有一定的可行性。此外，还要求在保证预测质量的前提下，尽量以较少的预测费用，获得较好的预测效果。

■ 5.2 时间序列预测模型

把预测对象的历史数据作为观察值，按照时间先后顺序排列起来，构成的序列称为时间序列。通过编制和分析时间序列，从中寻找预测对象随时间变化而变化的特点，得出一定的结论或规律，并通过该结论或规律，对预测对象的未来情况进行预测，这就是时间序列预测模型。

（1）时间序列预测模型的原理　时间序列预测模型的原理：一方面，承认事物发展的延续性，因为任何事物的发展都和其过去有着密切联系，因此，通过对过去时间序列的数据进行统计分析，就能够推测事物的未来发展趋势；另一方面，充分考虑到事物的发展会因偶然因素的影响产生随机性波动，因此，在对历史数据进行统计分析时，可以用简单平均、加权平均等方法加以适当处理，从而预测事物的发展趋势。

（2）时间序列预测模型的优点　时间序列预测模型的主要优点包括：

1）所需历史数据少，简单易行。

2）能够充分利用时间序列里面的各项历史数据。特别是在时间序列数据没有大的波动时，预测效果会较好。

3）适于短期预测。

（3）时间序列预测模型的缺点　时间序列预测模型的主要缺点包括：无法反映出导致历史数据发生变化的原因，即对于影响历史数据变化的外部因素，例如，经济政策调整和经济发展速度等，不能得到很好地反映，从而无法反映出外界因素对历史数据变化的影响。

（4）时间序列预测模型的分类　时间序列预测模型包括：简单平均数法、加权移动平均法、指数平滑法等。

5.2.1　简单平均数法

简单平均数法又称为简单平均法，它是将以往各时期的实际数据进行简单平均，以其算术平均数作为预测值，其计算公式为

$$\hat{Q} = \frac{Q_1 + Q_2 + \cdots + Q_n}{n} \tag{5-1}$$

式中　$\hat{Q}$——预测值，即算术平均数；

$Q_1, Q_2, \cdots, Q_n$——各期的货运量；

n——统计资料的期数。

【例5-1】　某运输企业某年1~11月份实际完成的货运量，见表5-1，试预测该年12月份的货运量。

表5-1　某运输企业的货运量统计表

月份	1	2	3	4	5	6	7	8	9	10	11
货运量/万 t	10	12	16	12	15	13	16	14	17	19	20

解：

利用简单平均数法，求得12月份的货运量为

$$\hat{Q} = \frac{Q_1 + Q_2 + \cdots + Q_{11}}{11} = 14.9 \text{ 万 t}$$

简单平均数法的计算过程比较简单，当历史数据的变化比较平稳时，预测结果比较准确，然而一旦历史数据的波动较大，此预测方法会产生较大的误差。

5.2.2　加权移动平均法

在简单平均数法中，每期历史数据在求平均值时的作用，被认为是等同的，但实际上，每期历史数据所包含的信息量是不一样的，近期的数据往往包含着更多关于未来情况的信息。因此，把各期历史数据等同看待，是不够合理的，这就要求必须考虑各期历史数据的重要性，对近期数据给予较大的权重，对远期数据给予较小的权重，这就是加权移动平均法的基本思想。其计算公式为

$$\hat{Q} = \frac{W_1 Q_t + W_2 Q_{t-1} + \cdots + W_n Q_{t-n+1}}{W_1 + W_2 + \cdots + W_n} \tag{5-2}$$

式中　　$\hat{Q}$——预测值;

$W_1, W_2, \cdots, W_n$——各期历史数据的加权数,并且有 $W_1 > W_2 > \cdots > W_n > 0$;

Q_t, Q_{t-1}, Q_{t-n+1}——各期的运量;

t, n——规定的移动平均数的期数,且有 $t = n$。

通常,加权系数如果满足条件,即

$$0 < W_i < 1 \tag{5-3}$$

$$\sum_{i=1}^{n} W_i = 1 \tag{5-4}$$

那么,计算预测值公式为

$$\hat{Q} = W_1 Q_t + W_2 Q_{t-1} + \cdots + W_n Q_{t-n+1} \tag{5-5}$$

使用加权移动平均法时,移动平均项数的多少应根据统计资料中历史数据的特点而定。如果要从一个有周期性波动的时间序列中消除循环波动,那么所使用的移动平均数的项数,就应该等于该数列的波动周期的长度。在任何社会经济统计中,最常见的现象是历史数据序列存在自然周期。例如,在季度资料中,由于一年有四个季度,往往每四个季度会出现一次较规律的变化;再例如,在月度资料中,每十二个月也会发生类似的波动。为消除季度资料或月度资料中包含的循环波动,应该选用四个季度或十二个月的项数进行移动平均。

【例 5-2】　某运输企业 2021 年和 2022 年各季度实际完成的货运量,见表 5-2,属于季度资料,现取 4 期移动平均法,设其加权系数分别为 0.4、0.3、0.2、0.1,试利用加权移动平均法,预测其 2023 年第 1 季度的货运量。

表 5-2　某运输企业 2021 年和 2022 年各季度的货运量统计表

年度	2021				2022			
季度	1	2	3	4	1	2	3	4
货运量/万 t	100	103	107	110	113	117	120	124

解:

由题意可知:$W_1 = 0.4$,$W_2 = 0.3$,$W_3 = 0.2$,$W_4 = 0.1$;取 4 期加权移动平均法,即选用 4 个季度的项数进行加权移动平均,有 $t = n = 4$。

得到 2022 年第 1 季度的货运量预测值为

$\hat{Q}_1 = W_1 Q_t + W_2 Q_{t-1} + \cdots + W_n Q_{t-n+1} = (0.4 \times 110 + 0.3 \times 107 + 0.2 \times 103 + 0.1 \times 100)$ 万 t $= 106.7$ 万 t。

类似地得到,2022 年第 2~4 季度以及 2023 年第 1 季度的货运量预测值,见表 5-3。由表 5-3 的预测值知,2023 年第 1 季度的货运量预测值为 120.3 万 t。

表 5-3　某运输企业货运量的各期预测值

年度	季度	历史数据	预测值/万 t
2022	1	113	0.4×110+0.3×107+0.2×103+0.1×100 = 106.7
	2	117	0.4×113+0.3×110+0.2×107+0.1×103 = 109.9
	3	120	0.4×117+0.3×113+0.2×110+0.1×107 = 113.4
	4	124	0.4×120+0.3×117+0.2×113+0.1×110 = 116.7
2023	1	—	0.4×124+0.3×120+0.2×117+0.1×113 = 120.3

加权移动平均法的计算过程比较简单，当历史数据序列的变化接近直线形式时，才能使用上述线性方程预测未来趋势；当历史数据序列的最后几项变化较明显时，预测值会出现较大的波动。

5.2.3　指数平滑法

指数平滑法是在加权移动平均法基础上发展的，它是通过计算指数平滑值，并配合一定的时间序列预测模型，对事件的未来趋势进行预测。其预测原理：任意一期的指数平滑值，都是本期实际观察值与前一期指数平滑值的加权平均。指数平滑法具有仅通过确定一个模型参数，就能进行预测的优点，但是指数平滑法预测的前提：假定各种因素的影响及其发展趋势会在今后继续下去。然而社会经济现象的发展变化是错综复杂的，当社会经济发展出现突然上升或突然下降的趋势时，指数平滑法往往就难以适应了。所以指数平滑法应用于短期预测和中期预测时效果较好；应用于长期预测时误差较大。

根据历史数据序列的分布特点，可以分别采用一次指数平滑法、二次指数平滑法和三次指数平滑法。

1. 一次指数平滑法

已知时间序列 $Y_T = \{Y_1, Y_2, Y_3, \cdots, Y_n\}$（$n$ 为时间序列的总期数），则一次指数平滑法的基本公式为

$$\hat{Y}_{T+1} = \alpha Y_T + (1-\alpha) S_{T-1}^{(1)} = \alpha Y_T + (1-\alpha) \hat{Y}_T \tag{5-6}$$

式中　$\hat{Y}_{T+1}$——第 $T+1$ 期的预测值；

　　　$\hat{Y}_T$——第 T 期的预测值；

　　　α——平滑系数（$0 \leq \alpha \leq 1$）；

　　　Y_T——第 T 的观察值，也叫实际值；

　　　$S_{T-1}^{(1)}$——第 $T-1$ 期的一次平滑值。

2. 二次指数平滑法

二次指数平滑也称为双重指数平滑，它建立在一次指数平滑法基础上，利用一次指数平滑法得出的预测结果，再进行一次平滑，它是对一次指数平滑值的再平滑。一次指数平滑法是直接利用平滑值作为预测值，而二次指数平滑法则是利用平滑值对时间序列的线性趋势进

行修正,进而建立线性平滑模型进行预测。二次指数平滑适用于具有线性趋势的时间数列,其计算公式为

$$\hat{Y}_{T+L} = a_T + b_T L \quad (L = 1, 2, 3, \cdots) \tag{5-7}$$

式中 L——预测期限的长度;

a_T——线性趋势模型的截距;

b_T——线性趋势模型的斜率。

设 $S_T^{(1)}$、$S_T^{(2)}$ 分别是第 T 期的一次平滑值和二次平滑值,则截距 a_T 和斜率 b_T 计算公式分别为

$$a_T = 2S_T^{(1)} - S_T^{(2)} \tag{5-8}$$

$$b_T = \frac{\alpha}{1-\alpha}(S_T^{(1)} - S_T^{(2)}) \tag{5-9}$$

其中

$$S_T^{(1)} = \alpha Y_T + (1-\alpha) S_{T-1}^{(1)} \tag{5-10}$$

$$S_T^{(2)} = \alpha S_T^{(1)} + (1-\alpha) S_{T-1}^{(2)} \tag{5-11}$$

3. 三次指数平滑法

三次指数平滑法的计算公式为

$$\hat{Y}_{T+L} = a_T + b_T L + c_T L^2 \quad (L = 1, 2, 3, \cdots) \tag{5-12}$$

其中

$$a_T = 3S_T^{(1)} - 3S_T^{(2)} + S_T^{(3)} \tag{5-13}$$

$$b_T = \frac{\alpha}{2(1-\alpha)^2}[(6-5\alpha)S_T^{(1)} - 2(5-4\alpha)S_T^{(2)} + (4-3\alpha)S_T^{(3)}] \tag{5-14}$$

$$c_T = \frac{\alpha^2}{2(1-\alpha)^2}(S_T^{(1)} - 2S_T^{(2)} + S_T^{(3)}) \tag{5-15}$$

其中,第 T 期的三次平滑值计算公式为

$$S_T^{(3)} = \alpha S_T^{(2)} + (1-\alpha) S_{T-1}^{(3)} \tag{5-16}$$

4. 平滑系数 α 的确定方法

在指数平滑法的三种预测模型中,都使用到了平滑系数 α,可见指数平滑法能否成功预测的关键是 α 的选择是否恰当。在实际的应用中,α 的值往往是根据历史时间序列的变化特性来选取的。从理论上讲,α 取 0~1 之间的任意数值都是可行的,但是,为了提高预测精度,一般选用以下两种方法来确定 α 的大小。

(1) 经验判断法 经验判断法是依靠专家的经验来确定平滑系数 α。α 的取值主要依据以下原则:

1) 当原始时间序列呈现出较为稳定的水平趋势时,α 应该选取较小值,通常为 0.1~0.3。

2) 当原始时间序列虽有波动,但长期的变化趋势不大时,α 应该选取稍大值,通常为 0.4~0.5。

3) 当原始时间序列波动很大,长期变化趋势呈现出明显的上升或下降趋势时,α 宜选择较大值,通常为 0.6~0.8。

4) 当原始时间序列一直是上升或下降的发展趋势时，α 应该取较大值，通常为 0.8~1.0。

（2）试算法　试算法是根据原始时间序列的发展趋势，在参照经验判断法，大致确定 α 的取值范围后，以预测模型拟合误差的均方差 $\mathrm{MSE} = \dfrac{1}{n}\sum_{i=1}^{n}(\hat{Y}_t - Y_t)^2$（式中：$\hat{Y}_t$、$Y_t$ 分别为第 t 期的预测值和观察值）最小或标准误差 $\mathrm{SD} = \sqrt{\dfrac{1}{n}\sum_{i=1}^{n}(\hat{Y}_t - Y_t)^2}$ 最小为标准，取几个 α 值进行试算，然后比较不同 α 取值下的均方差或标准误差，使得均方差或标准误差最小的 α 便是最佳的 α。试算法能够在一定程度上避免单纯凭借经验选取 α 值的盲目性，但是由于需要选取多个 α 进行试算，计算麻烦、工作量大，从而会给精确地、恰当地选择 α 带来一定困难。

【例 5-3】　设 α = 0.7，试用一次指数平滑法预测例 5-1 中，该年 12 月份的货运量；用二次指数平滑法预测下一年 6 月份的货运量；用三次指数平滑法预测下一年 8 月份的货运量。

解：

此处介绍利用 Excel 进行指数平滑法预测的步骤，以便读者利用 Excel 表格，快速地得到预测值，从而省却逐步计算的麻烦。

第一步：将历史数据序列输入在 Excel 表格中。

第二步：找到 Excel 中的"工具"菜单。检查"工具"菜单的下拉菜单中有无"数据分析"子菜单。

1) 如果有"数据分析"子菜单，则可以直接进行第三步的操作。

2) 如果没有"数据分析"子菜单，应该在"工具"菜单上，单击"加载宏"命令。在"加载宏"对话框中（见图 5-2），选中"分析工具库"旁边的复选框，然后，单击"确定"按钮。此后，返回到"工具"菜单，就会发现下拉菜单中有"数据分析"子菜单了。

第三步：使用指数平滑法进行预测。

1) 单击"工具"菜单的"数据分析"子菜单，出现图 5-3 所示的窗口。在该窗口中，选择"指数平滑"，并单击"确定"按钮，出现图 5-4 所示的窗口。

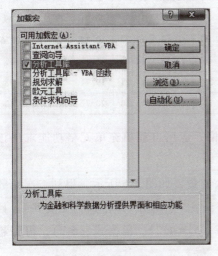

图 5-2　"加载宏"对话框

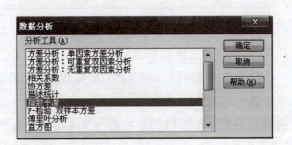

图 5-3　"数据分析"子菜单

2）将图5-4中的各项内容填写完整，得到图5-5所示的窗口。

在图5-5中，由阻尼系数＝1-平滑系数，阻尼系数应填写为0.3。

3）单击图5-5右上角的"确定"按钮，得到表5-4的预测结果。

图5-4 "指数平滑法"预测窗口

图5-5 "一次指数平滑法"预测过程

表5-4 某运输企业货运量的指数平滑法预测结果

行	列											
	A	B	C	D	E	F	G	H	I	J	K	L	M
1	某运输企业货运量指数平滑法预测											
2	月份	货运量/万 t	一次指数平滑值	二次指数平滑值	$S_T^{(1)}$	$S_T^{(2)}$	a_T	b_T	三次指数平滑值	$S_T^{(3)}$	a_T	b_T	c_T
3	1	10	—	—	—	—	—	—	—	—	—	—	—
4	2	12	10.00	—	—	—	—	—	—	—	—	—	—
5	3	16	11.40	10.00	14.2	—	—	—	—	—	—	—	—
6	4	12	14.62	10.98	11.82	13.23	10.41	-3.30	10	—	—	—	—
7	5	15	12.79	13.53	14.89	12.24	17.53	6.16	10.69	12.47	20.40	27.35	7.81
8	6	13	14.34	13.01	12.34	14.09	11.78	-2.70	12.68	12.317	8.84	-24.42	-8.00
9	7	16	13.40	13.94	15.50	13.23	17.72	5.17	12.91	13.56	20.21	23.60	6.79
10	8	15	15.22	13.56	13.82	14.84	12.81	-2.37	13.63	13.37	10.32	-20.73	-6.76
11	9	17	14.37	14.72	16.47	14.12	18.81	5.46	13.58	14.40	21.42	24.76	7.11
12	10	19	16.21	14.47	17.61	15.76	19.46	4.31	14.38	14.21	19.74	6.44	0.78
13	11	20	18.16	15.69	18.86	17.06	20.67	4.22	14.45	15.30	20.72	4.57	0.13

第四步：单击C13单元格，拖拽鼠标至C14单元格，运用自动填充单元格功能求出该年12月份的货运量为19.45万t。

第五步：重复第三步，把一次指数平滑值作为输入变量，如图5-6所示，得到二次指数平滑值，见表5-4。根据式（5-8）~式（5-11），计算得到 $S_T^{(1)}$、$S_T^{(2)}$、a_T 和 b_T，见表5-4。目前的周期 T 为该年11月，根据表5-4得到，$a_T = 20.67$，$b_T = 4.22$；根据式（5-7），得到趋势线预测模型 $\hat{Y}_{T+L} = 20.67 + 4.22L$。因为要预测下一年6月的货运量，距离目前周期（即该年 11 月）的长度 L 为 7，所以下一年 6 月的货运量 =（20.67+4.22×7）万 t = 50.21 万 t。

第六步：继续重复第三步，把二次指数平滑值作为输入变量，如图 5-7 所示，得到三次指数平滑值，见表 5-4。根据式（5-16），计算得到 $S_T^{(3)}$，见表 5-4。目前的周期 T 为该年 11 月，根据表 5-4，得到非线性预测模型的系数 $a_T = 20.72$，$b_T = 4.57$，$c_T = 0.13$；根据式（5-12），得到非线性预测模型 $\hat{Y}_{T+L} = 20.72 + 4.57L + 0.13L^2$。因为，要预测下一年 8 月的货运量，距离目前周期（即该年 11 月）的长度 L 为 9，所以，下一年 8 月的货运量 =（20.72 + 4.57 × 9 + 0.13 × 9^2）万 t = 72.38 万 t。

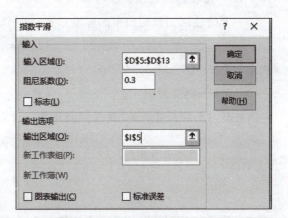

图 5-6 "二次指数平滑法" 预测过程　　　　图 5-7 "三次指数平滑法" 预测过程

5.3 因果关系预测模型

在定量预测方法中，因果关系预测模型是与时间序列预测模型不同的另一类预测方法，时间序列预测模型侧重从时间轴角度，考虑预测对象的变化和发展趋势，其数学模型一般都是时间的函数；而因果关系预测模型则基于预测对象与其影响因素的关系，研究预测对象的变化和发展趋势，建立 "因" 与 "果" 之间的数学模型。

在因果关系预测模型中，时间成了隐含的因素，且与预测对象变化相关的因素，则成了应直接考虑的因素。在数据量足够多的情况下，因果关系预测模型通常可以获得较高的精度，并且能够准确地提供引起预测对象发生变化的原因。但是由于自变量的未来值本身就带有预测性，所以会影响到预测结果的精确程度。

常用的因果关系预测模型有回归分析预测法、增长率统计法、乘车系数法等。

5.3.1 回归分析预测法

回归分析是研究一个自变量 x 或一组自变量 x_i（$i = 1, 2, \cdots, n$），与因变量 y 之间定量关系的一种数学分析方法。

回归分析预测法可以从以下不同角度进行分类：

1）根据回归模型的形式是否线性，分为线性回归预测模型和非线性回归预测模型。在线性回归预测模型中，自变量和因变量之间呈线性关系；而在非线性回归预测模型中，自变量和因变量之间呈非线性关系。

2）根据自变量的多少，分为一元回归预测模型和多元回归预测模型。一元回归预测模型是根据某一因变量与一个自变量之间的相关关系建立的模型；多元回归预测模型是根据某一因变量与两个或两个以上自变量之间的相关关系建立的模型。

1. 一元线性回归预测模型

一元线性回归预测模型的标准形式，即

$$Y = A + BX \tag{5-17}$$

式中　X——自变量；

　　　Y——因变量。

在式（5-17）中，A、B 为回归系数，计算公式为

$$A = \overline{Y} - B\,\overline{X} \tag{5-18}$$

$$B = \frac{L_{XY}}{L_{XX}} \tag{5-19}$$

式中　$\overline{X}$——自变量 X_i 的算术平均数，X_i 为自变量的观察值（$i=1,2,\cdots,n$）；

　　　$\overline{Y}$——因变量 Y_i 的算术平均数，Y_i 为因变量的观察值（$i=1,2,\cdots,n$）；

　　　L_{XX}——自变量 X 的离差平方和；

　　　L_{XY}——自变量 X 和因变量 Y 的共变差。

式（5-18）和式（5-19）中的相关参数，计算公式分别为

$$\overline{X} = \frac{1}{n}\sum_{i=1}^{n} X_i;\ \overline{Y} = \frac{1}{n}\sum_{i=1}^{n} Y_i \tag{5-20}$$

$$L_{XX} = \sum_{i=1}^{n}(X_i - \overline{X})^2 = \sum_{i=1}^{n} X_i^2 - \frac{1}{n}\left(\sum_{i=1}^{n} X_i\right)^2 \tag{5-21}$$

$$L_{XY} = \sum_{i=1}^{n}(X_i - \overline{X})(Y_i - \overline{Y}) = \sum_{i=1}^{n} X_i Y_i - \frac{1}{n}\left(\sum_{i=1}^{n} X_i\right)\left(\sum_{i=1}^{n} Y_i\right) \tag{5-22}$$

上述线性回归预测模型建立以后，必须对模型进行检验，只有检验合格的模型，才能用于实际预测，这种检验常通过计算相关系数 R 来进行。相关系数 R 是线性回归预测模型中，衡量两个变量之间线性相关关系强弱程度的重要指标，一般要求 $0 \leq |R| \leq 1$，并且 $|R|$ 越大，说明变量之间线性相关关系程度越高。相关系数 R 的计算公式为

$$R = \pm \frac{L_{XY}}{\sqrt{L_{XX} + L_{YY}}} \tag{5-23}$$

在式（5-23）中，因变量 Y 的离差平方和 L_{YY} 的计算公式为

$$L_{YY} = \sum_{i=1}^{n}(Y_i - \overline{Y})^2 = \sum_{i=1}^{n} Y_i^2 - \frac{1}{n}\left(\sum_{i=1}^{n} Y_i\right)^2 \qquad (5-24)$$

【例 5-4】 某地 2013 年~2022 年的居民人均收入与客运量统计数据，见表 5-5，假设该地 2035 年的居民人均收入为 400 千元，利用回归分析法预测 2035 年的客运量。

表 5-5 某地 2013 年~2022 年的居民人均收入与客运量

年度	2013	2014	2015	2016	2017	2018	2019	2020	2021	2022
居民人均收入（千元）	169	185	200	210	225	240	250	270	300	320
客运量（万人）	240.3	258.1	267.2	286.4	300.1	310.2	356.9	378.5	389.6	408.5

解：

此题可由式（5-17）~式（5-24）逐步计算后得到结果，此处介绍利用 Excel 进行回归分析预测的步骤，以便读者利用 Excel 快速地得到预测值，从而省却逐步计算的麻烦。

第一步：将历史数据序列输入在 Excel 表格中，例如，将年度输入在 Excel 表格中的 A1~A11 单元格，居民人均收入输入在 B1~B11 单元格，客运量输入在 C1~C11 单元格。

第二步：找到 Excel 中的"工具"菜单。检查"工具"菜单的下拉菜单中有无"数据分析"子菜单。该步骤的方法同例 5-3。

第三步：使用回归分析法进行预测。

1）单击"工具"菜单的"数据分析"子菜单，出现图 5-3 所示的窗口。在该窗口中选择"回归"命令，并单击"确定"按钮，出现如图 5-8 所示的窗口。

2）在本例题中，设 X 表示居民人均收入，Y 表示年客运量。置信度选择系统默认的 95%。将图 5-8 中的各项内容填写完整，得到如图 5-9 所示的窗口。

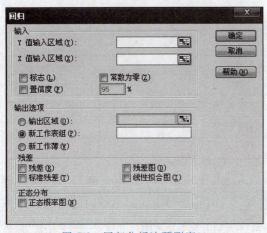

图 5-8 回归分析法预测窗口

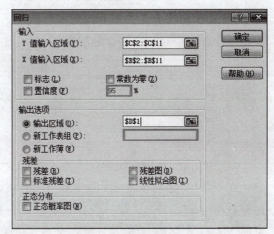

图 5-9 回归分析法预测过程

3）单击图 5-9 右上角的"确定"按钮，得到表 5-6-1~表 5-6-3。

表 5-6-1　回归统计表

Multiple R	0.980253
R Square	0.960897
Adjusted R Square	0.956009
标准误差	12.51648
观测值	10

在表 5-6-1 中，Multiple R 又称为复相关系数，是衡量 X 与 Y 之间相关程度大小的系数。该值一般为 $-1 \sim 1$，其绝对值越靠近 1，则相关性越强；越靠近 0，则相关性越弱。本例题的 Multiple $R = 0.980253$，表明 X 与 Y 之间的关系为高度正相关，所以可以利用上述回归方程对 2035 年的客运量进行预测。

R Square 又称为复测定系数，是上述复相关系数 R 的平方，用来表达自变量 X 解释因变量 Y 变差的程度，以测定因变量 Y 的拟合效果。该值越靠近 1 越好。本例题中的 R Square 为 0.960897，表明自变量可以解释因变量变差的 96.0897%。

Adjusted R Square 又称为调整后的复测定系数，用来表达自变量能说明因变量的百分比。该值越靠近 1 越好。它和 R Square 的区别在于，一元回归预测模型通常看 R Square，而多元回归预测模型多看 Adjusted R Square。在本例题中，Adjusted R Square 为 0.956009，说明自变量 X 能说明因变量 Y 的 95.6009%，因变量 Y 的 4.3991% 由其他因素解释。

标准误差用来衡量拟合程度的大小，也用于计算与回归相关的其他统计量，此值越小，说明拟合程度越好。

观察值是指用于训练回归方程的样本数据的个数。本例题采用了 2013 年~2022 年，共 10 年的数据进行回归方程训练，故观察值为 10。

在表 5-6-2 中，方差分析表主要通过 F 检验来判定回归方程的回归效果。本例题中的 Significance F（F 显著性统计量）的 P 值为 6.5×10^{-7}，明显小于显著性水平 $P = 0.05$（即设置的置信度 95%），说明回归方程不仅通过了 F 检验，并且该回归方程的回归效果显著，方程中至少有一个回归系数显著不为 0。

表 5-6-2　方差分析表

	df	SS	MS	F	Significance F
回归分析	1	30797.76	30797.76	196.5868	6.5×10^{-7}
残差	8	1253.299	156.6624	—	—
总计	9	32051.06	—	—	—

在表 5-6-3 中，Intercept 为常数项的意思，X Variable 1 为第一个自变量的意思。本例题的常数项为 37.32231，第一个自变量的回归系数为 1.191463。P-value 表示回归系数 t 统计量的 P 值，本例题只有一个自变量，其 t 统计量的 P 值为 6.5×10^{-7}，远小于显著性水平 0.05，说明该自变量与 Y 相关。

4）由表 5-6-3 可知，本例题的回归参数 $A = 37.32231$，$B = 1.191463$，故有回归方程为

$$Y = A + BX = 37.32231 + 1.191463X$$

第四步：计算预测结果。由题意可知，2035 年的居民人均收入为 400 千元，得到 2035 年的客运量为

$$Y = 37.32231 + 1.191463X = (37.32231 + 1.191463 \times 400) \text{万人} = 513.91 \text{万人}。$$

表 5-6-3　回归参数表

	Coefficients	标准误差	t Stat	P-value	Lower 95%	Upper 95%
Intercept	37.32231	20.51657	1.819131	0.106394	−9.98897	84.6336
X Variable 1	1.191463	0.084977	14.02094	6.5×10^{-7}	0.995505	1.387422

2. 多元线性回归预测模型

一元线性回归预测模型是利用一个主要影响因素作为自变量来解释因变量的变化，在现实问题研究中，因变量的变化往往同时受几个重要因素的影响，此时，就需要用两个或两个以上的影响因素作为自变量来解释因变量的变化，这就是多元回归预测模型又称多重回归。当多个自变量与因变量之间是线性关系时，所进行的回归预测就是多元线性回归预测。

设 y 为因变量，$x_1, x_2, \cdots, x_k$ 为自变量，则自变量与因变量之间的多元线性回归预测模型公式为

$$y = b_0 + b_1 x_1 + b_2 x_2 + \cdots + b_k x_k \tag{5-25}$$

式中　　b_0——常数项；

$b_1, b_2, \cdots, b_k$——回归系数。

在式（5-25）中，b_1 为 $x_2, x_3, \cdots, x_k$ 固定时，x_1 每增加一个单位对 y 的效应，即 x_1 对 y 的偏回归系数；同理，b_2 为 $x_1, x_3, \cdots, x_k$ 固定时，x_2 每增加一个单位对 y 的效应，即 x_2 对 y 的偏回归系数；其他回归系数具有相同的含义。

多元线性回归预测模型的参数估计，同一元线性回归预测模型一样，也是在求误差平方和（$\sum e^2$）最小的前提下，用最小二乘法求解参数。以二元线性回归预测模型为例，求解回归参数的标准方程组为

$$\begin{cases} \sum y = n b_0 + b_1 \sum x_1 + b_2 \sum x_2 \\ \sum x_1 y = b_0 \sum x_1 + b_1 \sum x_1^2 + b_2 \sum x_1 x_2 \\ \sum x_2 y = b_0 \sum x_2 + b_1 \sum x_1 x_2 + b_2 \sum x_2^2 \end{cases} \tag{5-26}$$

式（5-26）中，b_0, b_1, b_2 的数值为

$$\begin{bmatrix} b_0 \\ b_1 \\ b_2 \end{bmatrix} = \begin{bmatrix} n & \sum x_1 & \sum x_2 \\ \sum x_1 & \sum x_1^2 & \sum x_1 x_2 \\ \sum x_2 & \sum x_1 x_2 & \sum x_2^2 \end{bmatrix}^{-1} \cdot \begin{bmatrix} \sum y \\ \sum x_1 y \\ \sum x_2 y \end{bmatrix} \tag{5-27}$$

【例 5-5】 某地 2013 年~2022 年的居民人均收入与客运量统计数据，见表 5-5，该地 2013 年~2022 年的人口、工农业总产值、社会总产值、运费率统计数据，见表 5-7，利用多元线性回归预测模型，求解客运量与上述 5 个自变量之间的回归模型。

表 5-7 某地 2013 年~2022 年的客运量影响因素

年度	2013	2014	2015	2016	2017	2018	2019	2020	2021	2022
人口（万人）	578.3	581.2	582.1	586.4	593.4	595.6	603.8	609.5	612.8	620.6
工农业总产值（亿元）	12.5	13.8	14.6	15.7	16.4	17.5	18.1	19.6	20.7	21.8
社会总产值（亿元）	35.8	37.2	39.5	42.1	45.6	46.9	47.3	48.2	49.4	50.7
运费率［元/(人·km)］	0.26	0.27	0.28	0.29	0.29	0.30	0.31	0.32	0.33	0.34

解：

按照例 5-4 的求解方法，把客运量作为 y，居民人均收入、人口、工农业总产值、社会总产值、运费率分别作为 x_1、x_2、x_3、x_4、x_5。利用 Excel 的回归分析预测法，得到表 5-8-1 ~ 表 5-8-3。

表 5-8-1 回归统计表

Multiple R	0.998426
R Square	0.996855
Adjusted R Square	0.992924
标准误差	5.019946
观测值	10

表 5-8-2 方差分析表

	df	SS	MS	F	Significance F
回归分析	5	31950.26	6390.051	253.5749407	4.31×10⁻⁵
残差	4	100.7994	25.19985	—	—
总计	9	32051.06	—	—	—

表 5-8-3 回归参数表

	Coefficients	标准误差	t Stat	P-value	Lower 95%	Upper 95%
Intercept	−2266.12	429.5056	−5.27611	0.006186429	−3458.62	−1073.62
X Variable 1	−0.82748	0.423974	−1.95173	0.122713589	−2.00462	0.349659
X Variable 2	3.75791	0.741484	5.068096	0.007139929	1.699221	5.816598
X Variable 3	−0.60262	13.44305	−0.04483	0.966393223	−37.9265	36.72127
X Variable 4	−1.09666	1.5728	−0.69726	0.524039319	−5.46345	3.270136
X Variable 5	2004.887	930.4689	2.154706	0.097465741	−578.509	4588.283

得到多元线性回归方程：

$$y = -2266.12 - 0.82748x_1 + 3.75791x_2 - 0.60262x_3 - 1.09666x_4 + 2004.887x_5。$$

尽管复相关系数 Multiple R，以及调整后的复测定系数 Adjusted R Square 都非常接近 1；Significance F 的 P 值为 4.31×10^{-5}，明显小于显著性水平 $P = 0.05$，通过 F 检验，说明整体回归是显著的。但是，再看各个系数的显著性，也就是 t 检验，如果 P 值小于 0.05，说明用这个变量解释因变量是具有解释力的。目前，满足条件的只有人口这一个变量。而且，居民人均收入、工农业总产值、社会总产值的回归系数还是负数,说明居民人均收入每增加1千元,客运量反而会减少0.82748万人,工农业总产值每增加1亿元,客运量反而会减少0.60262万人,社会总产值每增加1亿元,客运量反而会减少1.09666万人,有悖常理。造成上述问题的根本原因是:五个自变量存在相关性。

在"数据"——"数据分析"对话框中,选择"相关系数"(见图5-10),在输入区域中,把因变量和5个自变量作为输入,得到相关系数矩阵,见表5-9,可以看出,工农业总产值和居民人均收入之间的相关系数达到0.994904,存在很强的相关性,工农业总产值和人口之间的相关系数达到0.986835,也存在很强的相关性,删除工农业总产值这个自变量,重新回归,得到回归参数表,见表5-10。从回归参数来看,回归效果明显改善。然而,从回归方程来看,居民人均收入和社会总产值的系数仍旧是负数,为此,重新进行相关分析,见表5-11,依然发现运费率与居民人均收入、人口、社会总产值的相关系数很高,表明这些系数之间的相关性很强,再删除运费率这个自变量,重新回归,从回归方程来看,居民人均收入的系数依旧是负数,为此,重新进行相关分析,依然发现居民人均收入与人口、社会总产值的相关系数很高,删除居民人均收入并重新回归,发现社会总产值不能通过 t 检验,而且它与人口的相关性很强,删除社会总产值并重新回归,回归的效果非常好,见表5-12,得到回归方程 $y = -2081.01 + 4.025331 x_2$。上述自变量之间的两两相关性现象,称为多重共线性。

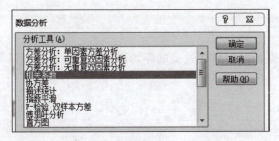

图5-10 "数据分析"对话框

表5-9 相关系数矩阵

	客运量	居民人均收入	人口	工农业总产值	社会总产值	运费率
客运量	1	—	—	—	—	—
居民人均收入	0.980253	1	—	—	—	—
人口	0.993834	0.986744	1	—	—	—
工农业总产值	0.985595	0.994904	0.986835	1	—	—
社会总产值	0.93694	0.94288	0.941532	0.962928	1	—
运费率	0.987669	0.992568	0.983276	0.997015	0.951719	1

表5-10 回归参数表

	Coefficients	标准误差	t Stat	P-value	Lower 95%	Upper 95%
Intercept	−2256.78	335.9905	−6.71679	0.001108	−3120.47	−1393.09
X Variable 1	−0.83982	0.288541	−2.91057	0.033378	−1.58154	−0.0981

(续)

	Coefficients	标准误差	t Stat	P-value	Lower 95%	Upper 95%
X Variable 2	3.750174	0.645156	5.812816	0.002126	2.091747	5.408601
X Variable 3	−1.14931	0.935758	−1.22821	0.274024	−3.55475	1.256133
X Variable 4	1972.237	518.0276	3.807204	0.012536	640.6044	3303.869

表 5-11　剔除工农业总产值后的相关系数矩阵

	客运量	居民人均收入	人口	社会总产值	运费率
客运量	1	—	—	—	—
居民人均收入	0.980253	1	—	—	—
人口	0.993834	0.986744	1	—	—
社会总产值	0.93694	0.94288	0.941532	1	—
运费率	0.987669	0.992568	0.983276	0.951719	1

表 5-12　最终的回归参数表

	Coefficients	标准误差	t Stat	P-value	Lower 95%	Upper 95%
Intercept	−2081.01	94.7151	−21.9712	0.0000000194	−2299.42	−1862.59
X Variable 1	4.025331	0.158776	25.3523	0.00000000628	3.659193	4.391468

5.3.2　增长率统计法

增长率统计法是根据预测对象在过去的年均增长率，类推未来某期预测值的简便预测方法。其计算公式为

$$\hat{Y}_t = Y_n(1+r)^t \tag{5-28}$$

$$r = \left(\sqrt[n]{\frac{Y_n}{Y_0}} - 1\right) \times 100\% \tag{5-29}$$

式中　$\hat{Y}_t$——预测对象的预测值；

Y_n——统计期末的统计值；

Y_0——统计期初的统计值；

r——预测对象的年均增长率；

t——预测期距离统计期末的期数；

n——统计期包含的时期数减1。

【例 5-6】　试用增长率统计法预测例 5-1 中，该年 12 月份的货运量。

解：

$$r = \left(\sqrt[n]{\frac{Y_n}{Y_0}} - 1\right) \times 100\% = \left(\sqrt[10]{\frac{20}{10}} - 1\right) \times 100\% = 7.2\%;$$

$\hat{Y}_t = Y_n(1+r)^t = 20 \times (1+7.2\%)^1 = 21.44$ 万 t，即该年 12 月份的货运量预测值为 21.44 万 t。

5.3.3 乘车系数法

乘车系数法又称为原单位发生率法,是以区域总人口数和平均每人乘车次数来预测旅客发送量的方法。乘车系数是指一定区域范围内的旅客发送量与人口数的比值,例如,在全国范围内,乘车系数为全国客运量与全国人口的比值;在运输企业或站场范围内,乘车系数为吸引范围内的总客运量与其总人口数的比值。乘车系数可以根据历年资料和今后可能发生的变化确定。乘车系数法的计算,见式(5-30)。

$$Q_t = M_t \cdot a \tag{5-30}$$

式中 Q_t——预测期运量;

M_t——预测期的总人口数;

a——乘车系数。

【例 5-7】 某地区的现有总人口数为 135.1 万人,预计 2035 年的总人口数将达到 150.3 万人。根据历年的统计资料,得出乘车系数为 0.56。请利用乘车系数法,计算 2035 年的旅客发送量。

解:

$Q_t = M_t \cdot a = (150.3 \times 0.56)$ 万人 $= 84.17$ 万人,即该地区 2035 年的预测旅客发送量为 84.17 万人。

5.4 组合预测模型

组合预测模型又称为复合预测方法,是相关学者在综合考虑各种预测方法的特点基础上,通过建立一个组合预测模型,把两个或两个以上预测方法所得到的预测值,组合为一个新的预测值。简而言之,组合预测模型是选取适当的权重,将几种预测方法的预测结果,进行加权平均的一种预测方法。

1. 组合预测模型的优点

组合预测模型的优点主要有:

1)组合预测模型是借助适当的方法,把具有不同优缺点的多种预测方法组合在一起,既能够充分发挥各种预测方法的优点,又能够弥补各种预测方法的缺点,达到取长补短的效果。

2)在实际的预测过程中,选择某种正确的预测模型或预测方法往往很困难,有时甚至需要进行多种预测模型的分析与比较,很难找到最佳预测模型。组合预测模型使预测模型的选择问题变得相对容易一些,而且组合预测模型的预测精度通常比单个预测模型的预测精度有所提高。

3)通过各种预测方法的组合使用,可以有效地利用更多的信息,更加全面地反映事物的本质与原貌。因此在大多数情况下,通过组合预测模型可以达到改善预测结果的目的。

2. 组合预测模型的使用

在组合预测方法中,关键是确定各个预测模型的组合系数或加权系数。加权系数的确定方法大致包括:主观概率组合预测法、等权平均组合预测法(EW)和方差—协方差法(MV)。

1)主观概率组合预测法。主观概率组合预测法是将几种预测方法得到的预测结果,邀请专家对其发生的可能性大小做出主观判断和估计。一般情况下,多采用 0~1 的不同数值来表示某位专家对某一预测值发生可能性的估计。设 w_{ij} 是第 $i(i=1,2,\cdots,n)$ 位专家对由第 $j(j=1,2,\cdots,n)$ 个预测方法得到的预测值 f_j 的发生可能性的估计,w_j 是第 j 个预测方法的总权重,f_c 代表组合预测模型的预测值,计算过程见式(5-31)。

$$f_c = \frac{1}{i} \sum_{j=1}^{n} w_j f_j \tag{5-31}$$

其中:$w_j = \sum_{i=1}^{n} w_{ij}$,$0 \leq w_{ij} \leq 1$。

主观概率组合预测法采用主观概率为权数,综合反映了各位专家的意见,但是,毕竟此方法是一种定性分析方法,会带有一定的随意性和盲目性。

2)等权平均组合预测法(EW)。等权平均组合预测法是一类经常使用的组合预测模型。设 $f_{ij}(i=1,2,\cdots,k;j=1,2,\cdots,n)$ 为第 i 个预测模型第 j 年的预测值,f_{cj} 代表组合预测模型得到的第 j 年的预测值,则 EW 法得到的组合预测值,见式(5-32)。

$$f_{cj} = \frac{1}{k} \sum_{i=1}^{k} \sum_{j=1}^{n} f_{ij} \tag{5-32}$$

EW 方法不需要了解单一预测值 f_{ij} 的预测精度,也不需要知道各种预测模型误差之间的相互关系。EW 方法虽然简单,但是只能作为在各种预测方法的预测精度和预测误差完全未知的情况下,采取的一种较为稳妥的方法。如果各种预测模型的预测结果相差较大,采用 EW 法的误差也会很大。

3)方差—协方差法(MV)。在知道各种预测方法的预测精度、预测误差的情况下,就应该采用 MV 方法,对预测精度较高的预测值赋予较大权重,对预测精度较低的预测值赋予较小权重,从而进行组合预测。以两种预测方法的 MV 组合预测为例,说明 MV 的预测过程。设 f_1 是第一种预测方法的预测值;f_2 是第二种预测方法的预测值;f_c 是组合预测方法的预测值;预测误差用历史数据与预测值之间的差值 $e_i = Y_i - \hat{Y}_i$ 表示,其中,Y_i 为历史数据,$\hat{Y}_i$ 为预测值,第一种、第二种和组合预测的误差分别为 e_1、e_2 和 e_c;w_1 和 w_2 分别是 f_1 和 f_2 的相应组合系数,且 $w_1 + w_2 = 1$;得到组合预测公式为

$$f_c = w_1 f_1 + w_2 f_2 \tag{5-33}$$

使用 MV 组合预测方法时,则误差及方差分别为

$$e_c = w_1 e_1 + w_2 e_2 \tag{5-34}$$

$$\text{var}(e_c) = E(e_c^2) - [E(e_c)]^2 = \text{var}(w_1 e_1 + w_2 e_2)$$
$$= w_1^2 \text{var}(e_1) + w_2^2 \text{var}(e_2) + 2 w_1 w_2 \text{cov}(e_1, e_2) \tag{5-35}$$

对 $\text{var}(e_c)$ 求极小值，得到 w_1，即

$$w_1 = \frac{\text{var}(e_2) - \text{cov}(e_1, e_2)}{\text{var}(e_1) + \text{var}(e_2) - 2\text{cov}(e_1, e_2)}, \quad \text{且 } w_2 = 1 - w_1 \tag{5-36}$$

当两种预测方法的建模方法、思路以及步骤都截然不同时，可以把这两种预测方法，看作是相互独立的预测模型，则有 $\text{cov}(e_1, e_2) = 0$。令 $\text{var}(e_1) = \delta_1$，$\text{var}(e_2) = \delta_2$，根据式（5-36），可以得到两个预测值的权重，即

$$w_1 = \frac{\delta_2}{\delta_1 + \delta_2}; \quad w_2 = 1 - w_1 = 1 - \frac{\delta_2}{\delta_1 + \delta_2} = \frac{\delta_1}{\delta_1 + \delta_2} \tag{5-37}$$

【例 5-8】 某运输企业某年度的货运量实际值与预测值见表 5-13。已知该运输企业下一年 1 月份的回归分析预测值为 154.8 万 t；指数平滑预测值为 158.94 万 t。请利用组合预测模型计算下一年 1 月份的货运量。

表 5-13 某运输企业某年度的货运量实际值与预测值

月份	实际值/万 t	回归分析预测值/万 t	指数平滑预测值/万 t
1	100	96.14	—
2	105	101.02	100.00
3	110	106.29	104.50
4	115	111.56	109.45
5	120	116.83	114.45
6	125	121.89	119.44
7	130	126.62	124.44
8	135	131.35	129.44
9	140	136.08	134.44
10	145	140.81	139.44
11	150	145.54	144.44
12	160	153.73	149.44

解：

利用表 5-13 的实际值和预测值，计算得到回归分析预测误差 e_1 和指数平滑预测误差 e_2，见表 5-14。

表 5-14 回归分析预测误差和指数平滑预测误差

月份	实际值/万 t	回归分析预测误差/万 t	指数平滑预测误差/万 t
1	100	3.86	—
2	105	3.98	5.00
3	110	3.71	5.50

（续）

月份	实际值/万 t	回归分析预测误差/万 t	指数平滑预测误差/万 t
4	115	3.44	5.55
5	120	3.17	5.55
6	125	3.11	5.56
7	130	3.38	5.56
8	135	3.65	5.56
9	140	3.92	5.56
10	145	4.19	5.56
11	150	4.46	5.56
12	160	6.27	10.56

利用 Excel 的 var( ) 函数求解 e_1 和 e_2 的方差，得到预测误差的方差为 $\delta_1 = \mathrm{var}(e_1) = 0.7$；$\delta_2 = \mathrm{var}(e_2) = 2.36$。

则有

$$w_1 = \frac{\delta_2}{\delta_1 + \delta_2} = \frac{2.36}{0.7 + 2.36} = 0.77$$

$$w_2 = 1 - w_1 = 0.23$$

$f_c = w_1 f_1 + w_2 f_2 = (0.77 \times 154.8 + 0.23 \times 158.94)$ 万 t = 155.75 万 t，即下一年 1 月份的货运量预测值为 155.75 万 t。

复习思考题

1. 填空题

（1）运输量定量预测的常用模型包括时间序列预测模型、_____ 和组合预测模型。

（2）加权移动平均法在选择权数时，往往要求近期权数_____，远期权数_____。

（3）当原始时间序列虽有波动，但长期的变化趋势不大时，平滑系数 α 的取值范围应该为_____。

（4）试算法在确定平滑系数 α 的取值范围时，以_____最小为标准。

（5）_____预测模型是从预测对象与其影响因素的关系上，来研究预测对象的变化和发展的预测方法。

（6）回归分析预测法的检验常通过计算相关系数 R 来进行，相关系数 R 的取值范围一般为_____。

（7）在组合预测模型中，最关键的工作是确定各个预测模型的_____。

2. 计算题

（1）某运输企业某年 1~11 月份实际完成的客运量，见表 5-15，设 α = 0.7，试用三次指数平滑法预测下一年2月份的客运量。

表5-15 某运输企业客运量统计表

月份	1	2	3	4	5	6	7	8	9	10	11
客运量（万人）	12	14	19	16	18	18	19	17	20	21	20

（2）某运输企业共15期的货运量统计数据，以及当地居民人均收入统计数据，见表5-16，假设当地居民人均收入在第20期将达到360百元，请利用回归分析预测法计算该运输企业第20期的货运量。

表5-16 某运输企业货运量和当地居民人均收入

期数	货运量/万t	居民人均收入（百元）	期数	货运量/万t	居民人均收入（百元）
1	150	150	9	195	246
2	158	168	10	198	252
3	164	184	11	204	267
4	168	198	12	207	274
5	170	206	13	217	285
6	176	208	14	230	296
7	183	217	15	239	308
8	187	230			

第 6 章　运输车辆运用程度评价

【本章提要】

进行运输车辆运用程度评价，有利于提高运输生产率，降低单位运输成本，增加企业利润，还有利于搞活运输经济，有利于社会资源的有效配置；车辆运用程度评价，按照其评价范围，分为车辆运用程度单项评价指标和车辆运用程度综合评价指标，其中，车辆运用程度单项评价指标包括车辆时间利用指标、车辆速度利用指标、车辆行程利用指标、车辆载质（客）量利用指标以及车辆动力利用指标；车辆运用程度综合评价指标主要指运输车辆生产率。

【教学目标与要求】

☞ 掌握车日、车时的区别与联系。
☞ 掌握营运车辆运用程度各单项指标的含义和用途。
☞ 掌握营运车辆运用程度综合评价指标的含义和用途。
☞ 能够准确计算运输企业的营运车辆运用程度单项评价指标和综合评价指标。
☞ 根据营运车辆运用程度评价结果，找到提高营运车辆运用效率的有效措施。

【导读案例】

公路超限超载运输的危害

超限超载运输是指在公路上行驶的机动车辆，所装载的设备、构件或货物等的实际装载量或外廓尺寸超过规定的运输行为。超限超载运输会严重破坏公路设施，增加公路养护成本，缩短公路使用寿命，对公路、桥梁等结构物带来较大的安全隐患。货物运输车辆一旦超载，安全性能会随之降低，容易出现车轴断裂、制动失灵、轮胎爆胎、操纵失控等问题，给交通安全带来极大的隐患。

第6章　运输车辆运用程度评价

问题1：超限超载运输会对营运车辆及通行道路带来哪些危害？

问题2：货车超载与车辆载质量利用指标有何关联？

【准备知识】

营运车辆利用的单项指标（见图6-1）

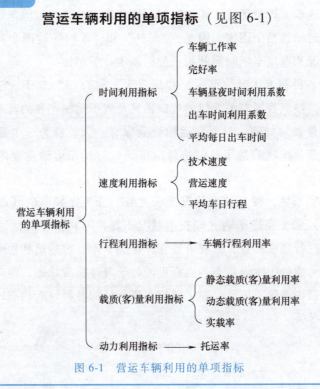

图6-1　营运车辆利用的单项指标

道路运输企业拥有的车辆，包括营运车辆和非营运车辆两大类，营运车辆是指专门用于从事旅客和货物营业性运输的车辆；非营运车辆是指道路运输企业用于其他用途的车辆，例如，运输站场内的货物装卸车辆、车站内部用的接驳车辆，以及公务用车等。本章以营运车辆作为研究对象。

进行车辆运用程度评价，是挖掘和提高营运车辆生产效率的有效方法，有利于提高运输生产率，降低单位运输成本，增加企业利润，还有利于搞活运输经济，有利于社会资源的有效配置。

6.1　车辆运用程度单项评价指标

为了阐明营运车辆生产率的各个因素对运输企业生产率的影响，首先必须明确用于车辆运用程度评价的单项评价指标。车辆运用程度单项评价指标的选取，应满足以下要求：

1）能够清楚地概括运输车辆的运输过程及其有关的各种现象。

2）能够清楚地表明运输车辆各方面的利用程度及其有关的各项数值。

3）能够客观地反映运输车辆利用程度与车辆生产率之间的关系。

4）方便运输企业加强基础管理工作，便于信息的储存和使用。

6.1.1 车辆时间利用指标

在道路运输企业里，评价运输车辆的时间利用程度以及统计运输车辆的工作状况时，往往同时考虑车辆和时间这两个因素，因此，"车日"和"车时"这两个复合指标，通常被作为统计车辆工作状况和确定车辆时间利用程度的基本计量单位。

一辆车辆（含各种技术状况的车辆）在册一天，称为一个车日。它反映了在册车辆在企业内的保有天数。按照我国有关部门的规定，凡是属于运输企业的营运车辆，不论其技术状况（是工作还是停驶）如何，只要在运输企业保有一天，就为一个营运车日。在统计期内，运输企业所有营运车辆的总车日，是营运车辆数与其在运输企业内保有的日历天数的乘积。

运输企业的营运车辆，按其技术状况是否完好，分为完好车辆（即技术状况完好，具备参加营运的条件）和非完好车辆（即技术状况不好，不具备参加营运的条件）两种。完好车辆有可能正在进行运输作业，也有可能在车场、车库、客运站和货运站等站场等待运输工作；非完好车辆可能处于维修状态，也有可能处于等待报废状态，即车辆已被封存，等待从运输企业资产账目中清除。因此，根据营运车辆所处的各种可能状态，营运车辆总车日的构成情况如图6-2所示。

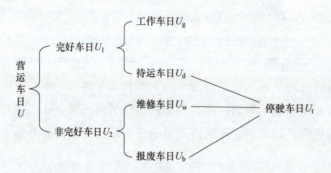

图6-2 营运车辆总车日的构成情况

车时是指营运车辆在运输企业内保有的小时数。运输企业所有营运车辆的车时总数，等于营运车辆数与其在运输企业内保有的小时数的乘积。在每一个营运车日内，营运车辆可能处于不同的状态，可能正在进行运输作业，也有可能在站场等待运输工作，还有可能处于维修状态，因此，根据营运车辆的每昼夜时间构成，得到图6-3所示的营运车时的构成情况。根据图6-3可知，提高营运车辆的车时利用，可以通过两种途径实现：一是延长出车车时，二是缩短停歇车时。

以车日和车时为基础，用以反映车辆时间利用的指标主要包括：

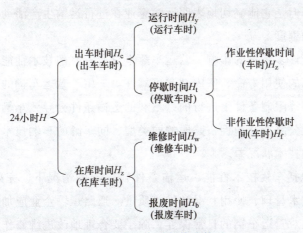

图 6-3　营运车时的构成情况

1. 车辆工作率 α_g

车辆工作率 α_g 是指统计期（如年、季、月）内，营运车辆的工作车日与营运车日的百分比，用以表示运输企业总车日的实际利用程度，即

$$\alpha_g = \frac{U_g}{U} \times 100\% \tag{6-1}$$

式中　α_g——车辆工作率（%）；
　　　U_g——工作车日（车日）；
　　　U——营运车日（车日）。

车辆工作率反映了运输企业营运车辆的技术状况，以及运输企业的运输组织工作水平，对于提高车辆生产率具有直接影响。要提高车辆工作率，需要增加工作车日和减少停驶车日，即努力消除导致营运车辆停驶的各种原因，才能使车辆工作率维持在较高水平。提高车辆工作率的具体措施，主要包括：开展货源调查，加强物资管理，优化车辆调度，引进 GPS 导航、北斗导航等先进的车辆跟踪定位与通信设备，加强车辆管理信息系统的建设，建立车辆营运档案。

2. 完好率 α_w

完好率 α_w 是指统计期（如年、季、月）内，营运车辆的完好车日与营运车日的百分比，用以表示营运车日可以用于运输工作的最大可能性，即

$$\alpha_w = \frac{U_1}{U} \times 100\% = \frac{U - U_2}{U} \times 100\% \tag{6-2}$$

式中　α_w——完好率；
　　　U_1——完好车日（车日）；
　　　U_2——非完好车日（车日）；
　　　U——营运车日（车日）。

完好率反映了运输企业营运车辆的技术完好状况和维修工作水平。完好率的高低，不直

接影响车辆生产率,但是它能确切地表明运输企业在进行运输生产活动时,营运车辆在时间利用方面可能达到的程度。

完好率的高低受许多因素的影响,营运车辆本身所特有的技术性能,就是一个非常重要的方面,例如,车辆的使用寿命、坚固性和可靠性等。由于营运车辆的生产活动是在复杂的路况条件、气候条件等限制条件下进行的,不利的运输条件会导致车辆技术状况的恶化,例如,经常行驶低等级公路或交通拥挤路段的同类型、同车龄的车辆技术状况,往往会比经常行驶高速公路的车辆技术状况差。

在上述条件(包括车辆技术性能、运输条件)一定的情况下,完好率主要取决于运输企业对营运车辆的技术管理、使用状况和维修质量。道路运输企业应加强技术管理和维修工作,特别要注意加强对营运车辆的日常保养,除了要合理地改进维修作业的劳动组织,改进操作工艺和方法,广泛采用维修新技术外,还应建立和健全岗位责任制,不断提高维修工人的技术水平,以及保证车辆零部件的及时供应和质量。另外,驾驶员的技术操作水平和熟练程度,对于营运车辆的技术状况也有很大影响。因此,科学地采用定车、定挂、定人的管理方式,并加强对驾驶员的技术培训和安全教育,对于提高完好率也有着重要影响。

3. 车辆昼夜时间利用系数 ρ

车辆昼夜时间利用系数 ρ 是指在平均一个工作车日的 24h 中,单辆营运车辆的出车时间所占比重。营运车辆的出车时间,是指营运车辆由车场驶出,直至返回车场的持续时间,在计算中,需要扣除运输计划规定的驾驶员进餐、休息等时间。车辆昼夜时间利用系数 ρ 的计算为

$$\rho = \frac{H_c}{24} \tag{6-3}$$

式中 ρ——车辆昼夜时间利用系数;

H_c——车辆的出车时间(h)。

提高车辆昼夜时间利用系数,就是要求延长营运车辆的出车时间。要延长出车时间,除了提高车辆的完好率外,还应该努力开拓运输市场,提高运输组织工作水平。大量的实践证明:合理的运输组织形式,例如,多班制或双班制,是提高车辆昼夜时间利用系数的有效措施。

4. 出车时间利用系数 μ

出车时间利用系数 μ 是指统计期内,车辆在路线上的纯运行时间与出车时间的百分比,见式(6-4)。

$$\mu = \frac{H_y}{H_c} = \frac{H_c - H_t}{H_c} \tag{6-4}$$

式中 μ——出车时间利用系数;

H_y——车辆的运行时间(h);

H_c——车辆的出车时间(h);

H_t——车辆的停歇时间(h)。

运输生产活动是以营运车辆的运行为中心的,只有当营运车辆行驶时,才能使运输对象

发生位移，提高出车时间利用系数，从而保障运输生产活动高效地开展。提高出车时间利用系数的主要途径是：通过提高运输企业的装卸机械化水平以及运输组织工作水平，最大限度地减少营运车辆在运输路线上，因装卸工作、技术故障以及组织工作不善等造成的车辆停歇时间。虽然装卸工作、技术故障以及组织工作不善等造成的车辆停歇时间是运输生产活动所必需的，但是它们毕竟属于辅助性的作业时间，不能直接产生运输对象的位移，因此应尽量缩短这部分时间，从而提高运输效率。

5. 平均每日出车时间 α_c

平均每日出车时间 α_c 是指统计期内，平均每个工作车日的出车时间，其计算公式为

$$\alpha_c = \frac{H_c}{U_g} \tag{6-5}$$

式中 α_c——平均每日出车时间（h/车日）；

H_c——出车时间（h）；

U_g——工作车日（车日）。

车辆工作率、完好率、车辆昼夜时间利用系数、出车时间利用系数以及平均每日出车时间五个指标中，每一项指标的提高，不一定能够保证车辆全部的时间利用程度必然会提高，但每一项指标均降低，则必然表现为车辆时间利用程度的降低，进而影响到车辆生产率。

6.1.2 车辆速度利用指标

车辆速度利用方面的指标主要包括：

1. 技术速度 V_j

技术速度等于车辆行驶的里程与纯运行时间之比，用以表示车辆行驶的快慢，其计算公式为

车辆速度
利用指标

$$V_j = \frac{L}{H_y} \tag{6-6}$$

式中 V_j——技术速度（km/h）；

L——营运车辆的行驶总里程（km）；

H_y——营运车辆的运行时间（h）。

车辆的技术速度受多种因素的影响，车辆本身的速度性能（如动力性能、最高速度、加速性能等）、车辆结构、制动性能、行驶平稳性以及车辆的新旧程度等，都是影响车辆技术速度的主要因素。在车辆技术性能一定的情况下，道路条件往往是影响车辆技术速度发挥的另一个重要原因，道路条件对于车辆技术速度的影响，主要表现在道路等级、宽度、坡度、弯度、视距、路面材料等方面，例如，道路条件恶劣的情况下，即使速度性能良好的车辆，也不可能达到较高的技术速度。另外，城市道路的交通量、照明条件、交通信号、限速规定等，对于在市区内行驶车辆的技术速度有着较大影响。另外，天气情况、驾驶员操作水平的高低等，对车辆技术速度也具有一定影响。

车辆的技术速度一般低于设计速度，车辆技术速度的提高应在保证行车安全的前提下进行，片面地追求技术速度的提高，有可能会造成交通事故次数的增加以及燃料消耗的不合理增加，从而导致运输安全性下降和运输成本升高。

2. 营运速度 V_y

营运速度 V_y 是指车辆在线路上工作的时间内，平均每小时所行驶的里程，用以表示车辆在出车时间内有效运转的快慢，其计算公式为

$$V_y = \frac{L}{H_c} \tag{6-7}$$

式中 V_y——营运速度（km/h）；

H_c——出车时间（h）。

车辆的营运速度既受到技术速度的限制，又受到出车时间利用系数的限制，车辆的营运速度、技术速度和出车时间利用系数三者之间的关系，即

$$V_y = V_j \times \mu \tag{6-8}$$

营运速度一般比技术速度低 10%~20%。当车辆的行驶里程很长，装卸停歇时间在出车时间中所占比重较小时，营运速度则接近于技术速度。

影响车辆营运速度的主要因素包括：技术速度的大小、装卸机械化水平、车辆技术状况以及运输距离等。

3. 平均车日行程 L_d

平均车日行程 L_d 是指统计期内，平均每一工作车日内车辆所行驶的里程，用以表示车辆在工作车日内有效运转的快慢，其计算公式为

$$L_d = \frac{L}{U_g} = \alpha_c \times V_y = \alpha_c \times V_j \times \mu \tag{6-9}$$

式中 L_d——平均车日行程（km/车日）；

U_g——工作车日（车日）。

【例 6-1】 某营运车辆在 2022 年 12 月份，共有 25 天参与了运输生产活动，该月的出车时间为 200h，在线路上的总运行时间为 160h，行驶总里程为 9600km，计算该营运车辆的平均每日出车时间、技术速度、出车时间利用系数以及平均车日行程。

解：

平均每日出车时间为 $\alpha_c = \frac{200}{25}\text{h} = 8\text{h}$

技术速度为 $V_j = \frac{L}{H_y} = \frac{9600}{160}\text{km/h} = 60\text{km/h}$

出车时间利用系数为 $\mu = \frac{160}{200} = 0.8$

平均车日行程为 $L_d = \frac{9600}{25}\text{km/车日} = 384\text{km/车日}$

因为平均车日行程可以由平均每日出车时间和营运速度表示，或者由平均每日出车时间、技术速度和出车时间利用系数表示，所以它是一个能够反映车辆在时间和速度两方面综合利用程度的指标。

提高平均车日行程的主要途径是：努力避免或减少车辆的停放时间，保持合理的技术速度，争取最高的营运速度，具体措施包括：提高车辆运行作业计划的质量，加强车辆的调度组织，加强装卸工作组织等。

6.1.3　车辆行程利用指标

营运车辆在统计期内行驶的里程称为总行程。在车辆总行程中，有一部分行程是载有旅客或货物行驶的里程，称为有载行程，有载行程是生产性的，是实现运输生产的有效行程；还有一部分行程是不载有旅客或货物行驶的里程，称为无载行程。车辆的无载行程又包括空驶行程和调空行程两部分，空驶行程是营运车辆由卸货地点卸货后，空驶到下一个装货地点的行程，空驶行程不是直接性的生产行程，但它往往与运输生产活动密切相关，是运输生产活动的必要组成部分；调空行程是空车由车场开往装货地点，或者由最后一个卸货地点空驶返回车场的行程，还包括与运输生产无直接关系的行程，例如空车开往加油站、维修店进行加油、维修和保养的行程，调空行程是完成运输工作的辅助性行程。

为了反映车辆总行程的有效利用程度，采用车辆行程利用率进行评价。车辆行程利用率是在统计期内，车辆的有载行程在总行程中所占的比重，其计算公式为

$$\beta = \frac{L_y}{L} \times 100\% \tag{6-10}$$

式中　β——车辆行程利用率（%）；

L_y——统计期内车辆的有载行程（km）；

L——统计期内车辆的总行程（km）。

【例 6-2】　某运输公司 2022 年在册营运车辆共 150 辆，平均车日行程为 450km/车日，完好率为 95%，待运车日为 100 车日，有载行程为 22180321km，试计算该运输公司 2022 年营运车辆的行程利用率。

解：

营运车日 = 营运车辆数×营运天数 = （150×365）车日 = 54750 车日

完好车日 = $\dfrac{完好率 \times 营运车日}{100\%}$ = $\left(\dfrac{95\% \times 54750}{100\%}\right)$ 车日 = 52012.5 车日

工作车日 = 完好车日 - 待运车日 = （52012.5 - 100）车日 = 51912.5 车日

营运车辆总行程 = 工作车日×平均车日行程 = （51912.5×450）km = 23360625km

车辆行程利用率 $\beta = \dfrac{22180321}{23360625} \times 100\% = 94.9\%$，即该运输公司 2022 年营运车辆的行程利用率为 94.9%。

在总行程一定的前提下，要提高行程利用率，必须增加有载行程的比重，这是因为，车辆只有在有载行驶时，才会产生有效的运输生产活动，而车辆空驶是一种很大的浪费，它不仅不会产生运输工作量，相反却消耗了燃料和轮胎、增加了车辆的机械磨损和维修保养费用，从而使运输成本上升。因此，提高车辆行程利用率，是提高车辆运输工作生产率和降低运输成本的有效途径。车辆空驶是不可能完全避免的，但是可以通过以下措施，降低车辆的无载行程，具体包括：积极做好客货源的组织工作，掌握营运区域内客货源的形式以及客货流的分布规律，确保生产均衡；选择合理的运输线路；科学地确定车辆的收、发车点；积极推广先进的调度方法；积极组织返程运输；合理布局车站、车间、加油站等之间的平面位置。

6.1.4 车辆载质（客）量利用指标

车辆的载重能力，体现在额定载质量或额定载客量（又称为额定吨位或额定客位，也称为核定吨位或核定客位）两个方面。车辆的额定载质量，是根据车辆结构所能承担的负载能力，在保证运行安全的条件下，所规定的最大允许装载质量，单位为kg。额定载客量是车厢内的座位数与额定站位数之和，也称客位数。额定载客量的计算公式：客位数＝车厢的固定座位数＋车厢有效站立面积（m^2）×每平方米允许站立的人数（人/m^2）。依据国家质量监督检验检疫总局、中国国家标准化管理委员会发布的中华人民共和国国家标准 GB 7258—2017《机动车运行安全技术条件》的规定，"设有乘客站立区的客车，按 GB/T 12428—2005《客车装载质量计算方法》确定的站立乘客有效面积计算，每 0.125m^2 的核定站立乘客人数为 1 人；双层客车的上层以及其他客车，不核定站立人数"。为此，设有乘客站立区的客车额定载客量：客位数＝车厢的固定座位数＋车厢有效站立面积（m^2）×8（个/m^2）。

反映车辆载质（客）量利用方面的评价指标包括：

1. 静态的载质（客）量利用率

静态的载质（客）量利用率是指一辆营运车辆某运次实际完成的周转量与其重车行程载质（客）量的百分比，用以表示车辆额定载质量或额定载客量的有效利用程度。其中，重车行程载质（客）量是营运车辆该运次的有载行程与营运车辆额定载质（客）量的乘积。静态的载质（客）量利用率计算公式为

$$\gamma = \frac{P}{P_0} \times 100\% = \frac{qL_y}{q_0 L_y} \times 100\% = \frac{q}{q_0} \times 100\% \tag{6-11}$$

式中　γ——营运车辆的静态载质（客）量利用率；

P——某营运车辆某运次实际完成的周转量（t·km 或人·km）；

P_0——某营运车辆重车行程载质（客）量（t·km 或人·km）；

q——某营运车辆某运次实际完成的载质（客）量（t 或人）；

q_0——某营运车辆的额定载质（客）量（t 或人）；

L_y——某营运车辆某运次的有载行程。

【例 6-3】 某额定载质量为 20t 的货车,某运次实际装载的货物为 15t;某额定载客量为 45 座的大型客车,某班次实际载客 38 人,试分别求这两辆车的静态载质(客)量利用率。

解:

货车的静态载质(客)量利用率为

$$\gamma = \frac{q}{q_0} \times 100\% = \frac{15}{20} \times 100\% = 75\%$$

客车的静态载质(客)量利用率为

$$\gamma = \frac{q}{q_0} \times 100\% = \frac{38}{45} \times 100\% = 84.4\%$$

营运车辆额定载质(客)量的大小与利用程度的高低,对营运车辆生产率的高低有很大影响。一般情况下,额定载质(客)量大的营运车辆具有较高的生产能力,其生产能力的发挥,还取决于静态的载质(客)量利用程度,静态的载质(客)量利用率越高,表明营运车辆生产率越高。

2. 动态的载质(客)量利用率

动态的载质(客)量利用率是指运输企业全部营运车辆所有运次实际完成的周转量与全部营运车辆的重车行程载质(客)量之比,即

$$\gamma = \frac{\sum P}{\sum P_0} \times 100\% \tag{6-12}$$

式中 γ——营运车辆的动态载质(客)量利用率;

$\sum P$——全部营运车辆所有运次实际完成的周转量(t·km 或人·km);

$\sum P_0$——全部营运车辆的重车行程载质(客)量(t·km 或人·km)。

【例 6-4】 某快递公司代理点共有 5 辆营运货车,它们在 2020 年 1 月份的各项统计数据,见表 6-1,试计算 5 辆营运货车动态的载质(客)量利用率。

表 6-1 某快递公司代理点的营运货车运输指标

车辆代号	核定吨位/t	有载行程/km	总行程/km	货物周转量/t·km
1	10	4896	5435	43574
2	8	5931	6231	41517
3	5	2365	2879	10642
4	5	3129	3412	12516
5	3	7908	8432	15816

解:

由已知条件,求得 5 辆营运货车实际完成的周转量为

$$\sum P = (43574+41517+10642+12516+15816) \text{t·km} = 124065 \text{t·km}$$

5 辆营运货车的重车行程载质量为

$$\sum P_0 = (10 \times 4896 + 8 \times 5931 + 5 \times 2365 + 5 \times 3129 + 3 \times 7908) \text{t·km} = 147602 \text{t·km}$$

营运车辆的动态载质量利用率为

$$\gamma = \frac{124065}{147602} \times 100\% = 84\%$$

提高营运车辆动态载质（客）量利用率的方法，主要体现在运输组织方面，包括加强客货源调查和组织；大宗货物应调派大吨位车辆予以装运；加强对主要货物特性的研究，不断提高装车方式及装载技术；严格执行有关的装载规定等。

3. 实载率

实载率是指运输企业全部营运车辆，所有运次实际完成的周转量与其总行程载质（客）量之比，用以反映营运车辆总行程载质（客）量的有效利用程度，是反映营运车辆在行程利用和载质（客）量利用两个方面的综合性评价指标。其中，营运车辆总行程载质（客）量是营运车辆的总行程（含有载行程和无载行程）与营运车辆额定载质（客）量的乘积。实载率的计算公式为

$$\varepsilon = \frac{\sum P}{\sum P_1} \times 100\% \tag{6-13}$$

式中　ε——实载率（%）；

$\sum P$——全部营运车辆所有运次实际完成的周转量（t·km 或人·km）；

$\sum P_1$——全部营运车辆总行程载质（客）量（t·km 或人·km）。

对于某一辆营运车辆的某运次而言，其实载率的计算公式为

$$\varepsilon = \frac{P}{P_1} \times 100\% = \frac{qL_y}{q_0 L} \times 100\% = \frac{L_y}{L} \times \frac{q}{q_0} \times 100\% = \beta\gamma \tag{6-14}$$

式中　P——营运车辆某运次实际完成的周转量（t·km 或人·km）；

P_1——营运车辆总行程载质（客）量（t·km 或人·km）；

q——营运车辆某运次实际完成的载质（客）量（t 或人）；

q_0——营运车辆的额定载质（客）量（t 或人）；

L——统计期内营运车辆的总行程（km）；

L_y——统计期内营运车辆的有载行程（km）；

γ——营运车辆的静态载质（客）量利用率（%）；

β——营运车辆行程利用率（%）。

对于一组吨位（或客位）相同的营运车辆而言，其实载率可以表示为

$$\varepsilon = \frac{\sum P}{\sum P_1} \times 100\% = \frac{\sum(qL_y)}{q_0 \sum L} \times 100\% = \frac{\sum(qL_y)}{\frac{q_0 \sum L_y}{\beta}} \times 100\%$$

$$= \beta \times \frac{\sum(qL_y)}{q_0 \sum L_y} \times 100\% = \beta \times \frac{\sum P}{\sum P_0} \times 100\% = \beta\gamma \tag{6-15}$$

故可以得到：对于一辆营运车辆或一组吨位（或客位）相同的营运车辆而言，有 $\varepsilon = \beta\gamma$。

【例 6-5】 试求例 6-4 中 5 辆营运货车的实载率。

解：

5 辆营运货车的总行程载质量为

$$\sum P_1 = (10\times5435+8\times6231+5\times2879+5\times3412+3\times8432)\text{t}\cdot\text{km} = 160949\text{t}\cdot\text{km}$$

则 5 辆营运货车的实载率为

$$\varepsilon = \frac{124065}{160949}\times100\% = 77\%$$

运输企业的载质（客）量利用程度评价，一般用来考核全部营运车辆，所以动态的载质（客）量利用率和实载率这两个指标应用较广。

6.1.5 车辆动力利用指标

部分营运货车除自身可以装载货物外，还能够拖带一辆或多辆挂车，以汽车列车的形式参与货物运输。汽车列车的三种常见形式如图 6-4 所示。

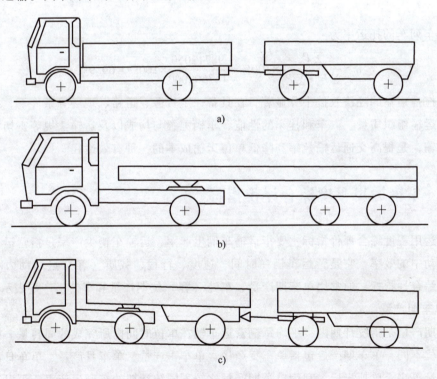

图 6-4 汽车列车的三种常见形式

a）全挂牵引车与全挂车组合的汽车列车 b）半挂牵引车与半挂车组合的汽车列车
c）半挂牵引车与半挂车和全挂车组合的双挂汽车列车

反映挂车载质量利用程度的指标，称为托运率，也称作车辆动力利用指标。托运率是指挂车实际完成的周转量与主、挂车合计完成的周转量之比，用以表示车辆拖挂能力的利用程度。托运率的计算公式为

$$\omega = \frac{\sum P_g}{\sum P_z + \sum P_g} \times 100\% \tag{6-16}$$

或者

$$\omega = \frac{\sum P_g}{\sum P + \sum P_g} \times 100\% \tag{6-17}$$

式中 ω——托运率（%）；

$\sum P_g$——统计期内挂车实际完成的货物周转量（t·km）；

$\sum P_z$——统计期内主车实际完成的货物周转量（t·km）；

$\sum P$——统计期内营运汽车（或主车）实际完成的货物周转量（t·km），由于在拖挂运输中，营运汽车与普通货运的营运车辆一样，都是能够独立从事运输活动的车辆，所以认为 $\sum P_z = \sum P$。

【例 6-6】 2022 年，某运输公司某汽车列车完成的货物周转量为 147602000t·km，其中挂车完成的货物周转量为 98712050t·km，计算该汽车列车的托运率。

解：

该汽车列车的托运率为

$$\omega = \frac{\sum P_g}{\sum P_z + \sum P_g} \times 100\% = \frac{98712050}{147602000} \times 100\% = 66.9\%$$

开展拖挂运输的经济效益十分显著，在具备一定货源、道路、现场等条件下，托运率的大小，与运输组织质量、汽车和挂车的性能、车辆配置与构成以及运输法规等密切相关。开展拖挂运输，是提高交通运输效率和降低单位运输成本的一种有效途径。

6.2 车辆运用程度综合评价指标

车辆运用程度综合评价指标主要指运输车辆生产率，运输车辆生产率是指营运车辆在运输生产活动中的效率，它是营运车辆在时间、速度、行程、载质（客）量和动力利用等方面的一个综合性指标，通常用单车期产量、车吨（客）位期产量和车公里产量表示。

1. 单车期产量

单车期产量是指统计期内，平均每辆营运车辆在单位时间内所完成的周转量。按照计算的时间单位不同，单车期产量包括单车年产量、单车季产量、单车月产量、单车日产量、单车车时产量等多个单项指标。利用单车期产量比较不同统计期的车辆生产率，可以避免统计期日历天数不同带来的影响。

在按照车辆运用效率指标计算单车期产量时，应该先测算统计期内，运输企业的全部营运车辆（含普通客货车、拖挂车）实际完成的总周转量 $\sum P$，而后计算每辆营运车平均完成的周转量，即为单车期产量。其计算公式为

$$\sum P = AD\alpha_g L_d \beta q_0 \gamma \frac{1}{1-\omega} \tag{6-18}$$

$$\lambda_1 = \frac{\sum P}{A} = \frac{AD\alpha_g L_d \beta q_0 \gamma \frac{1}{1-\omega}}{A} = D\alpha_g L_d \beta q_0 \gamma \frac{1}{1-\omega} \quad (6-19)$$

式中 λ_1——单车期产量（t·km 或人·km），即为统计期（如年、季、月、日）内单车完成的周转量；

D——统计期的日历天数（日）；

α_g——车辆工作率（%）；

L_d——平均车日行程（km/车日）；

β——车辆行程利用率（%）；

q_0——营运车辆的额定载质（客）量（t 或人）；

γ——动态载质（客）量利用率（%）；

ω——托运率（%）；

A——平均营运车数，即统计期内平均每天拥有的营运车辆数，按照式（6-20）计算：

$$A = \frac{\text{统计期营运车日数 } U}{\text{统计期日历天数 } D} \quad (6-20)$$

【例 6-7】 某运输企业 2022 年 12 月 1 日共有营运客车 300 辆，12 月 10 日报废营运客车 10 辆，12 月 15 日购置新客车 15 辆，12 月 30 日报废营运客车 20 辆。已知 2022 年 12 月共 31 天，试计算该运输企业在 2022 年 12 月的平均营运车数。

解：

该运输企业在 2022 年 12 月的营运车日数为

$$U = (300 \times 31 - 10 \times 22 + 15 \times 17 - 20 \times 2) \text{车日} = 9295 \text{ 车日}$$

则该运输企业在 2022 年 12 月的平均营运车数为

$$A = \frac{9295}{31} \text{辆} = 299.8 \text{ 辆}$$

2. 车吨（客）位期产量

车吨（客）位期产量是指统计期内，平均每车吨（客）位在单位时间（如年、季、月、日）内所完成的周转量。按照计算的时间单位不同，车吨（客）位期产量包括：车吨（客）位年产量、车吨（客）位季产量、车吨（客）位月产量、车吨（客）位日产量等多个单项指标。

车吨（客）位期产量用于比较不同统计期的车辆生产率时，可以消除不同车辆额定吨位（客位）不同造成的影响，尤其是车吨（客）位日产量，在比较不同统计期的运输生产率时，它既可以消除不同额定吨位（客位）的影响，也可以消除统计期日历天数不同的影响，因此车吨（客）位日产量可以比较准确地反映运输生产工作的组织质量和管理水平。

车吨（客）位期产量的计算公式为

$$\lambda_2 = \frac{\sum P}{N} = \frac{AD\alpha_g L_d \beta q_0 \gamma \frac{1}{1-\omega}}{N} = D\alpha_g L_d \beta \frac{1}{1-\omega} \tag{6-21}$$

式中　λ_2——车吨（客）位期产量（t·km 或人·km），即为统计期（如年、季、月、日）内每车吨（客）位完成的周转量；

N——平均总额定吨（客）位，是统计期内平均每天在用营运车辆的总额定吨（客）位，其计算公式为

$$N = \frac{\text{统计期营运车日数}\, U \cdot \text{营运车辆的额定载质（客）量}\, q_0}{\text{统计期日历天数}\, D} = A \cdot q_0 \tag{6-22}$$

【例 6-8】 假设例 6-7 的新购置营运客车是 40 座，其余营运客车都是 45 座，试计算该运输企业在 2022 年 12 月份的平均额定客位。

解：

该运输企业在 2022 年 12 月份的总额定客位为

$Uq_0 = (300 \times 31 \times 45 - 10 \times 22 \times 45 + 15 \times 17 \times 40 - 20 \times 2 \times 45)\,\text{座} = 417000\,\text{座}$

该运输企业在 2022 年 12 月份的平均额定客位为

$$N = \frac{417000}{31}\,\text{座} = 13451.6\,\text{座}$$

3. 车公里产量

车公里产量是指统计期（如年、季、月、日）内，营运车辆每行驶一公里所完成的周转量。按照计算的时间单位不同，车公里产量包括：车公里年产量、车公里季产量、车公里月产量、车公里日产量等多个单项指标。车公里产量的计算，见式（6-23）。

$$\lambda_3 = \frac{\sum P}{L} = \frac{AD\alpha_g L_d \beta q_0 \gamma \frac{1}{1-\omega}}{L} = \beta q_0 \gamma \frac{1}{1-\omega} \tag{6-23}$$

式中　λ_3——车公里产量（t·km 或人·km），即为统计期（如年、季、月、日）内每公里完成的周转量；

L——统计期内全部营运车辆的总行程（km），可以根据每辆营运车的行驶里程累加求和，也可以用式（6-24）计算，即

$$L = AD\alpha_g L_d \tag{6-24}$$

可见，为完成同样的运输周转量，如果追求高的车公里产量，必然需要降低总行程，尤其需要降低总行程中的无载行程，这就要求加强运输车辆调度工作，提高运输组织管理水平。

6.3　车辆运用程度评价

在求得车辆利用的单项指标和综合指标后，可以制订车辆运用程度评价表格，见表 6-2，即通过表 6-2 相应指标的计算，求出车辆的运输生产效率，并进行不同统计期的车辆运用程

度比较。

表 6-2　车辆运用程度评价表

指标		单位	上年度完成	下年度计划					下年度计划与上年度完成的比较
				全年	一季度	二季度	三季度	四季度	
主车	平均营运车数	辆							
	营运车日	车日							
	车辆完好率	%							
	车辆工作率	%							
	工作车日	车日							
	平均每日出车时间	h/车日							
	平均运行时间	h							
	营运速度	km/h							
	平均车日行程	km/车日							
	行程利用率	%							
	载质（客）量利用率	%							
	实载率	%							
	周转量	t·km							
挂车	托运率	%							
	货物周转量	t·km							
主挂车综合	货物周转量	t·km							
	单车期产量	t·km							
	车吨（位）期产量	t·km							
	车公里产量	t·km							

复习思考题

1. 判断题

（1）运输企业拥有的、从事客货运输的车辆叫作营运车辆。（　　）

（2）车辆运用程度评价，即指车辆运用程度综合评价。（　　）

（3）营运车日包括工作车日和非完好车日。（　　）

（4）完好率是工作车日在营运车日中所占的比例。（　　）

（5）通常情况下，1 车日 = 24 车时。（　　）

（6）车辆的总行程，包括有载行程和空驶行程两部分。（　　）

（7）根据车辆结构所能承担的负载能力，在保证运行安全的条件下所规定的允许装货（客）量，称为运量。（　　）

(8) 运输企业全部营运车辆实际完成的周转量与其重车行程载质（客）量的比值，反映的是营运车辆的动态载质（客）量利用率指标。（　　）

(9) 以汽车列车参与货物运输的运输活动，一般称为拖挂运输或甩挂运输。（　　）

(10) 车辆运用程度综合评价指标，一般用车期产量、车吨（客）位期产量和车公里产量表示。（　　）

2. 简答题

(1) 车辆运用程度单项评价指标的选取应满足哪些要求？

(2) 营运车辆总车日的构成情况是怎样的？

(3) 营运车辆的完好率主要受哪些因素的影响？

(4) 车辆的营运速度、技术速度和出车时间利用系数三者之间的关系是怎样的？

(5) 相同吨位营运车辆的实载率、车辆行程利用率和载质（客）量利用率三者之间的关系是怎样的？

3. 计算题

(1) 某运输企业的某营运车辆，在 2022 年 1 月份共计出车 25 天，行驶里程为 6000km，其中，无载行程为 1000km。已知 2022 年 1 月份共 31 天，试计算其工作率、平均车日行程和行程利用率。

(2) 在 2020 年，某运输公司的挂车完成的货物周转量为 2689346t·km，主车完成的货物周转量为 6739471t·km，试计算该运输公司在 2020 年的托运率。

4. 知识拓展题

阅读 GB 7258—2017《机动车运行安全技术条件》的相关规定，并说明其与前一个版本的 GB 7258—2012《机动车运行安全技术条件》相比，新版本主要在哪些方面进行了修订？在这些修订工作中，为何把新能源汽车与主、被动安全技术作为修订重点？

第 7 章　运输服务质量评价

【本章提要】

运输服务质量的特性,主要指安全性、及时性、准确性、经济性、方便性和舒适性 6 个方面;运输服务质量内部评价,包括安全性评价、及时性评价、准确性评价、经济性评价、方便性评价和舒适性评价;运输服务质量外部评价,是从旅客或货主的角度出发,通过旅客或货主所感受到的服务质量,从外部角度进行的服务质量评价;运输服务质量外部评价的常用方法,包括层次分析法、模糊评价法、灰色关联分析法、主成分分析法等。

【教学目标与要求】

☞ 了解运输服务质量的内涵。
☞ 理解运输服务质量安全性、及时性、准确性、经济性、方便性和舒适性指标的含义。
☞ 掌握运输服务质量客户满意度评价的方法。
☞ 理解提高运输服务质量的措施。

【导读案例】

交通运输业"十三五"期间的任务

"十三五"时期,我国交通运输发展正处于支撑全面建成小康社会的攻坚期、优化网络布局的关键期、提质增效升级的转型期,将进入现代化建设新阶段。站在新的发展起点上,交通运输要准确把握经济发展新常态下的新形势、新要求,切实转变发展思路、方式和路径,优化结构、转换动能、补齐短板、提质增效,更好地满足多元、舒适、便捷等客运需求和经济、可靠、高效等货运需求;要更加注重提高交通安全和应急保障能力,提升绿色、低碳、集约发展水平;要适应国际发展新环境,提高国际通道保障能力和互联互通水平,有效支撑全方位对外开放。(资料来源:根据《国务院关于印发"十三五"现代综合交通运输体系发展规划的通知》整理)

问题1:如何加快完善现代综合交通运输体系,提高一体化运输服务水平?

问题2:新时期,应如何更好地提高运输服务质量,以满足多元、舒适、便捷的客运需求,和经济、可靠、高效的货运需求?

【准备知识】

运输服务质量内部评价的知识架构(见图7-1)

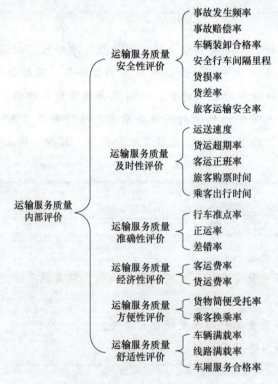

图7-1 运输服务质量内部评价的知识架构

■ 7.1 质量信誉考核与运输服务质量

7.1.1 质量信誉考核

为加强道路运输市场管理,加快道路运输市场诚信体系建设,建立和完善优胜劣汰的竞争机制和市场退出机制,引导和促进道路运输企业加强运营管理、保障运输安全、进行诚信经营、提供优质服务,中华人民共和国交通运输部发布了《道路运输企业质量信誉考核办法(试行)》,要求对道路旅客运输企业、道路货物运输企业进行质量信誉考核。所谓质量信誉考核,是指在考核年度内对道路运输企业的安全生产、经营行为、服务质量、管理水平和履行社会责任等方面进行的综合评价。

1. 质量信誉考核的指标

道路运输企业质量信誉考核的指标包括:

1) 运输安全指标,主要指交通责任事故率、交通责任事故死亡率、交通责任事故伤人率。

2) 经营行为指标,主要指经营违章率。

3) 服务质量指标,主要指社会投诉率。

4) 社会责任指标,主要指国家规费缴纳情况、按法律法规要求投保承运人责任险情况、政府指令性运输任务完成情况。

5) 企业管理指标,主要指质量信誉档案建立情况、企业稳定情况、企业形象、科技设备应用情况、获得省部级以上荣誉称号情况。

2. 质量信誉考核的标准

道路运输企业质量信誉考核实行计分制,考核总分为1000分,加分为100分。在考核总分中,运输安全指标为300分、经营行为指标为200分、服务质量指标为200分、社会责任指标为150分、企业管理指标为150分。其中,企业管理指标中的企业形象、科技设备应用情况、获得省部级以上荣誉称号情况,以及社会责任指标中的政府指令性运输任务完成情况,均为加分项目。具体考核标准见附录C。

道路运输企业质量信誉等级,分为优良、合格、基本合格和不合格,分别用AAA级、AA级、A级和B级表示,由道路运输管理机构,按照以下标准进行评定:

1) 在考核期内,未发生一次死亡3人以上的重特大交通责任事故或特大恶性污染责任事故,也未发生一次特大恶性服务质量事件,且考核总分和加分合计不低于850分的,质量信誉等级为AAA级。

2) 在考核期内,未发生一次死亡10人以上的特大交通责任事故或特大恶性污染责任事故,也未发生一次特大恶性服务质量事件,且考核总分和加分合计在700分至849分之间的,质量信誉等级为AA级。

3) 在考核期内,未发生一次死亡10人以上的特大交通责任事故或特大恶性污染责任事故,也未发生一次特大恶性服务质量事件,且考核总分和加分合计在600分至699分之间的,质量信誉等级为A级。

4) 在考核期内,有以下情形之一的,质量信誉等级为B级:发生一次死亡10人以上的特大交通责任事故的;发生一次特大恶性污染责任事故的;发生一次特大恶性服务质量事件的;考核总分和加分合计低于600分的。

特大恶性污染责任事故,是指由于企业原因,造成所承运的货物泄露、丢失、燃烧、爆炸等,对社会环境造成严重污染、造成国家和社会公众财产重大损失的运输责任事故。

特大恶性服务质量事件,是指由于企业原因,对旅客或货主造成严重人身伤害或重大财产损失,或在社会造成恶劣影响,而受到省级以上交通主管部门或道路运输管理机构通报批评的服务质量事件。

7.1.2 运输服务质量

运输服务质量是运输企业的生命线,同时也是质量信誉考核的主要内容,为了提供一流的运输服务,运输企业应坚持"质量安全第一"的方针,以最大限度地满足旅客、货物的运输需求为宗旨,不断提高运输服务质量,才能在激烈的市场竞争中求得生存和发展。

运输企业的运输服务质量,是指道路运输服务在满足旅客或货主的运输需求方面所达到的程度。运输服务质量越高,旅客或货主的满意率往往越高,更容易吸引旅客或货主使用运输服务。

运输服务质量的特性,主要指安全性、及时性、准确性、经济性、方便性和舒适性6个方面,这也是运输企业从自身角度出发,评价其提供的服务质量好坏的标准。同时,运输服务质量的好坏,还应该从旅客或货主的角度出发,通过旅客或货主所感受到的服务质量,从外部角度进行服务质量评价,即采用"运输企业服务质量顾客满意度"进行评价。

7.2 运输服务质量内部评价

7.2.1 运输服务质量安全性评价

运输活动的特点之一,就是只改变旅客或货物的空间位移,而不改变其属性和形态。因此在运输活动的全过程中,首先要保证旅客或货物的安全,防止任何危及旅客人身安全及其财产安全或者货物货损货差的运输责任事故发生。其次,还要保证营运车辆在运输过程中的安全,例如,驾驶员或乘客的安全。为此,运输安全性包括运输对象的安全和营运车辆的交通安全两个部分。

安全性评价是运输服务质量评价的首要评价,这是因为坚持安全运输是确保运输服务质量的最基本、最起码的要求。运输服务质量安全性评价包括:

(1) 事故发生频率　事故发生频率包括货运事故频率和客运事故频率两个指标。

1) 货运事故频率 R_h。货运事故频率是指统计期内,全部营运车辆的行车事故次数与其完成的货物周转量之比,又称货运质量事故频率,其计算公式为

$$R_h = \frac{T_s}{\sum P} \tag{7-1}$$

式中　R_h——货运事故频率(次/t·km 或次/10^6t·km);

T_s——营运车辆的行车事故总次数(次);

$\sum P$——全部营运车辆实际完成的货物周转量（t·km）。

2）客运事故频率 R_k。客运事故频率是指统计期内，全部营运客车的行车事故次数与其总行程之比，又称为行车责任事故频率，其计算公式为

$$R_k = \frac{T'_s}{L} \tag{7-2}$$

式中 R_k——客运事故频率（次/10^4km）；

T'_s——营运客车的行车事故总次数（次）；

L——营运客车的总行程（km）。

（2）事故赔偿率 事故赔偿率通常以事故造成的直接经济损失计算，具体包括：

1）货运事故赔偿率 M_h。货运事故赔偿率是指统计期内，因货运质量事故造成的直接经济损失与货运营运总收入的百分比，其计算公式为

$$M_h = \frac{C_1}{C} \times 100\% \tag{7-3}$$

式中 M_h——货运事故赔偿率；

C_1——货运质量事故造成的直接经济损失（元）；

C——货运营运总收入（元）。

2）客运事故赔偿率 M_k。客运事故赔偿率是指统计期内，行车责任事故造成的直接经济损失与营运客车总行程的百分比，其计算公式为

$$M_k = \frac{C_2}{L} \tag{7-4}$$

式中 M_k——客运事故赔偿率（元/km）；

C_2——行车责任事故造成的直接经济损失（元）。

【例 7-1】 某运输公司 2020 年 1 月份的营运客车行车事故总次数为 5 次，营运客车行车事故造成的直接经济损失为 50000 元，营运客车的总行程为 30000km，试计算该运输公司 2020 年 1 月份的客运事故频率和客运事故赔偿率。

解：

该运输公司 2020 年 1 月份的客运事故频率为

$$R_k = \frac{T'_s}{L} = \frac{5}{30000} \text{次}/10^4 \text{km} = 1.67 \text{次}/10^4 \text{km}$$

该运输公司 2020 年 1 月份的客运事故赔偿率为

$$M_k = \frac{C_2}{L} = \frac{50000}{30000} \text{元/km} = 1.67 \text{元/km}$$

（3）车辆装卸合格率 R_z 车辆装卸合格率是指在货物运输的装卸工作中，符合装卸要求的车次占总装卸车次的百分比，其计算公式为

$$R_z = \frac{n_1}{n} \times 100\% \tag{7-5}$$

式中　R_z——车辆装卸合格率；

　　　n_1——统计期装卸合格车次数（次）；

　　　n——统计期装卸总车次数（次）。

（4）安全行车间隔里程 R_a　安全行车间隔里程是指统计期内，营运客车两次行车责任事故间的平均行程，其计算公式为

$$R_a = \frac{L}{T'_s} \tag{7-6}$$

式中　R_a——安全行车间隔里程（km/次）。

【例 7-2】 求例 7-1 中的安全行车间隔里程。

解：

该运输公司 2020 年 1 月份的安全行车间隔里程为

$$R_a = \frac{L}{T'_s} = \frac{30000}{5} \text{km/次} = 6000 \text{km/次}$$

（5）货损率 R_s　货损率是指统计期内，因承运人责任而损坏（包括货物受潮变质、破损、污染等）的货物件（吨）数占统计期内承运货物总件（吨）数的百分比，其计算公式为

$$R_s = \frac{Z_1}{Z} \times 100\% \tag{7-7}$$

式中　R_s——货损率；

　　　Z_1——统计期内货损件（吨）数（件/t）；

　　　Z——统计期内货运总件（吨）数（件/t）。

（6）货差率 R_c　货差率是指统计期内，因承运人责任而发生货差（包括装错、运错、卸错、丢失等）的货物件（吨）数占货物总件（吨）数的百分比，其计算公式为

$$R_c = \frac{Z_2}{Z} \times 100\% \tag{7-8}$$

式中　R_c——货差率；

　　　Z_2——统计期内货差件（吨）数（件/t）。

【例 7-3】 某运输企业 2020 年 2 月份的货运总件数为 45000 件，其中，丢失的货物件数为 50 件，破损的货物件数为 10 件，试计算该运输企业 2020 年 2 月份的货损率和货差率。

解：

该运输企业 2020 年 2 月份的货损率为

$$R_s = \frac{Z_1}{Z} \times 100\% = \frac{10}{45000} \times 100\% = 0.02\%；$$

该运输企业 2020 年 2 月份的货差率为

$$R_c = \frac{Z_2}{Z} \times 100\% = \frac{50}{45000} \times 100\% = 0.1\%。$$

（7）旅客运输安全率 R_b　旅客运输安全率是指统计期内，安全运送的旅客人数占同期旅客运输总人数的百分比，其计算公式为

$$R_b = \frac{N_1}{N} \times 100\% \tag{7-9}$$

式中　R_b——旅客运输安全率；

　　　N_1——统计期内安全运送的旅客人数（人）；

　　　N——统计期内运送的旅客总人数（人）。

7.2.2　运输服务质量及时性评价

及时性是对满足旅客或货主运输需求的运输服务时间要求，主要体现在准点、快速的运送速度方面。货运服务的及时性要求及时实现货物的空间位移，最大限度地缩短货物在生产过程中的流通时间，具体是指运输企业能够按照货主要求及时派车起运，并以尽可能快的运送速度或者按照运输合同规定的送达时间，迅速地将货物送至目的地；客运服务的及时性要求尽可能减少旅客在途时间，及时地把旅客送至目的地，具体是指旅客的乘车准备时间以及在途乘车时间应尽可能短。

运输服务的及时性要求运输企业或运输部门根据需要适当增加服务性设施；简化旅客或货物的运输作业环节，提高运输工作效率。运输服务及时性的实现有助于运输企业或运输部门在市场竞争中赢得更多的旅客和货主，并且能够避免因运输时间耽搁造成的负面影响。

运输服务质量及时性评价包括：

1. 运送速度 V_s

运送速度是指营运车辆运送某一批旅客或货物的平均速度，用以表示旅客或货物运送的快慢。对于旅客而言，运送速度快可以节省旅客的在途时间，减少旅客的旅途疲劳；对于货主而言，运送速度快可以减少货物在途资金的占用，加快货物及资金的周转速度和商品流通速度，具有良好的经济效益和社会效益；对于运输企业而言，运送速度快，不仅可以提高车辆生产率，而且有利于提高市场竞争力。运送速度的计算公式为

$$V_s = \frac{L}{H_a} \tag{7-10}$$

式中　V_s——货物或旅客的运送速度（km/h）；

　　　L——营运车辆的行驶总里程（也指某批旅客或货物的运送距离）（km）；

　　　H_a——营运车辆运送某批旅客或货物时，从起点至终点所花费的时间（h），其不包括起点、终点的货物装卸时间（或旅客的上下车时间），但包括途中的各类停歇时间，则 $H_a = H_y + H_f$（其中，H_y 为营运车辆的运行时间；H_f 为途中的非作业性停歇时间）。

【例7-4】　第一批货物在起点装车用掉了2h，在运输途中，司机就餐花掉了0.5h，货车的运行时间为10h，货物到达终点卸货又用掉了2h；第二批货物在起点装车用掉了3h，

在运输途中,司机就餐花掉了 0.5h,货车的运行时间为 10h,货物到达终点卸货用掉了 2.5h。假设两批货物的起点至终点的距离都为 600km,试计算这两批货物的运送速度。

解:

第一批货物的运送速度为

$$V_s = \frac{L}{H_a} = \frac{600}{10+0.5} \text{km/h} = 57.1 \text{km/h}$$

第二批货物的运送速度为

$$V_s = \frac{L}{H_a} = \frac{600}{10+0.5} \text{km/h} = 57.1 \text{km/h}$$

由此可见,虽然这两批货物的装卸时间不同,但运送速度却是相同的。

2. 货运超期率 R_t

货运超期率是指超期运输的货物件(吨)数与同期货物总件(吨)数的比率,其计算公式为

$$R_t = \frac{Z_3}{Z} \times 100\% \tag{7-11}$$

式中　R_t——货运超期率;

　　　Z_3——统计期内超期运输的货物件(吨)数(件/t);

　　　Z——统计期内货运总件(吨)数(件/t)。

3. 客运正班率 R_f

运输企业对外公布的运输时刻表上的班次,称为计划运输的班次,简称为计划班次。在计划班次中,部分班次可能会因为营运车辆的待修、待燃料、司乘人员不服从调度安排等而造成临时停班称为缺班班次;其余按照运输时刻表的班次计划,按时发车的班次称为正班班次。计划班次是由缺班班次和正班班次构成的,是二者之和。

客运正班率是统计期内,正班班次在计划班次中所占的比例,其计算公式为

$$R_f = \frac{B_1}{B} \times 100\% = \frac{B - B_2}{B} \times 100\% \tag{7-12}$$

式中　R_f——客运正班率;

　　　B_1——统计期内的正班班次(班);

　　　B_2——统计期内的缺班班次(班);

　　　B——统计期内的计划班次(班)。

【例 7-5】 2020 年,某汽车客运站从广州至北京的客运班车,计划发车 750 班,其中,正班发车 742 班,试计算该汽车客运站 2020 年的客运正班率。

解:

该汽车客运站 2020 年的客运正班率为

$$R_f = \frac{B_1}{B} \times 100\% = \frac{742}{750} \times 100\% = 98.9\%$$

4. 旅客购票时间 T_g

旅客购票时间包括待购时间和售票时间两个部分，旅客购票时间的长短，主要取决于售票服务窗口的数量、售票员的业务熟练程度以及售票方式，例如，采用计算机联网售票、自动售票机均有利于减少旅客的购票时间。旅客购票时间的计算公式为

$$T_g = T_1 + T_2 \tag{7-13}$$

式中　T_g——旅客购票时间（min）；

T_1——旅客等待购票的排队时间（min）；

T_2——车票的发售时间（min）。

5. 乘客出行时间 T_c

在城市公共交通客运中，乘客出行时间是指乘客的步行时间、候车时间、乘车时间和换乘时间。良好的客运组织，应尽量缩短乘客出行时间。

步行时间是指乘客由出发点到公共汽车站或地铁站，或者由公共汽车站或地铁站到目的地的步行时间；候车时间，指乘客自到达公共汽车站或地铁站至乘坐上公共汽车或地铁的时间，其长短主要取决于行车时间间隔；乘车时间，指乘客实际乘坐公共汽车或地铁的时间，其长短主要取决于车辆的运送速度，良好的车况、乘客上下车秩序以及城市交通状况，均有助于缩短乘车时间；换乘时间，是当乘客的某次出行，需要借助两条或两条以上的营运线路，才能到达目的地时，乘客因变更乘车线路而换乘车辆的时间，其长短主要取决于公共汽车或地铁线路的布局，以及换乘站点的衔接情况。

乘客出行时间的计算公式为

$$T_c = T_3 + T_4 + T_5 + T_6 \tag{7-14}$$

式中　T_c——乘客出行时间（min）；

T_3——乘客的步行时间（min）；

T_4——乘客的候车时间（min）；

T_5——乘客的乘车时间（min）；

T_6——乘客的换乘时间（min）。

7.2.3　运输服务质量准确性评价

准确性是指旅客或货物运输服务的准时、正确、无差错等。运输服务质量准确性评价包括：

1. 行车准点率 R_m

在城市公共交通客运或班车客运中，主要体现在公共汽车或地铁或客运班车，在营运区域内相对固定的线路上往返工作时，能否有效地做到"四定运输"（即固定线路、固定班次、固定班时、固定站点）；或者汽车零担货运班车，能否有效地做到"四定运输"（即定线路、定班期、定车辆、定时间）。行车准点率的计算公式为

$$R_m = \frac{D_1}{D_2} \times 100\% \tag{7-15}$$

式中 R_m——行车准点率；

D_1——统计期内准点行车的车次数（次）；

D_2——统计期内全部行车次数（次）。

2. 旅客运输的正运率 R_n

旅客运输的准确性，除包括营运车辆的准点运行外，还应该包括旅客的正确运送，即在运送过程中，不得发生旅客无票或者持废票乘车、乘错车以及行包出现损坏、漏运等差错。所以旅客运输的准确性评价，除包括行车准点率 R_m 外，还应该包括正运率 R_n，其计算公式为

$$R_n = \frac{D_3}{D_4} \times 100\% \tag{7-16}$$

式中 R_n——旅客运输的正运率；

D_3——统计期内正确运送的旅客人数（人）；

D_4——统计期内旅客运送总人数（人）。

3. 货物运输的差错率 R_o

货物运输的准确性，指托运手续办理、车辆安排以及货物交接等准确无误。它要求对货物起讫点、送达期限、计费质量、计费里程、运费金额、装卸工艺、运输特殊要求等内容的记录和安排，准确无误。货物运输的准确性评价，一般采用差错率表示，其计算公式为

$$R_o = \frac{D_5}{D_6} \times 100\% \tag{7-17}$$

式中 R_o——货物运输的差错率；

D_5——统计期内出现差错的行包件数（件）；

D_6——统计期内托运的行包总件数（件）。

7.2.4 运输服务质量经济性评价

尽可能少的运输劳动消耗，实现旅客或货物的位移，是衡量运输服务质量的重要标准之一，这就要求运输企业不断改善经营管理，在提高运输效率和降低单位运输成本的同时，力求运价的经济合理。运价的经济合理体现在：旅客或货主获得运输服务所支付的运输费用要少，即车费（或运费）要少。

运输服务质量的经济性评价，可以采用评价单位运输服务的运价来进行，即通常采用客运费率和货运费率两个具体指标。

1. 客运费率 R_p

客运费率是指单位人公里的运价，其计算公式为

$$R_p = \frac{D_7}{D_8} \times 100\% \qquad (7\text{-}18)$$

式中　R_p——客运费率；

　　　D_7——营运车辆的平均行车费用（元/百公里）；

　　　D_8——营运车辆的平均乘车人数（人）。

2. 货运费率 R_q

货运费率是单位吨公里的运价，其计算公式为

$$R_q = \frac{D_7}{D_9} \times 100\% \qquad (7\text{-}19)$$

式中　R_q——货运费率；

　　　D_9——营运车辆的平均装载吨位（t）。

7.2.5 运输服务质量方便性评价

运输企业是否能够积极、主动地为旅客或货主，提供一整套便利与周到的服务，是十分重要的运输辅助生产过程。对于旅客运输而言，方便性是指旅客在办理购票、候车、进站、上车、下车、行包托运及提取等手续的时候，手续简单、方便；对于货物运输而言，方便性要求做到招之即来，来则能运，运则能达，充分体现手续简便和送货到门的特点。

运输服务质量的方便性评价，包括货物简便受托率和乘客换乘率两个指标。

1. 货物简便受托率 R_u

货物简便受托率是指简便受托的货运业务件数在受理业务总件数中所占的比例，其计算公式为

$$R_u = \frac{E_1}{E_2} \times 100\% \qquad (7\text{-}20)$$

式中　R_u——货物简便受托率；

　　　E_1——统计期内，简便受托的货运业务件数（件）；

　　　E_2——统计期内，受理业务的总件数（件）。

2. 乘客换乘率 R_v

在城市公共交通客运中，部分乘客的一次出行往往需要在两条以上的线路间换乘，换乘次数的多少和换乘时间的长短，不仅会影响到运输服务质量的及时性，还会影响到乘客的出行方便性。随着乘客收入水平的提高，换乘次数少和换乘时间短的出行方式，将会受到乘客的青睐。乘客换乘率是统计期内，换乘乘客的人数占运送乘客总人数的比例，其计算公式为

$$R_v = \frac{E_3}{E_4} \times 100\% \qquad (7\text{-}21)$$

式中　R_v——乘客的换乘率；

　　　E_3——统计期内，换乘乘客的人数（人）；

E_4——统计期内，运送乘客的总人数（人）。

7.2.6 运输服务质量舒适性评价

舒适性特指客运服务中，旅客或乘客的乘车舒适程度。随着人们物质文化水平的提高和交通运输业的发展，对旅途中的舒适性要求不断提高，要求旅客或乘客的运输组织工作，应最大限度地满足旅客或乘客的舒适性要求，包括不断改善车辆技术性能、车厢内部服务设施、道路交通条件、车站服务设施质量等，从而使旅客或乘客的乘车舒适性不断提高。

运输服务质量的舒适性评价，具体包括：

1. 车辆满载率

超载运输不仅存在交通安全隐患，而且会影响到旅客或乘客对舒适性的评价，所以超载运输旅客或乘客是绝不允许的；相应地，如果营运车辆的座位利用率较低，又会影响到营运车辆的运输生产率，应该尽量做到满载，但是不超载。车辆满载的大小，可以用满载率来表示，车辆满载率与静态载质（客）量利用率 γ 的含义类似。

2. 线路满载率 R_x

线路满载率是指统计期内，线路的路段客流量（包括实际运送和因运力不足尚未运送的旅客）与路段车容量的百分比。其计算见式（7-22）。

$$R_x = \frac{E_5}{E_6} \tag{7-22}$$

式中 R_x——线路满载率；

E_5——统计期内，线路的路段客流量（人）；

E_6——统计期内，路段车容量（人）。统计期内路段车容量 E_6，指参与旅客或乘客运输的全部营运客车的额定客位之和。

正常情况下，线路满载率应在 $0 \leq R_x \leq 1$ 的范围内，如果 $R_x > 1$，则说明线路的运力不足，需要根据客流特点和分布规律，适当增加或调整运力。

【例 7-6】 某线路某月的客流量为 10000 人，该线路的运力投入情况为：投入 1 辆 50 座客车，共计执行了 60 趟运输任务；投入 1 辆 40 座客车，共计执行了 50 趟运输任务；投入 1 辆 30 座客车，共计执行了 160 趟运输任务，试计算线路满载率。

解：

由已知条件可得，线路的路段客流量 $E_5 = 10000$ 人；路段车容量 $E_6 = (50 \times 60 + 40 \times 50 + 30 \times 160)$ 人 $= 9800$ 人。

则该线路的线路满载率 $R_x = \frac{E_5}{E_6} \times 100\% = \frac{10000}{9800} = 1.02$，属于超载线路，要想提高运输服务质量以及旅客的乘车舒适性，运输企业应在客流量调查的基础上，相应地增加投放到该线路上的运力。

3. 车厢服务合格率 R_y

车厢服务合格率是指合格执行服务项目的车厢数占总检查车厢数的比例，其计算公式为

$$R_y = \frac{E_7}{E_8} \times 100\% \tag{7-23}$$

式中　R_y——车厢服务合格率；

　　　E_7——统计期内，服务项目合格的车厢数（个）；

　　　E_8——统计期内，检查的车厢总数（个）。

7.3　运输服务质量外部（满意度）评价

7.3.1　顾客满意理论

顾客满意（CS）是由英文 Customer Satisfaction 翻译过来的，它是市场营销领域的一个概念。时至今日，已经有众多学者对顾客满意进行了广泛地研究。

对于顾客满意，学术上有两种观点，一种是从状态角度来定义的，认为顾客满意是顾客对购买行为的事后感受，是消费经历所产生的一种结果。另一种观点是从过程的角度来定义顾客满意，认为顾客满意是事后对消费行为的评价，从过程角度对顾客满意的定义，囊括了完整的消费经历，指明了产生顾客满意的重要过程。

通常，运输企业的顾客满意包括：

1）理念满意是指运输企业的经营理念带给顾客的满足状态。
2）行为满意是指运输企业的全部运行状态带给顾客的满意程度。
3）形象满意是指运输企业的可视性和可听性等外在形象带给顾客的满足状态。
4）产品满意是指运输企业的运输产品带给顾客的满足状态。
5）服务满意是指运输企业的运输服务带给顾客的满足状态。

7.3.2　运输企业顾客满意度评价指标选择原则

运输企业顾客满意度评价指标的选择，应考虑以下原则：

1）全面性。顾客满意度指标是用来测量顾客满意程度的，只有全面的体系才能正确反映顾客的满意状况，才能全面改进或提高服务质量。

2）代表性。影响顾客是否满意的因素非常多，为了方便研究和降低评价成本，一般只选取部分有代表性的因素用作顾客满意度的评价指标。

3）独立性。顾客满意度的指标之间如果存在相关性，会夸大或抵消某些指标的影响，使得顾客满意度指标的评价出现误差。为此，要求进入评价体系的指标应相互独立，指标之间不存在内在的机制联系和推导关系。

4）可操作性。可操作性要求每项指标的概念应科学，内涵应明确，所选取的指标不宜

过多、过细，否则会导致评价过程非常复杂，给资料的收集整理和汇总带来很大困难，使评价难以顺利进行。同时要保障收集到的信息和数据易于处理和分析。

5）可度量性。指标体系中的各项指标应具有统一的计算口径、计算方法和统一的量纲，对于概念不清、无法测量的指标不能作为评价指标。此外，顾客满意度的评价结果是一个可以量化的值，因此，评价指标必须是可以进行统计、计算和分析的指标。

6）可控制性原则。每项指标应该含义明确、简便易算，并建立在已有的统计指标、调查资料和实验数据的基础上，能有现成的或能收集到的数据作为代表值。所选的评价指标应均为运输企业所能控制的因素，如果运输企业在某一领域无法或不愿采取行动加以改变，则不应该在此耗费时间和精力。

7）动态性原则。顾客的需求是动态的，同时运输企业的发展也是动态的，所以顾客满意度的评价工作也应该是动态的、长期的。

7.3.3 运输企业顾客满意度评价方法

运输企业顾客满意度评价的常用方法，包括层次分析法、模糊评价法、灰色关联分析法、主成分分析法等，本书重点介绍顾客满意度的层次分析法评价。

1. 层次分析法的原理

层次分析法（Analytic Hierarchy Process，简称 AHP 法），是一种定量与定性相结合，将人的主观判断用数量形式表达和处理，简便、灵活而又实用的多准则决策方法，它对各种类型问题的决策分析具有广泛的应用性。该方法根据问题的目标和性质，分析出问题的组成因素；按因素间的关系将因素层次化，构造出阶梯层次结构模型；然后，逐层分析；最终获得最低层因素相对于目标层的重要性权值。这种通过两两比较确定权重的方法，通常会得到比较客观和准确的结果。

层次分析法的特点：对复杂问题的本质、影响因素以及因素间关系等深入分析的基础上，利用较少的定量信息，将决策的思维过程数学化，提供简便的决策方法。

2. 层次分析法的步骤

（1）确定指标体系　根据评价指标体系中各指标的所属类别，将其划分成不同层次，就形成了层次分析法评价的阶梯层次结构模型，如图 7-2 所示。该模型通常由三个层次组成（即 $n=3$），目标层（也叫最高层）A，用于描述评价目的；准则层（也叫中间层）B，是目标层的具体描述和扩展；指标层（也叫措施层）C，是准则层的细化，即将准则层分解成可以直接测评的指标。

依据层次分析法的阶梯层次结构模型，建立的某快递公司顾客满意度评价阶梯层次结构模型，如图 7-3 所示。

（2）建立判断矩阵　以图 7-2 准则层 B_1 为例，B_1 对指标层因素 C_{11}，C_{12}，$\cdots$，C_{1n} 有支配关系，为此，在准则层 B_1 下，按其相对重要性，给 C_{11}，C_{12}，$\cdots$，C_{1n} 赋予相应权重 $C_{ij}(i,j=1,2,\cdots,n)$。C_{ij} 是通过两两比较法，对准则层 B_1 的下层指标哪一个更重要，重要多

少做出判断。为使判断定量化，引用 Saaty 提出的 1~9 比例标度法，见表 7-1。

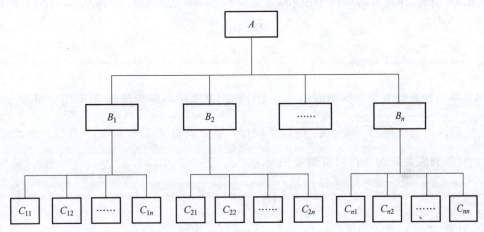

图 7-2 层次分析法评价的阶梯层次结构模型

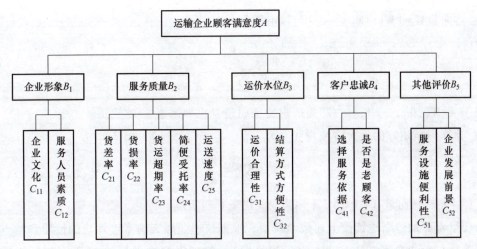

图 7-3 某快递公司顾客满意度评价阶梯层次结构模型

表 7-1 判断矩阵的比例表度及其含义

判断尺度 C_{ij} 的取值	具体解释
1	表示对 B_1 而言，因素 C_{1i} 和 C_{1j} 相比较，同等重要
3	表示对 B_1 而言，因素 C_{1i} 和 C_{1j} 相比较，前者稍微重要
5	表示对 B_1 而言，因素 C_{1i} 和 C_{1j} 相比较，前者明显重要
7	表示对 B_1 而言，因素 C_{1i} 和 C_{1j} 相比较，前者特别重要
9	表示对 B_1 而言，因素 C_{1i} 和 C_{1j} 相比较，前者极端重要
2，4，6，8	分别表示介于评价尺度 1~3，3~5，5~7，7~9 间的情况
倒数	因素 C_{1i} 和 C_{1j} 比较得 C_{ij}，则 C_{1j} 和 C_{1i} 比较得 $C_{ji} = 1/C_{ij}$

根据层次分析结构模型，并根据 1～9 比例标度法，将判断定量化，可形成一系列的比较判断矩阵，判断矩阵具有的性质如下：

1） $\qquad C_{ij} > 0;$ （7-24）

2） $\qquad C_{ij} = 1/C_{ji};$ （7-25）

3） $\qquad C_{ii} = 1 。 (i,j = 1,2,\cdots,8)$ （7-26）

（3）单层权重计算 根据判断矩阵，先计算出判断矩阵的特征向量 W 的分量 W_i，经过归一化处理，使其满足 $\sum_{i=1}^{n} W_i = 1$，W_i 即为权重。特征向量 W 的分量 W_i，其计算公式如下：

1）计算判断矩阵每一行因素的乘积 M_i：

$$M_i = \prod_{j=1}^{n} C_{ij}, i = 1, 2, \cdots, n \qquad (7\text{-}27)$$

2）计算 M_i 的 n 次方根 $\overline{W_i}$：

$$\overline{W_i} = \sqrt[n]{M_i} \qquad (7\text{-}28)$$

3）将向量 $\overline{W} = [\overline{W_1}, \overline{W_2}, \cdots, \overline{W_n}]^T$ 正规化：

$$W_i = \frac{\overline{W_i}}{\sum_{j=1}^{n} \overline{W_j}} \qquad (7\text{-}29)$$

则 $W = [W_1, W_2, \cdots, W_n]^T$，即为所求特征向量，也即因素 C_{ij} 的权重。

4）计算判断矩阵的最大特征根 λ_{max} 为

$$\lambda_{max} = \sum_{i=1}^{n} \frac{(AW)_i}{nW_i} \qquad (7\text{-}30)$$

式中 $(AW)_i$——向量 AW 的第 i 个因素，A 代表判断矩阵。

为使读者更加清晰地读懂上述数学模型，根据快递业顾客满意度评价的性质和特点，利用德尔菲法，邀请专家打分（调查表见附录 D），整理得到准则层 B_i 的层次判断矩阵，见表 7-2，具体解释为（以矩阵表的右上角为例）：服务质量 B_2 比企业形象 B_1 明显重要，根据 1～9 比例标度法，B_{21} 取值为 5，则 B_{12} 的值为 1/5；运价水平 B_3 比企业形象 B_1 特别重要，B_{31} 取值为 7，则 B_{13} 的值为 1/7；企业形象 B_1 比客户忠诚 B_4 略重要，B_{14} 取值为 2，则 B_{41} 的值为 1/2；企业形象 B_1 比其他评价 B_5 明显重要，取值为 5。同理，可以得到，B_{23} 取值为 1/2；B_{24} 取值为 6；B_{25} 取值为 8；B_{34} 取值为 7；B_{35} 取值为 9；B_{45} 取值为 4。该判断矩阵 A_1 的计算结果，见表 7-3。

表 7-2 准则层判断矩阵 A_1

A	B_1	B_2	B_3	B_4	B_5
企业形象 B_1	1	1/5	1/7	2	5
服务质量 B_2	5	1	1/2	6	8
运价水平 B_3	7	2	1	7	9

（续）

A	B_1	B_2	B_3	B_4	B_5
客户忠诚 B_4	1/2	1/6	1/7	1	4
其他评价 B_5	1/5	1/8	1/9	1/4	1

表 7-3　判断矩阵 A_1 的计算结果

A	每行因素乘积 M_i	$\sqrt[5]{M_i}$	权重 W_i	$(A_1W)_i$	$\lambda_{\max}$
企业形象 B_1	2/7	0.78	0.098	0.51	
服务质量 B_2	120	2.61	0.324	1.68	
运价水平 B_3	882	3.88	0.483	2.54	5.301
客户忠诚 B_4	1/21	0.54	0.067	0.35	
其他评价 B_5	1/1440	0.23	0.028	0.16	

(4) 单层一致性检验　当 C_{ij} 值不能精确判断时，评价过程中只能对它估计。如果估计误差较大，必然导致判断矩阵的特征值也有较大偏差。构造判断矩阵时，并不要求判断矩阵具有一致性，即不要求公式 $C_{ij} \cdot C_{jk} = C_{ik} (i, j, k = 1, 2, \cdots, n)$ 成立，这是客观事物的复杂性与认识的多样性决定的。但应要求判断大体上是一致的，这是因为如果 X 比 Y 极端重要，Y 比 Z 极端重要，却得到 Z 比 X 极端重要，这种情况显然违背常理。因此，求出 $\lambda_{\max}$ 后，要进行一致性检验，以保证结论的可靠性。

1）计算一致性指标 $CI = \dfrac{\lambda_{\max} - n}{n - 1}$。为判别不同阶数的判断矩阵是否具有满意一致性，引入判断矩阵的平均随机一致性指标 RI 值，见表 7-4。

表 7-4　RI 的取值

阶数	1	2	3	4	5	6	7	8	9
n	0.00	0.00	0.58	0.90	1.12	1.24	1.32	1.41	1.45

2）当随机一致性比率 $CR = CI/RI < 0.10$ 时，则认为单层权重具有满意一致性，否则需要调整判断矩阵的取值，直至得到满意结果。

本节构造的表 7-2 判断矩阵的一致性指标和随机一致性比率分别为

$$CI = (\lambda_{\max} - n)/(n - 1) = (5.301 - 5)/4 = 0.075$$
$$CR = CI/RI = 0.075/1.12 = 0.067$$

由 $CR < 0.10$，单层权重通过一致性检验。

(5) 组合权重计算　从最高层开始，自上而下求出各级指标关于评价目标的组合权重，设 $B_1, B_2, \cdots, B_n$ 关于评价目标的组合权重，分别为 $W_1, W_2, \cdots, W_n$。B_i 的下一级指标 $C_{i1}, C_{i2}, \cdots, C_{in}$，关于指标 B_i 的权重向量 $C^i = (C_1^i, C_2^i, \cdots, C_n^i)^T$，则 $C_{i1}, C_{i2}, \cdots, C_{in}$ 相对于评价目标的组合权重为 $W_i' = C^i \cdot W_i (i = 1, 2, \cdots, n)$，即该层指标权重和上一级指标组合权重的乘积。

以服务质量 B_2 为例,其包括货差率 C_{21}、货损率 C_{22}、货运超期率 C_{23}、简便受托率 C_{24}、运送速度 C_{25} 共 5 个子指标。构造出的判断矩阵及权重计算结果,见表 7-5。

表 7-5 B_2 指标的判断矩阵及计算结果

B_2	C_{21}	C_{22}	C_{23}	C_{24}	C_{25}	权重 C^i	单层一致性检验	组合权重 W_i'
C_{21}	1	1/3	2	1/5	3	0.095		0.095×0.324 = 0.03
C_{22}	1	1	4	1/7	7	0.196	λ_{max} = 5.311	0.196×0.324 = 0.06
C_{23}	1/2	1/4	1	1/9	2	0.055	CI_2 = 0.078	0.055×0.324 = 0.02
C_{24}	5	7	9	1	9	0.618	CR = 0.069	0.618×0.324 = 0.20
C_{25}	1/3	1/7	1/2	1/9	1	0.036	通过单层一致性检验	0.036×0.324 = 0.01

(6)组合权重一致性检验 若 B_i 层因素相对于目标 A 单排序的一致性指标为 CI_i,相应的平均随机一致性指标为 RI_i,则层次总排序随机一致性比率为

$$CR = \sum_{i=1}^{n} W_i CI_i \Big/ \sum_{i=1}^{n} W_i RI_i \quad (i=1,2,\cdots,n)$$

经计算

$$\sum_{i=1}^{n} W_i CI_i = (0.03+0.06+0.02+0.20+0.01) \times 0.078 = 0.025$$

$$\sum_{i=1}^{n} W_i RI_i = (0.03+0.06+0.02+0.20+0.01) \times 1.13 = 0.37$$

故有

$$CR = \sum_{i=1}^{n} W_i CI_i \Big/ \sum_{i=1}^{n} W_i RI_i = 0.069$$

当 $CR<0.10$ 时,则认为层次总排序具有满意的一致性,否则需要重新调整判断矩阵的因素取值。

【例 7-7】 利用附录 D 和附录 E 的调查表,对某快递公司的服务进行评价,得到评价指标的各分值为:企业形象 B_1 为 86 分、服务质量 B_2 为 90 分、运价水平 B_3 为 92 分、客户忠诚 B_4 为 75 分、其他评价 B_5 为 88 分。试计算该快递公司的服务得分。

解:

根据表 7-3 的权重,进行加权后,得到该快递公司的服务得分为

(86×0.098+90×0.324+92×0.483+75×0.067+88×0.028)分 = 89.51 分。

【例 7-8】 利用附录 D 和附录 E 的调查表格,对某快递公司的服务质量 B_2 进行评价,得出评价指标的各分值:货差率 C_{21} 为 73 分、货损率 C_{22} 为 83 分、货运超期率 C_{23} 为 81 分、简便受托率 C_{24} 为 72 分、运送速度 C_{25} 为 80 分。试计算该快递公司服务质量 B_2 的得分。

解:

根据表 7-5 的权重,进行加权后,得到该快递公司的服务质量得分为

(73×0.095+83×0.196+81×0.055+72×0.618+80×0.036)分 = 75.034 分

7.4 运输服务质量提高的措施

提高运输服务质量,就要加强对整个客运过程或货运过程的质量控制和管理,具体包括以下措施:

(1) 实行全面质量管理　运输企业实行全面质量管理,通常需要做好以下两项工作:

1) 必须树立"质量第一""安全第一""预防为主""方便用户""一切用数据说话"的观点。"质量第一",要求运输企业建立健全以岗位责任制为中心的各项质量管理制度和保证体系,做好全面质量管理和推行责任运输,按照旅客或货主的要求,安全、及时、保质、保量地完成运输。"安全第一",要求运输企业安全生产,降低事故发生频率,尽最大可能保证运输对象的安全和营运车辆的安全。"预防为主",要求防患于未然,例如,如果由于某种原因发生了货运事故,承运人、托运人双方应本着认真负责的态度,积极采取必要的措施,以防止事态的扩大,并及时会同有关单位查明事故发生的原因及损失,分清责任,认真处理。"方便用户",要求运输企业积极主动地为旅客或货主提供便利与周到的服务,方便旅客乘车或换乘,方便货主办理业务。"一切用数据说话":一方面,要求运输企业在提供运输服务的过程中,做好运费、计费里程等的记录,以便随时了解运输进程并能在发生运输事故赔偿纠纷时,有据可查;另一方面,要求运输企业做好车辆总行程、载运货物吨数、出车时间等车辆运用指标的统计,以便了解车辆生产率,寻求提高运输效率的途径。

2) 建立和健全全面质量管理体系。运输企业应按照"创新、协调、绿色、开放、共享"的发展理念,坚持"综合交通、智慧交通、绿色交通、平安交通"的目标导向,建立以经理或总工为首的全面质量管理领导小组,全面开展运输企业的运输服务质量评价与管理,制定符合行情民意、具有时代特征的政策措施。坚持按照《中华人民共和国道路运输条例》《汽车运输业车辆技术管理规定》等的要求,建立 ISO 质量管理体系,建立健全现代企业管理制度,保障道路运输行业健康可持续发展。

(2) 加强运输组织工作　运输企业应以提高经济效益和运输服务质量为目标,在掌握道路客流、货流的特点及其变化规律基础上,改进客运站或货运站等站务工作以及车辆运行组织工作。具体而言,各部门、各工种要牢固树立为运输服务的思想,加大直达班车的开行比重,延长直达班车运行距离;在车辆运转方面,建议编制科学合理的运行作业计划,既能满足车辆的动力需求,又能提高车辆的利用率;对于里程利用率方面,建议对空车采取"顺路捎脚"的做法,降低车辆的无载行程。

(3) 发展现代化营运车辆　引导发展现代化营运车辆,可以体现在以下几点:

1) 运输企业的营运车辆应向专业化、标准化、清洁化方向发展。

2) 积极发展大中型高档客车,大力发展适合农村客运的安全、实用、经济型乡村客车。

3) 使用集装箱、厢式、冷藏、散装、液罐、城市配送等专用运输车辆和标准车型。

4）加快更新老旧车辆，促进高效、节能运输车辆的发展。

（4）推进运输组织模式创新　运输企业的运输组织模式创新，可以体现在以下几点：

1）运输企业间广泛开展协作与联营，使运输市场向市场主体集约化和运输经营网络化方向发展。

2）以国家公路运输枢纽为主要节点，完善站场组织功能，构建城际快速公路货运网络，发展零担快运等网络化运输形式。

3）全面推进甩挂运输试点工程，探索甩挂运输运营组织模式，进一步完善和促进甩挂运输的全面发展。

复习思考题

1. 填空题

（1）运输服务质量是指道路运输服务，在满足旅客、货主的_____方面所达到的程度。

（2）运输服务质量的特性，主要指安全性、及时性、_____、经济性、方便性和舒适性6个方面。

（3）通过旅客（货主）所感受到的服务质量，从外部角度进行运输服务质量评价，通常采用_____进行评价。

（4）货运事故赔偿率体现了运输服务质量的_____特性。

（5）统计期内因承运人责任而损坏的货物件数占统计期内承运货物总件数的百分比，反映的是_____指标。

（6）计算营运车辆运送某批货物或旅客的运送速度时，从起点至终点所花费的时间中，包括途中的_____和各类停歇时间。

（7）乘客的一次出行需要借助两条或两条以上的营运线路才能到达目的地时，乘客因变更乘车线路而换乘车的时间称为_____。

（8）运输服务质量的经济性评价，通常采用_____和_____两个具体评价指标。

（9）正常情况下，线路满载率的取值范围为_____。

（10）层次分析法的评价指标体系，通常由目标层、_____和指标层三个层次构成。

2. 简答题

（1）顾客满意度评价指标的选取原则有哪些？

（2）提高运输服务质量的具体措施包括哪些？

3. 计算题

假设"7.3.3 运输企业顾客满意度评价方法"中准则层 B_i 的层次判断矩阵为表7-6，试利用式（7-27）~式（7-30），计算判断矩阵 A_1 的结果。

表 7-6　准则层判断矩阵 A_1

A_1	B_1	B_2	B_3	B_4	B_5
企业形象 B_1	1	1/4	1/8	2	5
服务质量 B_2	4	1	1/2	7	8
运价水平 B_3	8	2	1	6	9
客户忠诚 B_4	1/2	1/7	1/6	1	3
其他评价 B_5	1/5	1/8	1/9	1/3	1

4. 知识拓展题

深入调查影响运输企业服务质量的因素，自学并利用主成分分析法，确定影响运输企业服务质量的关键因素。

第 8 章　道路货物运输组织

【本章提要】

　　道路货物运输包括托运受理、验货理货、安排装运、派车装货起运、到达卸交货物 5 个环节。道路货运生产计划，是指道路货运企业对企业在计划期内应该完成的货物运输量、货运车辆构成情况和车辆利用程度等方面，进行必要的安排和部署。多班运输的基本出发点是"停人少停车"，充分发挥设备（主要是车辆）的利用率，为社会提供更大的运输能力。甩挂运输是一种先进的道路运输方式。

【教学目标与要求】

- 了解道路货物运输生产过程的内涵。
- 掌握道路货物运输的生产作业流程。
- 理解运输量计划的编制。
- 掌握车辆计划的编制过程。
- 了解车辆运用计划的编制依据。
- 掌握车辆运用计划的编制方法。
- 掌握多班运输的组织形式。
- 掌握甩挂运输工作的基本步骤、适用条件和基本运营模式。

【导读案例】

某物流公司的货物运输

　　某物流公司承载着多家企业的货物运输业务，其运送的产品主要是电子器材、化工、家具、机械等。该物流公司拥有自己的专业运输车队，有国产大吨位货物运输车辆百余辆，所有的运输车辆及司机都经过严格的考查和考核，公司还制定了统一的车辆运行标准和量化指标。某日，A 集团、B 有限公司、C 集团、D 有限公司、E 集团、F 有限公司、G 有限公司、H 有限公司、I 有限公司 9 个客户，要求托运货物至浙江省宁波市，9 个客户托运的货物种类、数量以及相关要求等，见表 8-1。

表 8-1　客户托运货物简明记录表

序号	托运人	收货人	货物品名	货物数量	要求
1	A 集团	A	铝制品	10 套（1.7 t）	
2	B 有限公司	B	空调配件	50 套（2.3 t）	
3	C 集团	C	办公用品	20 套（0.9 t）	以最经济的办法，3 天内送达
4	D 有限公司	D	零部件	35 套（2.1 t）	
……	……	……	……	……	
9	I 有限公司	I	零部件	50 套（2.7 t）	
合计	9 户	9 户	……	19.7 t	

问题：该物流公司有 6 辆 5t 的普通货车，能够用于调度使用，该如何安排货运生产计划，以完成这些货物的运输呢？

【准备知识】

道路货运生产计划的构成（见图 8-1）

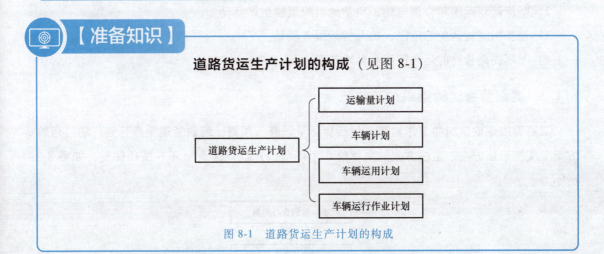

图 8-1　道路货运生产计划的构成

8.1　道路货物运输组织概述

8.1.1　道路货物运输生产过程

道路货物运输是人们借助一定的载运工具，通过公路和城市道路使货物发生位移的运输活动。参与道路货物运输交易的双方，分别称为承运人和托运人。承运人是使用营运车辆专门从事货物运输，并与托运人订立货物运输合同的经营者；托运人是指与承运人订立货物运输合同的单位或个人。承运人和托运人双方进行商务活动的结果是进行货物运输。货物运输生产过程是货物从受理托运开始，到货物交付收货人（收货人可以是托运人，也可以是托运人以外的其他人，收货人不属于货物运输交易的主体）为止的生产过程，包括托运受理、验货理货、安排装运、装货起运、卸交货物5个环节，如图8-2所示。道路货运工作管理的主要内容包括货运作业管理和车辆运行作业管理两大部分。

图8-2 货物运输的生产过程

8.1.2 道路货物运输组织的原则

道路货物运输的组织，应该遵循以下基本原则：
1）贯彻国家在一定时期内的运输方针，适应国民经济对道路货运的需求。
2）坚持计划运输和合理运输，科学地组织运输生产活动。
3）逐步拓宽货运业务范围，确保货运服务质量。
4）不断提高货物的运送速度和运输效率。

8.1.3 道路货物运输组织的工作流程

道路货物运输组织的工作流程，包括货运量调查与预测、编制货运生产计划、制订运输方案、实施运输方案、运输方案效果评价5个环节，并且，这5个环节循环往复，如图8-3所示。

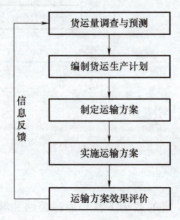

图8-3 道路货物运输组织的工作流程

8.1.4 道路货物运输的生产作业流程

道路货物运输的生产作业流程如图 8-4 所示。

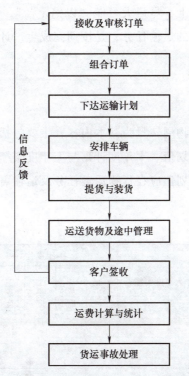

图 8-4 道路货物运输的生产作业流程

8.2 道路货运生产计划的编制

道路货运生产计划是指道路货运企业对企业在计划期内应该完成的货物运输量、货运车辆构成情况和车辆利用程度等方面，进行必要的安排和部署。道路货运生产计划是道路运输企业经营计划的重要组成部分，是实施运输生产的纲领。

编制货运生产计划，首先，要求根据计划期内货物运输市场的运输任务以及运输需求变化，确定本企业的年度、季度或月度运输量计划；其次，要求根据企业运输量计划的具体要求，计算出计划期应配备的运输车辆（包括挂车）的数量、车型与吨位数等，确定车辆计划；然后，借助车辆运用指标，计算车辆运用水平和车辆生产率，确定车辆运用计划；最后，制订车辆运行作业计划，实现具体的运输生产过程。

在货运生产计划中，运输量计划和车辆计划是货运生产计划的基础部分，车辆运用计划是车辆计划的补充，车辆运行作业计划是运输生产计划的具体执行。运输量计划表明社会对货运服务的需求；车辆计划和车辆运用计划则表明运输企业为满足这种需求，可能提供的运输生产能力;车辆运行作业计划是运输生产能力的落地实施。编制货运生产计划的过程,就是运量和运力、需要和可能之间反复平衡的过程。需要和可能之间必须互相适应,保持一种动态的平衡关系,计划运输量不能逾越运输企业可能提供的最大生产能力,车辆运用计划又必须确定在先进、合理的基础上,尽最大可能"以销定产",满足社会的需求,车辆运行作业计划规定了每辆车必须完成的运输任务,是按期完成生产计划的保障。

8.2.1 运输量计划

1. 运输量计划的基本内容

运输量计划以货运量和货物周转量为基本内容,主要包括货运量和货物周转量的上年度实绩、本年度以及各季度的计划值、本年度计划与上年度实绩之间的比较等内容,见表8-2。其中,本年度以及各季度的计划值应在货物运输任务及运输需求调查的基础上实现,货物运输需求调查见表8-3。

表8-2 运输量计划

指标	上年度实绩	本年度计划					本年度计划为上年度实绩的百分比	备注
		全年合计	一季度	二季度	三季度	四季度		
1) 货运量/t								
其中:零担货物/t								
整车货物/t								
集装箱货物/t								
特种货物/t								
2) 货物周转量/t·km								
其中:零担货物/t·km								
整车货物/t·km								
集装箱货物/t·km								
特种货物/t·km								

表8-3 货物运输需求调查

货物运输工作量		物资分类								
运量/t	周转量/t·km	焦煤	石油	钢铁	水泥	木材	化肥农药	日化用品	其他	……

2. 运输量计划编制的依据

任何一项货运生产计划的编制,都必须以深入的市场调查为基础。运输企业在生产力的三要素中,仅能掌握劳动者和劳动工具,不能控制劳动对象。因此,对运输企业而言,进行

深入而详尽的市场调研,掌握货流的详细情况,就显得尤为重要。通常,可以根据以下资料确定货物的运输量:

1) 国家近期有关产业结构和运输业结构等方面的方针与政策。国家在一定时期内发展重点的不同,以及不同的运输方针与政策,会影响生产企业对不同运输方式的选择,运输量结构会发生很大变化。

2) 各种运输方式的发展情况及可能发生的货运量转移情况。社会总运输量是指全国、省、市、区域内可能发生的客、货运输总量,是由各种运输方式的营业性和非营业性运输单位承运的所有运输需求量,包括国民经济(或某一种运输方式)的正常运量、转移运量和新增加运量。它是编制国民经济计划和进行运输基础设施建设的重要依据,是各种运输方式进行规划和编制运输生产计划的重要依据。

3) 公路网的发展情况。如今,在广袤的中国大地上,四通八达的公路网络不仅是人们日常生活离不开的一部分,更成为支撑中国经济发展的运输大动脉。公路网络的发展与完善,能够为运输量计划的实现提供更加可靠的交通基础设施条件。

4) 企业长期计划中的有关指标和要求。为了保证企业经营目标的实现,企业长期计划中确定的逐年运输量计划指标,必须在各个年度计划中得到落实,因此,长期计划中的有关指标和要求,是运输量计划的必要依据之一。

5) 运输市场调查及预测的结果,以及托运计划、运输合同等资料。运输企业一般都有自己比较固定的服务区域,调查和了解本企业服务区域内的货源分布情况,掌握货流的流量、流向等基本特征,并对其进行科学预测,是编制运输量计划的重要依据。

6) 通过签订运输合同的方法组织运输业务,是资源组织的最有效方法。运输企业应积极与货主签订运输合同,提高运输计划的准确性,为顺利组织货运生产过程创造良好的条件。

7) 企业的运输生产能力。运输企业本身拥有的运输生产能力,是完成运输量计划的必要保证,因此,确定的计划运输量必须与运输生产能力相适应。企业运输生产能力还应包括其他配套设施及生产力要素,例如,装卸机械设备配套情况、站场设施、职工数量和素质等。

8) 服务区域经济发展以及其他有关的资料。服务区域的产业结构不同,发生的运输量也不同,例如,重工业和轻工业发生的货物运输量就有很大差别。再例如,商品流通范围的扩大和商品流通量的增加,会使运输市场更加繁荣等。

综上,通过平衡运输需求与运输供给的预测结果,以及根据生产效率与经济效果的平衡,应在满足社会需要、有利于国民经济发展和保证获得良好经济效益的前提下,合理确定运输量任务。

3. 运输量计划的编制

运输量计划反映了运输企业在计划期内,预计完成的货运量和周转量。运输量的确定,通常有以下两种方法:

运输量计划的编制

1) 当运力小于运量时，应"以车定产"。运输活动中，经常存在着运力与运量之间的矛盾。当运力不能满足社会需要时，只能通过对运输市场的调查，即在掌握货物的流量、流向、运距等基础上，确定实载率和车日行程后，按照确保重点、照顾一般的原则，采取"以车定产"的办法，确定货物运输量的计划值。

运输企业计划期内能够完成的货物周转量，即

$$P_z = AD\alpha_g L_d \beta q_0 \gamma \frac{1}{1-\omega} \tag{8-1}$$

式中 P_z——计划期内能够完成的货物周转量（t·km）；
　　　A——平均营运车数（辆）；
　　　D——统计期的日历天数（日）；
　　　α_g——车辆工作率（%）；
　　　L_d——平均车日行程（km/车日）；
　　　β——车辆行程利用率（%）；
　　　q_0——营运车辆的额定载质（客）量（t 或人）；
　　　γ——动态载质（客）量利用率（%）；
　　　ω——托运率（%）。

计划期内能够完成的货运量，即

$$Q = \frac{P_z}{\overline{L}} \tag{8-2}$$

式中 Q——计划期内能够完成的货运量（t）；
　　　$\overline{L}$——计划期内货物的平均运距（km）。

2) 当运力大于社会需要时，应"以需定产"。以需定产是指根据运输需求量，决定运输服务供给和投入运力的多少。一般情况下，此种运输服务供给应在保持合理的车辆运用效率指标的基础上，预测投入的车辆数，并将剩余运力另作安排。计划期需投入车辆的测算公式为

$$A' = \frac{P_z'}{D\alpha_g L_d \beta q_0 \gamma}(1-\omega) \tag{8-3}$$

式中 A'——计划期需投入的车辆数（辆）；
　　　P_z'——计划期已经确定的货物周转量计划值（t·km）。

此时的剩余运力计算公式为

$$\Delta A = A - A' \tag{8-4}$$

式中 ΔA——剩余运力（辆）。

需要特别注意：运距的长短、实载率的高低，以及装卸停歇时间的长短等，都会影响到车日行程，并连锁反应到周转量上。因此，实载率和车日行程必须根据不同情况，分别测算后综合确定。运输量的计划值，还必须通过与车辆运用计划平衡后确定。

8.2.2 车辆计划

1. 车辆计划的含义

车辆计划是指运输企业计划期内的运输能力计划,主要反映企业在计划期内的营运车辆类型、各类型车辆数量的增减变化情况以及平均运力。它是衡量企业运输生产能力大小的重要指标,可以为编制货运生产计划提供企业生产经营实力的依据。在编制运输量计划的同时,应编制车辆计划。

车辆计划的主要内容包括车辆类型、额定吨位、年初、年末及全年平均车辆数,各季度车辆增减数量等,见表 8-4。

表 8-4 车辆计划

车辆类型		额定吨位	年初		增(+)或减(-)				年末		全年平均	
					一季度	二季度	三季度	四季度				
			车辆数	吨位	车辆数/吨位	车辆数/吨位	车辆数/吨位	车辆数/吨位	车辆数	吨位	车辆数	总吨位
普通货车	大型											
	中型											
	小型											
集装箱车	20ft											
	40ft											
……												
汽车列车	拖车											
	全挂车											
	半挂车											

2. 车辆计划的编制过程

车辆计划反映了运输企业在计划期内,营运车辆数量及其参数的变化情况。它是确定企业运输量的主要依据之一,其主要内容包括:

1)确定年初车辆数及吨位数、增加与减少车辆数、年末车辆数及吨位数、额定吨位、车辆数、平均总吨位数。

年初车辆数及吨位数应根据前一个统计期末的实有数据列入。对于这些车辆,首先,应对其技术状况进行鉴定,对于性能降低、燃油耗费高、维修频繁的车辆,应考虑是否需要淘汰;然后,根据编制的运输量计划和预测的运输需求资料,研究原有车辆在类型上的适用程度,即哪些类型的车辆多余,哪些类型的车辆不足;最后,确定其应该增减的数量。

增加车辆数,包括由其他单位调入和新购置的车辆。对于欲增加的车辆,应考虑是否具有足够的资金、车型是否合适、是否具备相应的技术人员及配套设施等;减少车辆数,包括报废车辆、调给其他单位的车辆,经批准封存的车辆和由营运改为非营运的车辆。对于欲减少的车辆,应确定合理可行的处置方法。

年末车辆数及吨位数,按计划期车辆增减后的实有数量计算。

车辆的额定吨位应以记载于行车执照上的数据为准,不得随意更换改动。若车辆进行过改装,则应以改装后的数据为准。年末车辆数及吨位数按计划期车辆增减变化后的实际数据统计。

在车辆计划编制过程中,经常用到车辆数和平均总吨位数。车辆数为平均车辆数,指货运企业在计划期内平均拥有的车辆数。平均总吨位数,指货运企业在计划期内平均拥有的吨位总数。这些参数的计算公式为

$$平均车辆数 = \frac{计划期营运车车日总数}{计划期日历天数} \qquad (8-5)$$

$$平均每日吨位数 = \frac{计划期营运车车吨日总数}{计划期日历天数} \qquad (8-6)$$

$$车辆平均吨位 = \frac{计划期营运车车吨日总数}{计划期营运车日} \qquad (8-7)$$

$$车吨日 = 营运车日 \times 额定吨位 \qquad (8-8)$$

平均车辆数和平均总吨位数指的是运输企业在计划期内可以投入营运的运力规模的大小,不能等同于企业拥有的车辆数和吨位数,其区别在于是否投入营运。平均车辆数和平均总吨位数是整个车辆计划的主要数据。

2) 确定车辆增减时间。增减车辆的时间通常采用"季中值"法确定,即不论车辆是季初还是季末投入或退出营运,车日增减计算均以每季中间的那天起算。这是因为在编制计划时,很难预估车辆增减的具体月份和日期。

为简化计算工作,增减车辆的季中值可以采用表 8-5 所列的近似值,作为计算各季度车辆增加后或减少前在企业的保有天数。

表 8-5 增减车辆的季中值(参考值) (单位:天)

时间	第一季度	第二季度	第三季度	第四季度
车辆增加后的保有天数	320	230	140	45
车辆减少前的保有天数	45	140	230	320

【例 8-1】 某汽车运输企业 2020 年初的营运货车保有量为 125 辆,每辆货车的额定吨位为 5t;计划第三季度增加 20 辆营运货车,每辆货车的额定吨位为 8t,第四季度报废 6 辆额定吨位为 5t 的原有营运货车,试为该企业编制完整的车辆计划。

解:

该企业 2020 年的车辆计划见表 8-6。

表 8-6 某企业 2020 年的车辆计划

车辆类型	额定吨位	年初		增（+）或减（-）				年末		全年平均	
				一季度	二季度	三季度	四季度				
		车辆数	吨位	车辆数/吨位	车辆数/吨位	车辆数/吨位	车辆数/吨位	车辆数	吨位	车辆数	总吨位
普通货车	5	125	625				-6/30	119	595	131.93	682.67
	8					+20/160		20	160		

其中，全年平均车数 =（年初车数×计划期日历天数+新增的车辆数×增加后计算天数-减少的车辆数×与计划期末相比的扣减天数）/计划期日历天数 =[（125×365+20×140-6×45)/365]辆 = 131.93 辆。

全年平均总吨位 =（年初车数×计划期日历天数×额定吨位+新增的车辆数×增加后计算天数×额定吨位-减少的车辆数×与计划期末相比的扣减天数×额定吨位）/计划期日历天数 =[（125×365×5+20×140×8-6×45×5)/365]t = 682.67t。

8.2.3 车辆运用计划

1. 车辆运用计划含义

运输量计划中所确定的运输任务能否如期完成，不但与车辆计划所确定的车辆数量有关，还与车辆运用效率有直接关系。同等数量、同样类型的车辆若运用效率有高有低，则完成的运输工作量也不会相等。因此，车辆计划必须与车辆运用计划紧密结合。

车辆运用计划是车辆计划的补充，表明车辆运用效率指标应达到的水平，同时也是在计划期内，运输企业全部营运车辆的生产能力利用程度计划。车辆运用计划是根据运输量计划、车辆计划确定的，是平衡运力和运量的主要依据之一，也是企业生产经营计划、技术计划和财务计划的重要组成部分。

2. 车辆运用计划的编制依据

车辆运用计划编制的主要依据如下：

1）货源及其分布情况，如货源的充沛程度，以及货流量在时间上和空间上的分布情况等。

2）企业的运输组织管理水平，包括车辆运用效率指标的历史水平、劳动组织方式、管理手段及调度技术等。

3）车辆完好率水平，车辆完好率与车辆工作率之间，存在着一定的制约关系，即车辆完好率≥车辆工作率，所以在编制车辆运用计划时，必须首先确定车辆完好率的计划值。

3. 车辆运用计划的编制

车辆运用计划编制的关键问题是确定各项车辆运用效率指标值。各项指标的确定应以科学、合理、可行、先进而有弹性为原则，应能使车辆在时间、速度、行程、载质量和动力等方面得到充分合理的利用，还应充分考虑市场供求关系、企业经营方针、经济效益和安全生产等方面的因素。科学合理的指标能够为运输生产经营提供可靠保证。反之，不切实际的指标必然直接影响到运输计划能否按照预期目标贯彻执行。

在编制车辆运用计划时，根据各营运车辆的平均运用效率指标和计划期内的平均车数，求出计划期可以完成的运输工作量。将计算结果与计划期需要完成的运输工作量（即运输量计划中的计划运输量）进行比较。若计划期可能完成的运输工作量不小于计划期需要完成的运输工作量，表示各项车辆运用效率指标值只要能够达到测算时采用的同等水平，便可以顺利完成计划期内的运输任务。若小于，就应适当调整有关车辆运用指标，但调整的幅度应符合本企业的实际情况，不能无根据地任意提高各项指标的计划值，否则将直接影响运输量计划的贯彻执行。当车辆运用效率指标达到企业实际的最大极限时，就只能考虑削减运输量计划或增加营运车辆的数量。无论调整哪项车辆运用效率指标，都必须以相应的技术组织措施为保证，例如要提高工作率，必须有更高的完好率，而要保证更高的完好率，就要求车辆维修工作、配件供应、维修工人数量和技术水平、维修场地等方面有相应的保障措施。

编制车辆运用计划的方法包括顺编法和逆编法两种。

（1）顺编法　顺编法是以"可能"为出发点，即先确定各项车辆运用效率指标值，在此水平上，再确定计划期可以完成的运输工作量。其具体计算过程：首先，根据计算车辆生产率的顺序，逐项计算各项利用效率指标的计划数值，如平均总吨位数、完好率、工作率、里程利用率、重车载质量利用率等；然后，再计算保持相同水平时可能完成的运输工作量；最后，与运输量计划相对照，如果符合要求，表明可以完成任务，就可以根据报告期的统计资料和计划期的货源情况，计算计划期的各项利用效率指标的数值，编制车辆运用计划，如果计算的结果与运输量计划有较大差异，特别是低于运输量计划时，则应调整各项车辆运用效率指标，直到两者基本相等时，才能据此编制车辆运用计划。

【例 8-2】　某运输企业 2022 年的平均营运货车数量为 200 辆，这些货车的额定吨位为 5t。经分析测算，全年平均车辆完好率可达 95%，工作率为 90%，技术速度为 60km/h，平均每日出车时间为 10h/车日，出车时间利用系数为 0.8，行程利用率为 70%，动态载质量利用率为 90%。在运输量计划中，平均运输距离为 80km，货物周转量为 96350000t·km。请根据这些已知条件，编制该运输企业的车辆运用计划。

解：

该运输企业的车辆运用计划见表 8-7。

表 8-7　车辆运用计划

序号	指标	单位	计划值	计算过程及结果
1	平均营运车辆数	辆	200	—
2	营运车日	车日	—	200×365＝73000
3	平均吨位	t/辆	5	—
4	平均总吨位	t	—	(73000×5)/365＝1000
5	车辆完好率	%	95%	

(续)

序号	指标	单位	计划值	计算过程及结果
6	车辆工作率	%	90%	—
7	工作车日	车日	—	73000×90% = 65700
8	平均每日出车时间	h/车日	10	—
9	出车时间	h	—	10×65700 = 657000
10	出车时间利用系数	—	0.8	—
11	运行时间	h	—	0.8×657000 = 525600
12	技术速度	km/h	60	—
13	总行程	km	—	60×525600 = 31536000
14	行程利用率	%	70%	—
15	有载行程	km	—	31536000×70% = 22075200
16	重车行程载质量	t·km	—	22075200×5 = 110376000
17	平均车日行程	km/车日	—	31536000/65700 = 480
18	动态载质量利用率	—	90%	—
19	能完成的货物周转量	t·km	—	110376000×90% = 99338400
20	平均运距	km	80	—
21	能完成的货运量	t	—	99338400/80 = 1241730
22	单车年产量	t·km	—	99338400/200 = 496692
23	车吨位年产量	t·km	—	99338400/1000 = 99338.4
24	车公里年产量	t·km	—	99338400/31536000 = 3.15

根据各项车辆运用效率指标值的计算结果,该运输企业在 2022 年能够完成的货物周转量为 99338400t·km,大于运输量计划中的 96350000t·km,表明可以根据表 8-7 中的各项计划值,安排车辆运用计划。

(2)逆编法 逆编法是以"需要"为出发点,通过既定的运输工作量,来确定各项车辆运用效率指标必须达到的水平。各指标值的确定,必须经过反复测算,保证具有完成运输任务的可能。同时也要注意不应完全受运输量计划的约束,若把各项车辆运用效率指标定得过低,则会抑制运输生产能力的合理发挥。

【例 8-3】 某运输企业 2022 年确定的运输量计划中,货物周转量的计划值是 76830000t·km,货运量为 960375t,车辆计划中确定的车辆数为 250 辆,额定载质量为 5t,完好率为 95%,工作率为 90%~95%,平均车日行程为 150~180km/车日,行程利用率为 70%~80%,动态载质量利用率为 90%~100%,托运率为 30%,试利用逆编法,编制车辆运用计划。

解:
主车需要完成的货物周转量 = [76830000×(1-30%)]t·km = 53781000t·km;
总车吨位日 = (250×365×5)车吨位日 = 456250 车吨位日;
总车吨日产量 = $\dfrac{\text{主车需要完成的货物周转量}}{\text{同期总车吨位日}} = \dfrac{53781000}{456250}$ t·km = 117.88t·km;

即，每一个车吨位必须完成117.88t·km的货物周转量，才能完成运输量计划。

由于车吨位日产量计算公式为

$$车吨日产量 = \alpha_g L_d \beta \gamma \tag{8-9}$$

接下来，确定车辆工作率、平均车日行程、行程利用率和动态载质（客）量利用率这4项指标分别达到什么水平时，才能使车吨位日产量达到117.88t·km。

为此，该运输企业拟定了4个组合方案，见表8-8。

表8-8 确定车吨位日产量的4个组合方案

编号	α_g	L_d（km/车日）	β	γ	车吨位日产量/t·km
1	95	180	75	92	117.99
2	90	176	80	98	124.19
3	92	170	80	95	118.86
4	92	180	73	95	114.84

上述4个方案是在综合考虑以往年度的统计资料、2022年的预测值以及其他相关因素后确定的。经过运输企业的详细对比分析，认为第一个方案的可行性和可靠性最好，因此按照第一个方案确定的4项指标值，计算出的货物运输工作量为

$$P = AD\alpha_g L_d \beta q_0 \gamma \cdot \frac{1}{1-\omega} = \left(250 \times 365 \times 95\% \times 180 \times 75\% \times 5 \times 92\% \times \frac{1}{1-30\%}\right) t \cdot km = 76904196 t \cdot km$$

由于测算出来的货物运输工作量76904196t·km，大于运输量计划确定的周转量76830000t·km，那么如果按照第一个方案确定的这4项指标值安排车辆运用计划的话，能够保证2022年运输任务的实现，据此编制的车辆运用计划见表8-9。

表8-9 某运输企业2022年车辆运用计划

序号	车辆	指标	计划值	计算过程及结果
1	主车	平均营运车辆数（辆）	250	—
2		营运车日（车日）	—	250×365 = 91250
3		平均吨位（t/辆）	5	—
4		平均总吨位/t	—	(91250×5)/365 = 1250
5		车辆完好率	95%	—
6		车辆工作率	95%	—
7		工作车日（车日）	—	91250×95% = 86687.5
8		平均车日行程（km/车日）	180	—
9		总行程/km	—	180×86687.5 = 15603750
10		行程利用率	75%	—
11		有载行程/km	—	15603750×75% = 11702813
12		重车行程载质量/t·km	—	11702813×5 = 58514065
13		动态载质量利用率	92%	—
14		能完成的货物周转量/t·km	—	58514065×92% = 53832940

（续）

序号	车辆	指标	计划值	计算过程及结果
15	挂车	托运率	30%	—
16		能完成的货物周转量/t·km	—	[53832940/(1−30%)]×30% = 23071260
17	主车+挂车的综合	能完成的总货物周转量/t·km	—	53832940+23071260 = 76904200
18		平均运距/km	76830000/960375 = 80	—
19		能完成的货运量/t	—	76904200/80 = 961302.5
20		单车年产量/t·km	—	76904200/250 = 307616.8
21		车吨位年产量/t·km	—	76904200/1250 = 61523.36
22		车公里年产量/t·km	—	76904200/15603750 = 4.93

8.2.4 车辆运行作业计划

1. 车辆运行作业计划的概念

车辆运行作业计划是为了完成货运生产计划和实现具体的运输过程而编制的运输生产作业性质的计划。它具体规定了每一辆货车或汽车列车在一定时间内必须完成的运输任务、允许的作业时间和应达到的运用效率指标。货运生产计划虽然按年度、季度或月份安排了生产任务，但只是粗略的、纲领性的生产目标，不可能对运输生产的细节做出细致安排，所以必须制订车辆运行作业计划以便实现具体的生产过程。

2. 车辆运行作业计划的任务

车辆运行作业计划是车辆运用计划的继续，是有计划地、均衡地组织企业日常运输生产活动，建立正常运输生产秩序的重要手段。其主要任务是：一方面，把运输企业的车队、车站和车间以及有关的职能科室有机地组织起来，协调一致地开展工作；另一方面，不断地提高运输效率，保证运输企业按期、均衡地完成运输任务，全面地完成各项技术经济指标。

3. 车辆运行作业计划的分类

按照运输对象的性质，车辆运行作业计划分为客车运行作业计划和货车运行作业计划，其中，货车运行作业计划又有不同的分类形式，根据计划期的长短可以分为以下几种：

1) 长期运行作业计划。这种形式适用于经常性的、大批量的货物运输任务（如煤炭运输），其运输线路、起讫地点、运送数量和货物品类都比较固定。车辆运行作业的计划执行期有半月、一月不等，作业计划质量较高，对货车发车班次、货车到发时间、沿途作业内容等做出具体规定，这种作业计划编制的工作量不大，效果较好。

2) 短期运行作业计划。这种作业计划的适应性较广，对于起讫点较多、流向复杂、货物品类繁多的运输均能适用。计划周期一般为3~5天，作业计划编制的工作量较大，对于车辆调度水平有较高要求。

3) 日运行作业计划。这种形式适用于货源多变、临时性任务较多的货运任务（如城市地区的货运作业计划),并且只需要安排次日的车辆运行作业计划。即使采用短期运行作业计划的运输,仍可采用日运行作业计划作为补充。日运行作业计划编制频繁,工作量较大。

4) 运次运行作业计划。这种形式往往适用于临时性或起讫点固定的往复式短途运输。每日往返的运次数量和需要完成的运输工作量,应根据货源多少加以确定。运次作业计划编制比较容易,车辆调度也方便,尤其是承担工地运输、港站短途集散运输时较为适用。

4. 车辆运行作业计划的编制

(1) 车辆运行作业计划的编制依据 市场经济条件下,编制车辆运行作业计划,必须以运输市场调查和预测资料为基础,并结合企业内部生产能力以及车辆技术状况。其主要依据如下:

1) 当前的货运任务和已经接受的托运计划或运输合同。车辆运行作业计划是对如何完成运输任务做出的作业性安排,所以已确定的运输任务是编制车辆运行作业计划的首要依据。

2) 运输市场及货物流量、流向、流时等调查与预测资料以及长期运输合同。这是编制长期运行作业计划的依据。

3) 计划期的出车能力和装卸货地点的装卸能力。要想有较高的出车能力,就必须提高车辆保修质量,合理安排车辆的保修工作。车辆保修作业计划安排了车辆进行维护和修理的作业时间,在编制车辆运行作业计划时,应预留其进行保修作业的时间,不要影响保修作业计划的执行。货物装卸地点的装卸能力和现场情况,也是影响运输效率的重要条件,例如,有些货物的装卸地点可以同时容纳多辆货车进行作业,有的装卸地点则只能接受一辆货车进行作业,有些站点配备了适用性好的装卸机械,而有些站点则没有。

4) 车辆运行作业计划的各项技术参数。这些参数主要包括:站距、车辆的平均技术速度、技术作业时间(指按技术管理规定的要求,在运行途中停车进行技术检查的时间和加油、加水的时间)和商务作业时间(指企业规定的行包和货物装卸作业等所需的时间)。

5) 车辆运用计划中车辆运用效率指标的要求。车辆运行作业计划中的各项指标,如车辆工作率、行程利用率、托运率等,必须达到所期望的水平才能保证车辆运用计划的完成,其中车吨日产量和车公里产量又是重中之重。

6) 运输服务区域内的道路交通情况和气象情况。车辆运用效率的高低受外界因素(如交通基础设施和气候、地理位置等条件)的限制较大,所以在编制车辆运行作业计划时应注意收集这方面的资料。

(2) 车辆运行作业计划的编制程序 编制车辆运行作业计划是一项复杂细致的工作。在货源比较充足时,要编好车辆运行作业计划,保持良好的运输生产秩序,不失时机地完成尽可能多的运输业务。当货源比较紧张时,也要通过编制车辆运行作业计划,尽可能提高车辆运用效率。下面是车辆运行作业计划的编制程序:

1) 根据货运任务,确定货源汇总和分日运送计划,见表8-10。

表 8-10　货源汇总和分日运送计划

线别	运单号	托运人	起运点	收货人	收货地点	品名	包装	运距/km	托运质量/t	分日送达计划						处理意见
										日		……		日		
										吨数/t	车号			吨数/t	车号	

2）认真核实全部营运车辆的出车能力（见表 8-11）及出车顺序，逐车妥善安排车辆的保修计划。

表 8-11　出车能力计划

车队	车号	额定载质量/t	保修日期		上次维修至（　　）日及已行驶里程/km	完好车日（车日）	备注
			保修类别	起止时间			

3）根据有关资料，逐车编制运行作业计划，合理选择车辆行驶路线，妥善确定运行周期，并根据货物类型和性质选配适宜车辆，交付调度组执行。

4）检查各车运行作业计划的执行情况，见表 8-12，及时处理执行中出现的问题，为编制下期运行作业计划做好准备。

表 8-12　各车运行作业计划的执行情况检查

日期	作业计划的内容				运量/t	周转量/t·km	执行情况检查
	工作率	车日行程/(km/车日)	行程利用率	动态载质量利用率			说明：
计划							
实际							

5）根据有关政策及运输计划要求，进行运行作业计划编制效果的审核。

■ 8.3　货运车辆运行组织形式

货运车辆运行组织是运输企业为提高车辆利用率和运输生产率，根据货流情况、顾客要求及其他运输条件组织货物运输的方法。结合实际情况，采用合理、科学的车辆运行组织形式，可以明显提高运输企业的经济效益。理论研究和运输实践均证明多班运输、拖挂运输、联合运输、集装箱运输、零担运输等都是行之有效的车辆运输组织形式。

8.3.1 多班运输

1. 多班运输的概念

为了满足社会日益增长的运输需要，交通运输企业固然可以通过有计划地增加车辆数量与之相适应，但更重要的应该是不断地加强运输生产的组织和管理工作，在不增加或较少增加车辆及其他设备的前提下，充分挖掘运输潜力，以现有的车辆和设备完成更多的运输生产任务。

车辆出车时间的长短取决于车辆运行组织和驾驶员劳动组织（尤其是驾驶员作息制度）的方式。采用多班运输是延长车辆出车时间，增产挖潜的措施之一。

多班运输是指一辆车在一昼夜时间内的工作时间，超过一个工作班次（一般以工作8小时左右为一个班次）以上的货运形式。其中，一辆车出车工作两个班次的货运形式，又称为双班运输。多班运输的基本出发点是"停人少停车"，充分发挥设备（主要是车辆）的利用率，为社会提供更大的运输能力。多班运输是增加车辆工作时间，提高车辆生产率的有效措施。实践证明，实行双班运输，车辆的生产率比单班运输提高了60%～70%，同时，还提高了劳动生产率，降低了运输成本。

2. 组织多班运输的原则

1）采用多班运输，能够增加车辆在路线上的工作时间，能够相应地提高车辆的工作率和利用率，但是要注意加强劳动组织，科学合理地安排好驾驶员的工作、学习和休息时间，保证劳逸结合。

2）组织多班运输，要求加强运输企业内外的协作与配合，特别要加强车辆运营调度部门、物资管理部门、装卸部门及其他运输相关部门的直接联系，确保多班运输的正常进行。

3）必须贯彻安全第一的方针，注意行车安全，尽可能做到定车、定人，同时也应加强技术管理，合理地安排好车辆的保修时间和保养计划，保证有较高的车辆完好率。

3. 多班运输的组织形式

不同的多班运输组织形式会有不同的效果。多班运输的选择，应综合考虑运距长短、站点配置、货源数量、道路状况、驾驶员配备、保修和装卸能力等具体因素，因此，只有因地制宜地选择和使用多班运输，才能充分体现多班运输的优越性。根据驾驶员劳动组织的不同，多班运输的常见组织形式有：

1）一车两人，日夜双班，起点交接。每车配备两名驾驶员，分为日夜两班，每隔一定时间（如每周或每旬），日夜班驾驶员相互调换一次，如图8-5所示。同时为保证轮休期间的运输任务不受影响，还配备一名替班驾驶员，替班轮休。这种组织形式适宜于短途运输，其优点：能做到定人、定车，能保证车辆有比较充裕的保修时间；驾驶员的工作、学习和休息时间能得到正常的安排，行车时间安排也比较简单，伸缩性较大。其缺点：车辆时间利用还不够充分，驾驶员不能完全做到当面交接。

第8章 道路货物运输组织

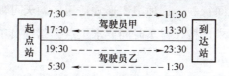

图 8-5 一车两人，日夜双班，起点交接

2）一车两人，日夜双班，分段交接。每车配备两名驾驶员，分段驾驶，定点在交接站交接。每隔一定时间，驾驶员对换行驶路段，保证劳逸结合。这种组织形式适用于车辆在两个车班时间（即16小时左右）可以直达或往返的运输任务，其优点与第一种组织形式相同，并且能保证驾驶员当面交接。这种组织形式的交接班方法如图8-6所示。

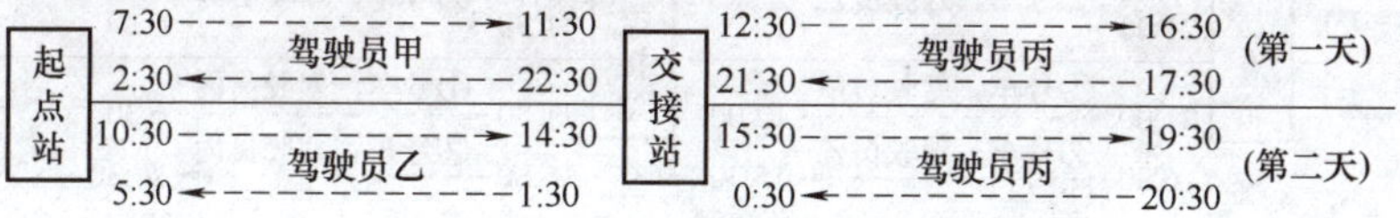

图 8-6 一车两人，日夜双班，分段交接

3）一车两人，轮流驾驶，日夜双班。每车配备两名驾驶员，在车辆的全部运行周转时间内，由两人轮流驾驶，交替休息。这种运行组织形式适用于运距较长，货流不固定的运输线路。其优点：定车、定人，可以最大限度地提高车辆的时间利用。其缺点：驾驶员在车上不能正常休息。但是随着道路条件的不断改善和车辆性能的不断提高，例如，驾驶室配有供驾驶员休息的卧铺，这种组织形式已越来越多地被采用。这种组织形式的交接班方法，见表8-13。

表 8-13 一车两人，轮流驾驶，日夜双班

时间	14:30—17:00	17:00—21:00	21:00—1:00	1:00—5:00	5:00—12:00	12:00—19:00	19:00—21:00
作业项目	准备与装车	车辆运行	车辆运行	睡眠	车辆运行	车辆运行	装卸与加油
驾驶员A	√	√	—	√	√	—	√
驾驶员B	√	—	√	√	—	√	√

4）一车三人，日夜三班，分段交接。每车配备三名驾驶员，日夜三班行驶。驾驶员在途中定站、定时进行交接，途中交接站可以设在离终点站较近的地方，约为全程的1/3左右，并在一个车班时间内往返一次的地点。在起点站配备两名驾驶员，途中交接站配备驾驶员一名，每隔一定时间，三名驾驶员轮流调换行驶路线和行驶时间。这种组织形式能够充分利用车辆设备，运输效率较高。但是驾驶员的工作时间不均衡，所需驾驶员的人数也较多。这种组织形式的交接班方法如图8-7所示。

5）两车三人，日夜三班，分段交接。两辆车配备三名驾驶员，分段驾驶，其中的两名驾驶员各负责一辆车，固定在起点站与交接站之间行驶，而另一名驾驶员则每天轮流驾驶两

辆车,在交接站与到达站之间行驶。这种组织形式适用于两天可以往返一次的运输任务,其缺点:对车辆的运行组织要求严格,行车时间要求正点,驾驶员工作时间较长。这种组织形式的交接班方法如图 8-8 所示。

图 8-7　一车三人,日夜三班,分段交接

图 8-8　两车三人,日夜三班,分段交接

开展多班运输,单车产量有所提高,但企业所开支的各项费用以及驾驶人员的数量也随之相应增加。所以只有车辆生产率和劳动生产率均有了提高,单位成本同时有所下降,才是多班运输的最优化方案。

8.3.2　拖挂运输

1. 拖挂运输的含义

货运车辆通常分为载货汽车、牵引车和挂车三大类。不同用途的车辆按照一定的要求进行组合、搭配,便构成了各类汽车列车。拖挂运输也称汽车运输列车化,它是以汽车列车形式参加生产活动的一种运行方式。

2. 拖挂运输的经济性

拖挂运输的经济性体现在以下几点:

1) 可以大幅度地增加载货汽车(或牵引车)的拖载量,能使其原有的生产能力成倍增加。

2) 不需要增加额外的驾驶员,增加的保养技工也有限,有助于提高劳动生产率。

3) 在拖挂运输中,以吨公里计算的行车燃料消耗、挂车的初次投资以及它的保修费用,均比使用同等载质量的普通汽车要低,因此拖挂运输的单位运输成本相对较低。

4) 便于采用灵活、先进的运行组织形式,减少车辆的等待装卸时间,有利于提高运输生产率。

3. 拖挂运输的不足

拖挂运输的不足体现在以下几点:

1) 拖挂运输增加了载质量,其结果是,载货汽车的牵引性能比单车运输时要差,汽车列车的平均技术速度下降,增加了驾驶员在操纵上的困难。

2)汽车列车是由各种车辆搭配而成的,其安全性能,尤其是稳定性,比单辆货车差。

3)受到列车行驶时后面挂车的偏摆和冲击,往往需要扩大道路(尤其是线路弯道处)的宽度和调车场地的面积。

4. 拖挂运输的分类

根据汽车列车的运行特点和对装卸组织工作的不同,拖挂运输分为定挂运输和甩挂运输两种。

(1)定挂运输　定挂运输是指汽车列车在完成运行和装卸作业时,载货汽车(或牵引车)与挂车一般不予分离。这种定车定挂的组织形式,在运行组织和管理工作方面,基本上与单车运行相仿,易于推广,它是拖挂运输开展之初常被采用的一种主要形式。

采用定挂运输方式时,因为增加了拖带的挂车,增加了货物的装载量,同时也增加了货物装卸作业,所以需要加强现场调度与指挥,合理组织装卸,并尽可能采用机械化装卸,从而压缩汽车列车的停歇时间,否则很难收到预期的效果。

(2)甩挂运输　甩挂运输是指汽车列车按照预定的计划,在各装卸作业点甩下并挂上指定的挂车后,继续运行的一种运输组织方式。甩挂运输可以使载货汽车(或牵引车)的停歇时间缩短到最低限度,从而充分发挥它的运输效能,最大限度地利用它的牵引能力。甩挂运输工作的基本步骤(见图8-9)如下:

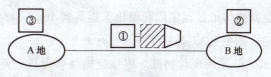

图8-9　甩挂运输基本流程

第一步,将办好手续、装满货物的挂车①由牵引车牵引,从A地驶往B地。

第二步,在汽车列车从A地驶往B地的同时,需要从B地运送至A地的货物,由运输企业在B地进行集货并装入挂车②;需要从A地运送至B地的货物,在A地进行集货并装入挂车③,同时办好相关手续。

第三步,当挂车①由牵引车牵引到B地后,甩下挂车①,挂上挂车②,由牵引车把挂车②运往A地,在汽车列车驶往A地的同时,挂车①在B地开始卸货。

第四步,当挂车②送至A地时,牵引车甩下②,挂上挂车③,继续驶往B地,周而复始。

1)甩挂运输的优势。发展"甩挂运输"是一种趋势,它是世界公认、广泛采用的先进运输组织方式,是提高运输和物流效率的有效手段,对节能减排、建设资源节约型、环境友好型社会有着重大意义。作为道路运输行业的未来发展方向,甩挂运输相对于传统定挂运输,具有以下优势:

① 降低营运成本。甩挂运输要求牵引车和挂车按照1∶3的比例进行配置,能有效地减少牵引车和驾驶员的配置数量,节省牵引车购置费、人工费和管理费等营运成本。此外,甩挂运输创造的时间效益,使得材料随订到变为可能,有效地增强了货物的流动性,为实现

零库存创造了条件,节省了货物仓储成本。

② 提高运输效率。甩挂运输使牵引车和挂车能够自由分离,减少货物装卸的等待时间,加速牵引车周转,提高牵引车生产效率。挂车独特的厢体车轴使得承载能力与容积明显要比货车厢体大得多,长途货运效益明显。

③ 提高集约化程度。甩挂运输的开展,客观上需要建立一个较为完善的全国性或地区性运输网络,引导运输企业之间合作,在不断满足生产企业个性化运输服务需求的同时,对物流资源进行有效整合,保证供应链达到整体最佳。这些客观要求,能够有效地促使道路运输资源向竞争力强的企业集中,不断推进道路货运业的集约化程度。

④ 提高技术水平。甩挂运输对道路货运业的整体技术水平有较高的要求。一是,需要专业化的甩挂作业站场,提供摘挂、停车、理货、装卸等生产流程服务;二是,需要信息管理系统,提供车辆管理、车辆监控与调度、订单管理、仓储管理、装卸理货管理、企业综合管理等功能;三是,需要标准化的车辆配备,确保不同的牵引车和挂车之间能够自由组合。因此,能够促进道路货运业技术水平的提高。

⑤ 节能减排。在甩挂运输中,牵引车和挂车分离的技术特性,能够有效降低能耗。据统计,运输同样质量的货物,厢式半挂车的耗油量只有普通货车的一半左右。甩挂运输组织模式能够减少车辆空驶和无效运输,从整体上降低能耗和减少废气排放。如果全国道路货运业,能将甩挂运输周转量比重提高到10%,每年可以节省燃油折合300万~400万t标准煤,相应减少CO_2排放650~850万t。

⑥ 发展现代物流。甩挂运输能够促进道路货运的组织化、规模化、网络化、信息化和标准化发展,并推进道路货运与海上滚装运输、铁路驼背运输等运输方式,促进综合运输体系和现代物流业的发展。

2) 甩挂运输的适用范围。甩挂运输的根本目的是减少牵引车在装货环节和卸货环节的停歇时间,从而增加牵引车的有效纯运行时间,提高车辆工作时间利用率,提高车辆运输生产率和企业的经济效益。换句话说,甩挂运输的基本原理是,利用汽车列车的路线行驶时间来完成甩下挂车的装卸作业,使整个汽车列车的装卸作业时间缩短为载货汽车(或牵引车)的装卸时间和挂车的甩挂作业时间,其实质是应用了平行作业原则,加速车辆周转,提高运输效率。因此道路运输企业在进行甩挂运输决策和生产作业组织时,必须立足于这一根本的出发点,合理有效地选择运输方式,而不是盲目地开展甩挂运输。甩挂运输的适用范围如下:

① 甩挂运输适用于运距较短、装卸能力不足,并且装卸停歇时间占汽车列车运行时间比重较大的情况。这是因为若运距很长时采用甩挂运输,装卸停歇时间占汽车列车运行时间的比重很小,非但甩挂的效果不明显,而且还会增加运输组织的复杂性。当运距大到一定程度时,即使甩挂运输可以减少汽车列车装卸作业停歇时间,但是由于汽车列车的技术速度低于相同载质量的载货汽车,反而使得汽车列车的生产效率不一定高于同等载质量载货汽车的生产率,如图8-10所示。

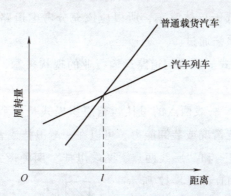

图 8-10　汽车列车与同等载质量载货汽车产量相当示意图

如图 8-10 所示，线路长度 l 计算公式为

$$l = \frac{1}{2} v'_j v_j \frac{\Delta t}{\Delta v} \tag{8-10}$$

式中　l——产量相当运距（km）；

　　　v'_j——汽车列车的技术速度（km/h）；

　　　v_j——载货汽车的技术速度（km/h）；

　　　Δt——载货汽车与汽车列车装卸作业停歇时间之差（h）；

　　　Δv——载货汽车与汽车列车技术速度之差（km/h）。

【例 8-4】　已知某汽车列车的技术速度为 70km/h，某载货汽车的技术速度为 80km/h，在某次运输任务中，为完成相同载质量货物的装卸作业，载货汽车共计用了 8h，汽车列车共计用了 4h，假设汽车列车与载货汽车具有相同的载质量，试计算产量相当运距。

解：

由题意可知，$v'_j = 70$km/h，$v_j = 80$km/h，$\Delta t = 4$h，$\Delta v = 10$km/h，则 $l = \frac{1}{2} v'_j v_j \frac{\Delta t}{\Delta v} = 1120$km。

② 甩挂运输适宜的货源条件是货源充足，货运量大。因为只有在货源充足、运输量大的情况下，才有必要投入足够的运力开展甩挂运输，增加周转挂车的数量，提高牵引车的周转速度，就相当于增加了运力的投入。只有货源充足，保证车辆有足够的运输工作量，才能充分发挥出车辆的工作效率。

③ 货物起运点和接收点比较固定。这是因为：一方面，可以保证拥有稳定的货源，从而可以有针对性地、合理地配置周转挂车，有效地开展甩挂运输；另一方面，固定的装卸货地点便于周转挂车的投放与管理，便于挂车的循环使用。

④ 货物类别比较相近。由于不同性质的货物所要求的车辆类型、装卸设备的差别较大，所以甩挂运输的货物一般应是性质、形状相似的货物，以便配置相同类型的牵引车、周转挂车和装卸设备。

⑤ 适宜甩挂运输的车辆行驶道路条件。车辆行驶道路是保证甩挂运输车辆行驶安全性的重要基础条件。由于汽车拖挂后，汽车的动力性、通过性、行驶稳定性、转向操纵性、机

动灵活性等性能，都远远低于单体汽车，所以应该充分考虑道路的技术条件和道路通行条件，保证挂车安全行驶、顺畅通过。

3）甩挂运输的组织形式。从我国道路运输行业的现状来看，甩挂运输的基本运营模式如下：

① 一线两点甩挂模式。一线两点的甩挂运营组织模式是指牵引车往返于 2 个装卸作业点之间，根据线路两端货流情况或装卸能力，可以在一端甩挂或者在两端同时甩挂，即可以组织"一线两点、一端甩挂"和"一线两点、两端甩挂"两种形式，其运作模式如图 8-11～图 8-13 所示。其中，图 8-11 和图 8-12 所示为"一线两点、一端甩挂"的单方甩挂，即装货点甩挂或卸货点甩挂；图 8-13 所示为通过整合区域内的货代、车队及相关资源，实现货源与箱源、箱源与车源的优化匹配，当

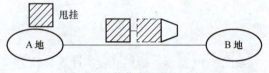

图 8-11 装货点甩挂示意图

线路两端的运输需求趋于稳定，适宜开展点到点的"双重"甩挂运输时，可以组织"一线两点、两端甩挂"，以有效提高车辆实载率。

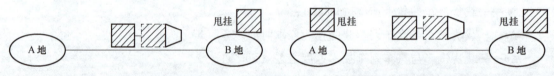

图 8-12 卸货点甩挂示意图　　　　图 8-13 两端甩挂示意图

一线两点甩挂模式是中短途往复式线路上通常采用的甩挂形式，适宜于货运量较大且稳定、装卸作业地点固定、运输距离较短的运输线路。目前为减少过多库存所带来的资金压力和仓储成本，国内许多制造企业大多采用准时制生产方式（JIT），对原材料的供应和产成品采取零库存，此时可以利用挂车作为"临时仓库"，在客户端的工厂预留部分挂车，按照工厂生产进度的需要，进行产品装车，在线路另一端，也预留部分挂车进行装车，按照企业的生产计划和运输网络调度计划，进行一线两点的甩挂运输，提高运输效率，降低运营成本。

② 一线多点、沿途甩挂模式。它要求按照装卸货作业地点的先后顺序，本着"远装前挂、近装后挂"的原则，编制汽车列车的生产作业计划。采用这一组织形式时，在线路沿途有货物装卸作业的站点，甩下汽车列车的挂车或挂上其他预先准备好的挂车继续运行，直到终点站。汽车列车在终点站整列卸载后，沿着原路返回，经由先前的甩挂作业点时，挂上预先准备好的挂车或甩下汽车列车上的挂车，继续运行，直到返回始点站。这种模式的示意图如图 8-14 所示。

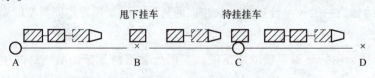

图 8-14 一线多点、沿途甩挂示意图

一线多点、沿途甩挂模式，适宜于装货地点比较集中，而卸货地点比较分散，或者卸货地点比较集中，而装货地点比较分散，并且货源比较稳定的运输线路。

③ 多线一点、轮流拖挂模式。多线一点、轮流拖挂模式是指在装货点（或卸货点）集中的地点，配备一定数量的周转挂车，在汽车列车未到达的时间内，预先装好（或卸好）周转挂车的货物，当在某线路行驶的汽车列车到达后，先甩下挂车，集中力量装卸牵引车，然后挂上预先装好（或卸好）的挂车返回原卸货点（或装货点）进行整列汽车列车卸货（或装货）的甩挂运输组织形式。这种模式的示意图如图8-15所示。

多线一点、轮流拖挂模式，适宜于发货点集中、卸货点分散的线路，或者卸货点集中、发货点分散的线路。其主要特征：多条线路集中于一点，在该点集中进行装卸作业。

④ 循环甩挂模式。循环甩挂模式是指在闭合循环回路的各装卸点上，配备一定数量的周转集装箱或挂车，牵引车到达一个装卸点后，甩下所挂的集装箱或挂车，装上（或挂上）预先准备好的集装箱或挂车继续行驶，其实质：用循环调度的方法，来组织封闭回路上的甩挂作业，即将牵引车作为循环调度的对象，把挂车当作车辆在环形路线上行驶时需要装载或卸载的货物。这种模式的示意图如图8-16所示。

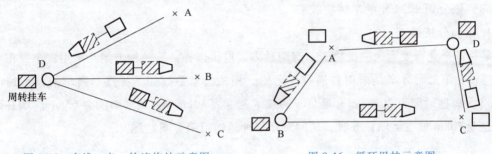

图8-15　多线一点、轮流拖挂示意图　　　图8-16　循环甩挂示意图

循环甩挂模式不仅提高了载运能力，压缩了装卸作业停歇时间，而且提高了行程利用率，是甩挂运输中较为经济、运输效率较高的组织形式。由于它涉及面广，组织工作较为复杂，因此在组织循环甩挂作业时，要满足循环调度的基本要求，同时应选择运量较大且稳定的货流进行组织，还要有适宜于组织甩挂作业的货场条件。循环甩挂适用于大城市和重要枢纽位置的一级站点，因为大城市和这类站点的货物吞吐量较大、运输站场等节点设施较齐全。

复习思考题

1. 名词解释题

（1）车辆计划。

（2）车辆运行作业计划。

（3）多班运输。

（4）定挂运输。

（5）甩挂运输。

（6）产量相当运距。

2. 简答题

（1）简述道路货物运输的生产作业流程。

（2）道路货运生产计划的 4 个构成部分之间具有怎样的关系？

（3）简述车辆运用计划中顺编法和逆编法的异同。

（4）简述开展甩挂运输的条件。

3. 计算题

某汽车货运公司 2022 年的统计资料如下：平均车辆数为 100 辆，平均吨位为 5t，工作车日为 31025 车日，平均车日行程为 200km/车日，载运行程为 380 万 km，完成的货物周转量为 1800 万 t·km。请计算：

（1）该公司 2022 年的车辆工作率。

（2）该公司 2022 年的车辆吨位利用率。

（3）该公司 2022 年的车辆实载率。

4. 案例分析题

某货运企业需要运送一批物资，有两种方案可供选择，第一种方案是采用汽车列车开展甩挂运输，第二种方案是采用普通货车运输。相关技术参数如下：汽车列车的技术速度为 50km/h，摘挂时间为 20min；普通货车的技术速度为 80km/h，装卸时间为 65min。当在距离货运企业 70km 处有运输任务时，请问选择哪种运输组织方案好呢？

第 9 章　车辆行驶线路与车辆运行调度

【本章提要】

行驶线路就是车辆在完成实际运输工作中的运行线路，分为往复式行驶线路、环形式行驶线路和汇集式行驶线路。单程有载往复式行驶线路的运输工作效果较差，车辆的行程利用率 $\beta \leq 50\%$；返程部分有载往复式行驶线路，车辆的行程利用率有了一定提高，即 $50\% \leq \beta < 100\%$；双程有载往复式行驶线路，车辆的行程利用率 $\beta \approx 100\%$。汇集式行驶线路，包括分送式、收集式和分送-收集式三种形式。车辆运行调度包括确定空车调运方案、确定最佳发收车点和选择车辆行驶线路三大环节。合理运输的"五要素"，包括运输距离、运输环节、运输工具、运输时间和运输费用。

【教学目标与要求】

- 理解车辆行驶线路的含义及分类。
- 掌握不同类型往复式行驶线路的行程利用率。
- 了解环形式行驶线路的含义及分类。
- 理解汇集式行驶线路的含义及分类。
- 掌握空车调运方案的图上作业法求解方法。
- 了解发收车点的确定方法。
- 掌握节约里程法的基本原理及求解步骤。
- 了解不合理运输的表现以及实现合理运输组织的途径。

【导读案例】

某运输公司的某个车队，共有额定载质量相等的 8 辆货车供使用，8 辆货车分别存放在 5 个不同地点，车队的调度员拟派出其中的 5 辆货车到装货点运货，每个装货点都有一车货物,已知,每个装货点的货物质量≤车辆的额定载质量,各辆货车调到装货地点的所需费用,见表9-1,请问应选派哪5辆货车,并分别把它们调到哪个装货点,才能使各辆货车从存放地点调到装货点所需的总费用最少呢?

表 9-1　车辆调到装货点的所需费用　　　　　　　　（单位:元）

装货地点	车辆编号							
	1	2	3	4	5	6	7	8
A	30	25	18	32	27	19	22	26
B	29	31	19	18	21	20	30	19
C	28	29	30	19	19	22	23	26
D	29	30	19	24	25	19	18	21
E	21	20	18	17	16	14	16	18

【准备知识】

车辆行驶线路的分类(见图9-1)

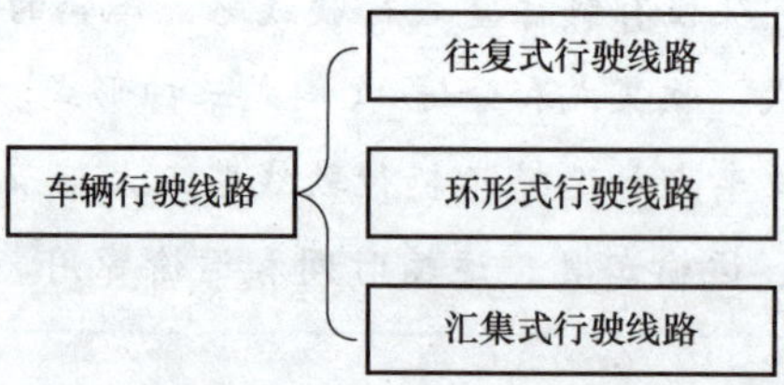

车辆行驶线路 —— 往复式行驶线路
　　　　　　 —— 环形式行驶线路
　　　　　　 —— 汇集式行驶线路

图 9-1　车辆行驶线路的分类

在不同的运输条件和运输组织方法下,车辆可以按照不同的行驶线路,完成既定运输任务,但是在不同的行驶线路上,车辆的运用水平会有所差异,运输效率和运输成本也会有所差异。因此在组织运输生产活动时,选择时间短、费用省、效益好的行驶线路是一项十分重要的工作。同时为了确保车辆运行的顺利进行,还必须加强对车辆的运行调度,以保证车辆运行作业计划的实现。

9.1　车辆行驶线路及类型

行驶线路就是车辆在完成实际运输工作中的运行线路。由于在组织车辆完成货运任务时,常常存在多种可供选择的行驶线路,而且车辆按不同的行驶线路完成同一运输任务时,其运输生产率和单位运输成本往往也是不一样的,因此在确保完成货运任务的前提下,如何选择最佳的行驶线路,是货运组织工作中的一项非常重要的内容。车辆的行驶线路分为:往复式行驶线路、环形式行驶线路和汇集式行驶线路。在这三类车辆行驶线路中,往复式行驶线路和环形式行驶线路往往应用在大宗货物运输,而汇集式行驶线路往往应用在零担货物运输。

9.1.1 往复式行驶线路

往复式行驶线路是指车辆在两个装卸作业点之间的线路上,作一次或多次往复运行的行驶线路。根据车辆往复运输时的载运情况,可以分为:单程有载往复式、返程部分有载往复式、双程有载往复式。

1. 单程有载往复式行驶线路

单程有载往复式行驶线路是指车辆在运送货物的过程中,返程不载货,如图 9-2 所示。因货流时间上的不平衡性,单程有载往复式行驶线路在货物运输中较为多见,但是车辆的行程利用率较低,一般情况下行程利用率 $\beta \leqslant 50\%$,运输工作效果较差,所以应尽量避免采用。此种行驶线路,车辆的主要日运行指标:货运量、货运周转量、行程利用率,其计算公式分别如下:

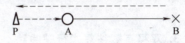

图 9-2 单程有载往复式行驶线路示意图

$$Q = Z_0 q_0 \gamma \tag{9-1}$$

式中 Q——车辆日完成的货运量(t);
Z_0——车辆日完成的周转次数(次)。

$$P = QL_1 = Z_0 q_0 \gamma L_1 \tag{9-2}$$

式中 P——车辆日完成的货运周转量(t·km);
L_1——每个周转内车辆的有载行程(km)。

$$\beta = \frac{\sum_{i=1}^{Z_0} L_{1i}}{\sum_{i=1}^{Z_0} (L_{1i} + L_{fi}) + L_H} \tag{9-3}$$

式中 β——行程利用率(%);
L_{1i}——车辆第 i 次周转的有载行程(km);
L_{fi}——车辆第 i 次周转的空驶行程(km);
L_H——车辆日收车、发车的调空行程(km)。

2. 返程部分有载往复式行驶线路

返程部分有载往复式行驶线路是指车辆在完成去程的运输任务后,返程运输也是有载的,但返程货物不是运到线路的始点,而只是运到线路上中途的某个货运点而未达线路始点,如图 9-3 所示。这种行驶线路中,每一个周转完成了两个运次。由于它返程部分有载,车辆的行程利用率有了一定提高,即 $50\% \leqslant \beta < 100\%$,车辆的利用效果有所改善。此种行驶线路,车辆的主要日运行指标:货运量、货运周转量、行程利用率,其计算公式分别如下:

$$Q = Z_0 q_0 (\gamma_1 + \gamma_2) \tag{9-4}$$

式中　γ_1——车辆在第一个运次的动态载质量利用率（%）；

　　　γ_2——车辆在第二个运次的动态载质量利用率（%）。

$$P = Z_0 q_0 (\gamma_1 L_{11} + \gamma_2 L_{12}) \tag{9-5}$$

式中　L_{11}——车辆在第一个运次的有载行程（km）；

　　　L_{12}——车辆在第二个运次的有载行程（km）。

$$\beta = \frac{Z_0(L_{11}+L_{12})}{Z_0(L_{11}+L_{f1}+L_{12}++L_{f2})+L_H} \tag{9-6}$$

图 9-3　返程部分有载往复式行驶线路示意图

3. 双程有载往复式行驶线路

车辆在双程有载往复式行驶线路行驶时，不仅从装货点到卸货点的去程载有货物，而且从卸货点到装货点的返程也载有货物，如图9-4所示。车辆在每一个周转中同样完成了两个运次，空载行程接近于零。这种行驶线路，由于返程载有货物，因此它的行程利用率得到了最大提高，即 $\beta \approx 100\%$，车辆的利用效果也得到充分改善，是工作生产率最高、经济效果最好的一种行驶线路。此种行驶线路，车辆的主要日运行指标：货运量、货运周转量、行程利用率，其计算公式分别如下：

$$Q = Z_0 q_0 (\gamma_1 + \gamma_2) \tag{9-7}$$

$$P = Z_0 q_0 L_1 (\gamma_1 + \gamma_2) \tag{9-8}$$

$$\beta = \frac{2Z_0 L_1}{2Z_0 L_1 + L_H} \tag{9-9}$$

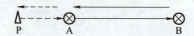

图 9-4　双程有载往复式行驶线路示意图

9.1.2　环形式行驶线路

环形式行驶线路是指车辆在由若干个装卸作业点组成的一条封闭回路上作连续单向运行的行驶线路，如图9-5所示。这种行驶线路上，一次周转内，车辆至少完成两个运次的运输工作。根据运送任务的装卸作业点的位置不同，环形式行驶线路可分为简单环式、三角环式、交叉环式、复合环式。此种行驶线路，车辆的主要日运行指标：货运量、货运周转量、行程利用率，其计算公式分别如下：

$$Q = \sum_{i=1}^{n} q_0 \gamma_i \tag{9-10}$$

$$P = \sum_{i=1}^{n} q_0 \gamma_i L_{1i} \qquad (9\text{-}11)$$

$$\beta = \frac{\sum_{i=1}^{n} L_{1i}}{\sum_{i=1}^{n}(L_{1i} + L_{fi}) + L_H} \qquad (9\text{-}12)$$

式中　n——日完成的总运次数（次）；

　　　γ_i——第 i 个运次的动态载质量利用率（%）；

　　　L_{1i}——第 i 个运次的有载行程（km）；

　　　L_{fi}——第 i 个运次的空驶行程（km）。

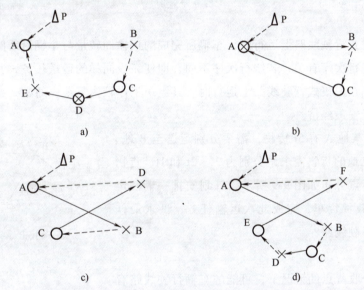

图 9-5　环形式行驶线路示意图

a）简单环式　b）三角环式　c）交叉环式　d）复合环式

9.1.3　汇集式行驶线路

汇集式行驶线路是指车辆沿线路上的各个货物装卸作业点依次完成相应的装卸作业，且每个运次的货物装量（或卸量）均小于该车额定载货量，直到整个车辆装满（或卸空）后，返回到出发点的行驶线路。通常，汇集式行驶线路为封闭线路，包括分送式、收集式、分送-收集式。

1. 分送式

车辆在 A 地装货后，沿线路上的各个卸货点依次卸货，直到卸完所有待卸货物后，返回出发地 A 的行驶线路，如图 9-6 所示。

2. 收集式

车辆在 A 地自空车发出后，沿线路上的各个装货点依次装货，直到装完所有待装货物后，返回出发地 A 的行驶线路，如图 9-7 所示。

3. 分送-收集式

车辆在 A 地装货后，沿线路上的各个货物装卸作业点，分别装或卸货物，直到完成所有待装卸货物的装卸作业后，返回出发地 A 的行驶线路，如图 9-8 所示。

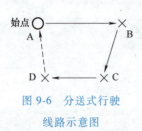

图 9-6　分送式行驶线路示意图

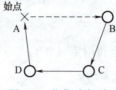

图 9-7　收集式行驶线路示意图

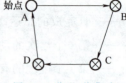

图 9-8　分送-收集式行驶线路示意图

车辆在汇集式行驶线路上运行时，车辆所完成的运输周转量与车辆沿线路上的各个货物装卸作业点的绕行次序有关，若绕行次序不同，即使完成同样的运送任务，其周转量也不相同。因此，车辆在汇集式行驶线路上运行时，其组织工作较为复杂。通常，按照总行程最短组织车辆进行运输最经济。

【例 9-1】某地 A 有 5t 货物，需要分别运送至 B 地、C 地和 D 地，三地的货物需求量分别为 2t、2t 和 1t，货物运输网络及货运点分布如图 9-9 所示，计划安排一辆额定载质量为 5t 的载货货车，完成此次运输任务，试求最佳的车辆汇集式行驶线路？

解：

在题意 3 个收货点的情况下，可能的车辆行驶线路有 6 种，见表 9-2。

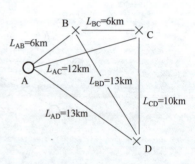

图 9-9　货物运输网络及货运点分布图

表 9-2　不同车辆行驶线路的效果比较

方案序号	车辆行驶线路	线路总里程/km	周转量/t·km
Ⅰ	A-B-C-D-A	35	58
Ⅱ	A-B-D-C-A	41	89
Ⅲ	A-C-B-D-A	44	91
Ⅳ	A-C-D-B-A	41	116
Ⅴ	A-D-B-C-A	44	129
Ⅵ	A-D-C-B-A	35	117

在其他条件相同的情况下，选择汇集式行驶线路并以周转总行程最短为最优，如遇总行程相等，则周转量小者效果较好。因此本例题的最佳车辆行驶线路为方案Ⅰ。

9.2 车辆运行调度的组织

车流组织离不开实际的货流,车辆运行调度的组织也必须充分考虑这一点。在一定的货流条件下,如何选择最优的车辆行驶线路并完成车辆调度是一个十分重要的技术性问题,其核心通常包括:确定空车调运方案、确定最佳发收车点和选择车辆行驶线路三大环节。

9.2.1 空车调运数学模型

线性规划原理是确定空车调运方案的有效方法之一。

设 m 为空车发点(包括卸货点和车场)数,n 为空车收点(包括装货点和车场)数,Q_{ij} 为由第 i 点发往第 j 点的空车数,q_j 为第 j 点所需空车数,Q_i 为第 i 点发出的空车数,L_{ij} 为第 i 点到第 j 点的距离,则其空车调运最佳行驶线路的选择问题,可以用以下数学模型进行描述。

目标函数是全部车辆的总空车调运里程(L_k)最短,即

$$\min L_k = \sum_{i=1}^{m} \sum_{j=1}^{n} Q_{ij} L_{ij} \tag{9-13}$$

约束条件为

$$\begin{cases} \sum_{j=1}^{n} Q_{ij} = Q_i \\ \sum_{i=1}^{m} Q_{ij} = q_j \\ \sum_{i=1}^{m} Q_i = \sum_{j=1}^{n} q_j \\ Q_{ij} \geq 0 \end{cases} \quad (i=1,2,\cdots,m; j=1,2,\cdots,n) \tag{9-14}$$

式(9-14)中:第1个约束条件为某空车发点向各空车收点调出空车的总数等于该点的空车发量;第2个约束条件为某空车收点调入各空车发点空车的总数等于该点的空车收量;第3个约束条件为各空车发点调出空车的总数等于各空车收点调入空车的总数;第4个约束条件为各个变量 Q_{ij} 必须不是负数。

上述数学模型的求解方法很多,其中以表上作业法和图上作业法较为常用。将上述数学模型转化为产销平衡运输问题后,就可以直接采用表上作业法和图上作业法求最优空车行驶方案;本章将重点介绍图上作业法。当货运点数目较多或者货运网络比较复杂时,可以利用计算机编程进行求解。

9.2.2 图上作业法

图上作业法

图上作业法要解决的问题是,在完成既定货物运输任务的前提下,如何组织货物运输以

求最大限度地降低空驶行程。

为了表达方便,货物运输网络使用以下符号:

1)"○"为货物的装车点,同时也是空车接收点。
2)"×"为货物的卸车点,同时也是空车发出点。
3)"→"为重车流向线。
4)"-→"为空车流向线。
5)"(××)"为可以用于车辆行驶的线路及线路里程。
6)"(××)"为不可以用于车辆行驶的线路及线路里程。
7)"$\overset{\times\times}{\longrightarrow}$"和"$\overset{\times\times}{\dashrightarrow}$"分别为重车流向线、空车流向线及其上的货运量。

任何一张货物运输网络,根据其线路的分布形状,可分为不成圈和成圈两大类。

1. 不成圈的货物运输网络

对于不成圈的货物运输网络,根据线性规划原理,物资调拨或空车调运线路可以根据"就近调空"原则进行,此时只要方案中不出现对流现象,该方案便为最优方案。例如,根据"就近调空"原则,以及图9-10所示的物资调拨计划(货运量单位为t,线路里程的单位为km),能够得到图9-11所示的物资调拨方案,要特别注意:在物资调拨方案中标注重车流向线时,应按照右手原则(即当货运起点确定后,伸开右手,使拇指与其余四个手指垂直,并且都与手掌在同一平面内,保持手掌掌心朝上,使四指指向车辆行驶方向,这时拇指所指的方向就是重车流向线在运输线路中的相对位置)将其标注在运输线路旁边;然后,把物资调拨方案中的重车流向线转换为空车流向线,就可以得到图9-12所示的空车调运最优方案,因为此最优方案的运力消耗最少,即吨位公里数(或货物周转量)最小。

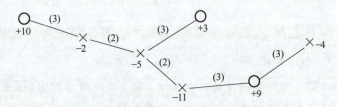

图9-10 物资调拨计划示意图

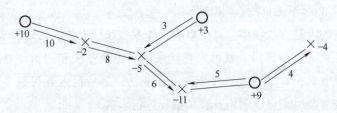

图9-11 物资调拨方案

根据"就近调空"原则,得到图9-11的货物周转量为(10×3+8×2+3×3+6×2+5×3+4×3)t·km=94t·km。

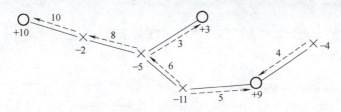

图 9-12 空车调运最优方案

2. 成圈的货物运输网络

对于成圈的货物运输网络，需要先破圈，假设某两点间的线路"不通"（一般情况下，假设线路里程较长的某路段不通），将成圈问题简化为不成圈问题，这样就可以根据不成圈货物运输网络的"就近调空"原则得到一个初始调运方案。然后，进一步对初始调运方案作优化处理，其优化方法：先分别检查可行方案的内圈及外圈的流向线里程之和是否超过全圈周长的一半，如果均小于全圈周长的一半，则初始方案即为最优方案，如果外圈流向线总里程之和，超过全圈周长的一半，则应缩短外圈流向；反之，就应缩短内圈流向。缩短流向的具体方法是：选择超过全圈周长一半的圈，把该圈流向线中运量最小的进行调整，在超过全圈周长一半的里（或外）圈的各段流向线上，减去这个最小运量，再在相反方向的外（或里）圈流向线和原来没有流向线的各路段，加上同样数目的运量，这样就可以得到一个新的调拨方案，重复上述步骤，直到内圈及外圈的流向线之和，均小于全圈周长的一半，此时得到的调运方案就是最优方案。

对于有几个圈的货物运输网络，则应逐圈检查并调整，直到每一个圈都能符合要求，此时才能得到物资调拨及空车调运的最优方案。

【例 9-2】 根据表 9-3 所列的货物运输任务，以及图 9-13 所示的货物运输网络，确定最佳空车调运方案。

表 9-3 货物运输任务

货物名称	发货点	收货点	运距/km	运量/t
×××	G	B	166	900
×××	G	H	57	100
×××	I	H	132	1000
×××	J	H	75	900
×××	A	D	167	1000
×××	A	B	78	500
×××	K	B	71	900
×××	F	D	41	600
×××	E	D	144	900
×××	C	D	57	1300

解：

把表 9-3 所列的货物运输任务，标注在图 9-13 所示的货物运输网络中，可以得到图 9-14 所示的物资调拨方案。

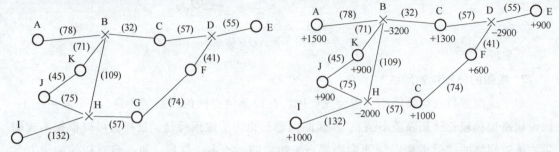

图 9-13　货物运输网络　　　　　　　　图 9-14　物资调拨方案

该货物运输网络共有三个圈，将其分别定义为Ⅰ圈（B-H-J-K-B）、Ⅱ圈（B-C-D-F-G-H-B）和Ⅲ圈（B-C-D-F-G-H-J-K-B）。现假设 B、H 两点间和 H、J 两点间的线路"不通"，若将上述货物运输网络破圈为不闭合的运输网络，则根据"就近调空"原则，得到图 9-15 所示的初始物资调运方案。

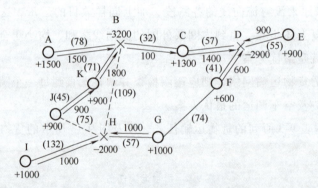

图 9-15　初始物资调运方案

分别检查三个圈的内圈流向线、外圈流向线的里程之和以及全圈周长。

Ⅰ圈的总周长 =（45+71+109+75）km = 300km。

Ⅰ圈的内圈流向线里程之和 =（45+71）km = 116km。

Ⅰ圈的外圈流向线里程之和 = 0km。

因为Ⅰ圈的内圈流向线里程之和以及外圈流向线里程之和，均小于Ⅰ圈总周长的一半（150km），所以Ⅰ圈合格，不需要调整。

同理，可以得到：

Ⅱ圈的总周长 =（109+32+57+41+74+57）km = 370km。

Ⅱ圈的内圈流向线里程之和 =（32+57+57）km = 146km。

Ⅱ圈的外圈流向线里程之和 = 41km。

因为Ⅱ圈的内圈流向线里程之和以及外圈流向线里程之和,均小于Ⅱ圈总周长的一半(185km),所以Ⅱ圈也合格,不需要调整。

Ⅲ圈的总周长 =(45+71+32+57+41+74+57+75)km = 452km。

Ⅲ圈的内圈流向线里程之和 =(45+71+32+57+57)km = 262km。

Ⅲ圈的外圈流向线里程之和 = 41km。

因为Ⅲ圈的内圈流向线里程之和大于Ⅲ圈总周长的一半(226km),所以Ⅲ圈的内圈不合格,需要调整Ⅲ圈的内圈。把Ⅲ圈内圈上的流量减去该内圈上的最小流量(100t),并把Ⅲ圈外圈上的流量及原先没有流量的路段均增加100t,得到图9-16所示的初次优化后的物资调运方案。再次分别检查图9-16中三个圈的内圈、外圈流向线里程之和以及全圈周长,并得到:

Ⅰ圈的内圈里程之和为116km,外圈里程之和为75km,合格。

Ⅱ圈的内圈里程之和为114km,外圈里程之和为115km,合格。

Ⅲ圈的内圈里程之和为230km,外圈里程之和为190km,内圈不合格。

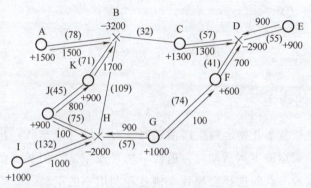

图9-16　初次优化后的物资调运方案

因为Ⅲ圈的内圈流向线里程之和,再次大于Ⅲ圈总周长的一半(226km),所以Ⅲ圈的内圈仍然不合格,需要调整Ⅲ圈的内圈,把Ⅲ圈内圈上的流量减去该内圈最小流量(800t),并把Ⅲ圈外圈上的流量及原先没有流量的路段均增加800t,得到图9-17所示的再次优化后的物资调运方案。再次分别检查图9-17中三个圈的内圈、外圈流向线里程之和以及全圈周长,并得到:

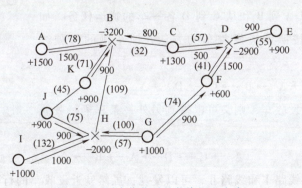

图9-17　再次优化后的物资调运方案

Ⅰ圈的内圈里程之和为71km，外圈里程之和为75km，合格。

Ⅱ圈的内圈里程之和为114km，外圈里程之和为147km，合格。

Ⅲ圈的内圈里程之和为185km，外圈里程之和为222km，合格。

经检查，三个圈的内圈、外圈流向线里程之和以及全圈周长均合格，所以图9-17所示的物资调运方案可以作为最佳物资调运方案，并将该调运方案中的重车车流转换为空车车流得到图9-18所示的空车调运最佳方案。

图9-18 空车调运最佳方案

9.2.3 发收车点的确定

货车发收车点是指货车开始运输生产活动时，由车场（或车队）出发驶向的第一个装车作业点以及货车结束运输生产活动时，返回车场（或车队）时驶离的最后一个卸车作业点的名称。不合理发收车点的选择会导致车辆行程利用率的下降。车场（或车队）所在位置以及选择发收车点的不同，对运输效率会有不同的影响。因此，这对于车场（或车队）平面位置布局的合理性，以及车辆调度水平等提出了较高要求。在运输生产实际工作中，习惯采用"就近调拨空车"（也叫"就近发车和收车"）方法来选择发收车点，这种做法虽然简单，但在许多情况下是不合理的。例如，用一辆5t的货车完成从A到B和从C到D各一车的货运任务，如图9-19所示，如果按照就近发收车的方法，该车辆的行驶线路Ⅰ：

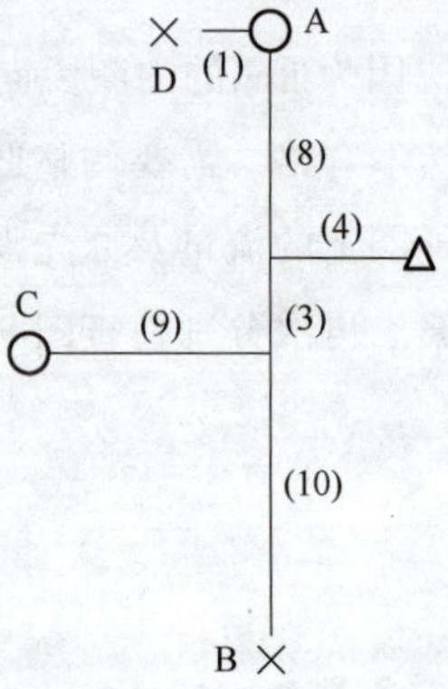

△ --→ A → B → C → D --→ △

如果不考虑就近发收车，则又可以得到另外一条车辆行驶线路Ⅱ：

△ --→ C → D --→ A → B --→ △

比较上述的行驶线路Ⅰ和线路Ⅱ，可以发现：虽然就近发收车的行驶线路Ⅰ的发收车里

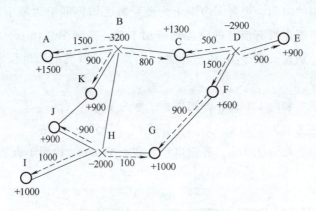

图9-19 货运线路示意图

程25km（即停车场至A以及D至停车场的里程），低于行驶线路Ⅱ的发收车里程33km（即停车场至C以及B至停车场的里程），然而行驶线路Ⅰ的行程利用率只有48.8%，低于行驶线路Ⅱ的行程利用率55.3%。所以就近发收车方法并非在任何情况下都是合理的。

车辆运输调度工作的理论和实践表明，发收车点的选择应充分利用最优空车调运方案来确定发收车点；当空车流向线经过车场时，可沿空车流向线选择发车点；当空车流向线不经过车场时，可以先找出最近的空车流向线，再沿此空车流向线选择发收车点。不同行驶线路上的发收车原则也应不同。

1. 往复式行驶线路上的发车原则

例如，图9-20所示的某往复式行驶线路上，有一装一卸两个作业点，因为该线路只有唯一的发车点和收车点，不存在发车点和收车点的选择问题。在此种行驶线路上，A只能作为发车点，B只能作为收车点。

如果两个作业点均有装卸作业，如图9-21所示，且装卸作业量相等，则可以遵循"就近"原则确定发收车点。假设A到B有一车运输任务，B到A也有一车运输任务，A至停车场的距离大于B到停车场的距离，则应选择发车点为B，此时的收车点也是B。

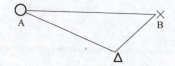

图9-20 一装一卸两个作业点的往复式行驶线路　　图9-21 作业点均有装卸作业的往复式行驶线路

如果两个作业点均有装卸作业，如图9-21所示，但装卸作业量不相等，则应选择作业量较大的点作为发车点，进而，再确定收车点。假设A到B有两车任务，B到A只有一车运输任务，则应选择发车点为A，此时的收车点是B。

2. "一点装，多点卸"行驶线路上的收车原则

"一点装，多点卸"行驶线路上的收车原则：各卸车点到车场的距离分别减去卸车点到装车点的距离，距离最小的作业点作为最后回场的收车点。其数学模型公式为

$$L_s = \min\{L_{xci} - L_{xzi}\} \tag{9-15}$$

式中　L_s——判断收车点的最小距离（km）；

　　　L_{xci}——各卸车点到车场的距离（km）；

　　　L_{xzi}——各卸车点到装车点的距离（km）。

【例9-3】　如图9-22所示的行驶线路上，有一个装车点和两个卸车点，请判断收车点。

解：

根据上述数学模型，得到收车点分别为A和B时，$L_s = \min\{10-8, 10-5\} = 2$，所以该行驶线路的收车点应为A。

3. "多点装，一点卸"行驶线路上的发车原则

"多点装，一点卸"行驶线路上的发车原则：各装车点到车场的距离分别减去装车点到

卸车点的距离，距离最小的作业点作为车辆从车场出发驶向的第一个发车点。其数学模型的公式为

$$L'_s = \min\{L_{zci} - L_{zxi}\} \tag{9-16}$$

式中　L'_s——判断发车点的最小距离（km）；

　　　L_{zci}——各装车点到车场的距离（km）；

　　　L_{zxi}——各装车点到卸车点的距离（km）。

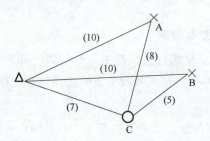

图 9-22 "一点装，两点卸"行驶线路

【例 9-4】 如图 9-23 所示的行驶线路上，有两个装车点和一个卸车点，请判断发车点。

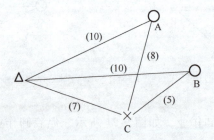

图 9-23 "两点装，一点卸"行驶线路

解：

根据上述数学模型，得到发车点分别为 A 和 B 时，$L'_s = \min\{10-8, 10-5\} = 2$，所以该行驶线路的发车点应为 A。

9.2.4　选择车辆行驶线路

节约里程法

1. 节约里程法的含义

节约里程法又称节约算法，用来解决运输车辆数目不确定的车辆路径问题，它是一种启发式算法。

2. 节约里程法的基本原理

节约里程法的基本原理是三角形的两边之和大于第三边。假设 P 到 A 和 B 各有一趟运输任务，如图 9-24 所示。

在图 9-24a 中，车辆的行驶总里程为（2a+2b）；而在图 9-24b 中，车辆的行驶总里程为（a+b+c）。如果使用图 9-24b 所示的车辆行驶线路，可以节约里程（a+b-c）。

第9章 车辆行驶线路与车辆运行调度

图 9-24 节约里程法基本原理示意图

a）行驶线路为 P-A-P 和 P-B-P　b）行驶线路为 P-B-A-P

3. 节约里程法的核心思想

利用节约里程法确定车辆行驶线路的主要出发点是：根据车场（或车队）的运输能力和车场（或车队）到各个作业点以及各个作业点之间的距离，制订使总的吨公里数最小的车辆行驶线路方案。另外还需要满足以下条件：

1）满足所有作业点的货物运输要求。

2）不能使任何一辆车辆超载。

3）每辆车每天的总运行时间或行驶总里程不超过规定上限。

4）满足作业点的货物运输时效要求。

4. 节约里程法的基本步骤

1）计算车场（或车队）到各个作业点的最短距离，画出最短距离表。

2）根据最短距离表，利用节约里程法，计算出各个作业点间的节约里程，并由大到小排序，编制节约里程顺序表。

3）根据节约里程顺序表和其他约束条件，确定车辆行驶线路。

【例 9-5】 某货物运输公司要完成车辆从货运站 P 出发至 5 个卸货点的送货任务。各点之间的距离以及各卸货点的货物收货量，如图 9-25 所示。运输公司配备有载质量分别为 2t 和 4t 的货车各 5 辆，并且要求货车的一次巡回行走里程不能超过 35km，设用户对送货时间没有特殊要求，试求最优的车辆行驶线路。

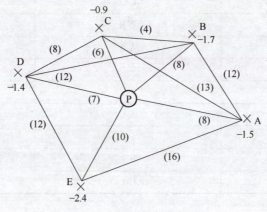

图 9-25 送货任务示意图

解：

1）根据图 9-25 计算车场（或车队）到各个作业点以及各个作业点间的最短距离，得到最短距离表，见表 9-4。

表 9-4 最短距离表

	P	A	B	C	D	E
P	—	8	8	6	7	10
A	—	—	12	13	15	16
B	—	—	—	4	12	18
C	—	—	—	—	8	16
D	—	—	—	—	—	12
E	—	—	—	—	—	—

2）根据表 9-4 的最短距离，利用节约里程法计算出各个作业点间的节约里程，并编制节约里程表，见表 9-5。并把节约里程由大到小排序，编制节约里程顺序表，见表 9-6。其中，节约里程根据节约里程公式（$a+b-c$）计算得出，例如 A 到 B 的节约里程 $=L_A+L_B-L_{AB}$ $=(8+8-12)\mathrm{km}=4\mathrm{km}$。

表 9-5 节约里程表

	A	B	C	D	E
A	—	4	1	0	2
B	—	—	10	3	0
C	—	—	—	5	0
D	—	—	—	—	5
E	—	—	—	—	—

表 9-6 节约里程顺序表

序号	线路	节约里程/km
1	B-C	10
2	C-D	5
3	D-E	5
4	A-B	4
5	B-D	3
6	A-E	2
7	A-C	1
8	A-D	0
9	B-E	0
10	C-E	0

3）根据节约里程顺序表、车辆载质量和一次巡回行走里程的约束条件确定的车辆行驶线路，如图 9-26 所示。在此环节要优先考虑节约里程最大的线路，以此类推，如果前面涉及了某些线路或作业点，后面就考虑未涉及的线路和作业点，例如，使用 P-B-C-D-P-A-E-P。

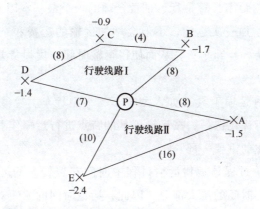

图 9-26　车辆行驶线路

4）车辆行驶线路 I 的相关参数为

$$运量 = (1.7+0.9+1.4)t = 4.0t$$

$$运送距离 = (8+4+8+7)km = 27km$$

因为，运量和运送距离均满足已知条件，为此，可以安排一辆 4t 或两辆 2t 的货车完成线路 I 的送货任务。

5）车辆行驶线路 II 的相关参数为

$$运量 = (1.5+2.4)t = 3.9t$$

$$运送距离 = (8+16+10)km = 34km$$

因为，运量和运送距离均满足已知条件，所以可以安排一辆 4t 或两辆 2t 的货车完成线路 II 的送货任务。

9.3　道路货物运输组织合理化

车辆行驶线路设计与车辆运行调度过程中，需要有运输组织合理化思想的指导，这就要求运输企业能够正确识别运输组织不合理的表现形式，并在编制货运生产作业计划时做到运输组织的合理化。

9.3.1　运输组织合理化的含义

经济合理地组织货物运输是货运组织工作的一项重要原则，也是产、供、销各部门的共同责任。合理运输的目的是：在一定的产销联系条件下，采取有效的运输组织措施，力求货物的运量、运距、流向和中转环节合理,保证充分、有效和节约地使用运输能力,以最小的运力消耗、最少的费用支出、最快的速度,均衡、及时、高质量地完成物资运输任务。

起决定性作用的运输合理化要素共包括5个方面,称为合理运输的"五要素":

(1) 运输距离　运输距离长短是货运是否合理的一个最基本因素。

(2) 运输环节　每增加一次运输,不但会增加运输的运费和杂费,而且必然增加运输的附属活动,例如,包装、装卸车等,从而使得运输时间、货损货差、车辆周转等技术经济指标下降。

(3) 运输工具　各种运输工具(如大型货车、小型货车、冷藏车等)都有其使用的优势领域,对运输工具进行优化选择,按运输工具的特点进行运输作业,最大限度地发挥运输工具的作用是运输合理化的重要一环。

(4) 运输时间　运输过程是货物运输过程中时间花费较大的环节,尤其是在远程运输中,运输时间占货运全部时间的绝大部分,因此,运输时间的缩短对货物流通时间的缩短具有决定性作用。此外,运输时间短有利于加速运输工具周转,充分发挥运力的作用,有利于货主资金的周转及运输线路通过能力的提高,对运输合理化有很大贡献。

(5) 运输费用　运费在货运全部费用中占很大比例。运费的高低在很大程度上决定了货运系统的竞争能力。实际上,运费的降低无论对货主还是货运企业而言都是合理化的一个重要目标。运费的判断也就成为运输合理化是否行之有效的最终判断之一。

9.3.2 运输组织不合理的表现

合理的运输是有效利用运输能力,保证国民经济顺利发展的主要条件。不合理运输是与合理运输相违背的。不合理运输是指现有的条件下,可以达到的运输水平而未达到,从而造成运力浪费、运输时间增加、运费超支等问题的运输形式。按其不同的表现形式,不合理运输大致分为三类:

1. 与运输距离有关的不合理运输

(1) 过远运输　过远运输是指选择供货单位时,不是就地、就近获取某种商品或物资,而是舍近求远地从外地(或远处)运来同种商品或物资的运输。过远运输会导致运力时间长、运输工具周转慢、资金占压时间长。此外,当远距离运输的自然条件较差时,容易出现货损,从而增加费用支出。

【例9-6】　A地需要的某种物资,可以从B处或C处采购,已知该物资无论是从B处采购还是C处采购,物资质量和采购价格基本一致,A、B两地相距50km,A、C两地相距150km,如果从C处采购该种物资,是否会发生过远运输的现象?

解:

根据题意描述,可以绘制出A、B、C三地的位置图,如图9-27所示。在图9-27中,可以明显地看出,比较合理的做法是从B处采购该种物资,所以从C处采购该种物资的话会存在明显的过远运输现象。

（2）迂回运输　迂回运输是指不经过最短线路（或在长于最短距离的线路上）进行的绕道运输。迂回运输是绕道而行、舍近求远的一种不合理运输，如图9-28所示，将某种物资从A地直接运往C地是合理运输，然而如果将该种物资从A地途经B地后再运往C地，则是不合理运输。

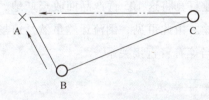

图9-27　A、B、C三地的位置图

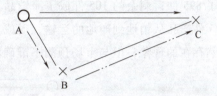

图9-28　迂回运输示意图

2. 与运输组织有关的不合理运输

（1）对流运输　对流运输指同一品种、同一规格或者可以相互代用的物资，在同一线路或两条平行线路上作相对方向的相向运送。它分为明显对流和隐蔽对流，明显对流指同类或可以互相代替的物资沿着同一线路的相向运输。例如，如图9-29所示，将某种物资从A地运往B地和从D地运往C地都是合理运输，而如果将该种物资从A地运往C地以及从D地运回B地，则会发生明显对流；隐蔽对流指同类或可以互相代替的物资在平行路线上进行的相向运输。再例如，如图9-30所示，B、C两地为需要物资的地点，A、D两地为可以供应物资的地点，按照物资就近调度的原则，应将物资从A地运往C地和从D地运往B地，然而，如果将物资从A地运往B地和从D地运往C地，不仅发生过远运输，还会产生隐蔽对流。此外，对流运输不仅是指某种道路运输方式内部发生的对流，还可以包括其他运输方式在内的对流，例如图9-31中，某种物资从B地经过公路BA和AC运达C地，与该种物资从C地经过铁路线路CB运达B地，构成平行线路上不同运输方式间的对流。

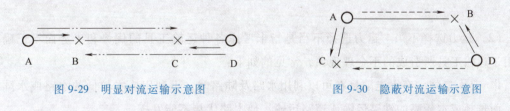

图9-29　明显对流运输示意图　　　　图9-30　隐蔽对流运输示意图

图9-31　不同运输方式对流示意图

（2）空车行驶　空车（或空载）行驶是所有不合理运输最严重的形式。在实际的运输组织中,有时候必须调运空车,从管理角度来看,不能将其看成不合理运输,但是因货源调查不当、车辆调运不当、组织计划不周等造成的空车行驶,则是不合理运输的表现。

(3) 倒流运输　倒流运输是指物资从销地(或中转地)向产地(或起运地)回流的一种运输现象,如图9-32所示,假如某种产品在销地的市场预测销售量为1000件,结果却只销售了895件,剩余的105件成了滞销品,生产企业打算将这105件产品回收至产地,那么这105件产品从销地到产地的运输,形成了倒流运输。由此可见,倒流运输虽然是市场活动中必然存在的现象,但与市场预测不准确和调运不当等有着直接关系。

图 9-32　倒流运输示意图

3. 与运输量有关的不合理运输

(1) 重复运输　重复运输是指原本可以将物资直接运到目的地,但却未到达目的地就将物资卸下,不经过任何加工或必要的作业又重新装车再次运输,如图9-33所示,某种物资应由A地直接运到B地,却在中途装卸点卸下后,重新装车运往B地,由此构成了重复运输。重复运输是物资流通过程中不必要的环节,往往是计划不周或者操作不当造成的。重复运输浪费了运力,引起运量和运输周转量的重复计算,增加了物资的发、到手续,延缓了物资的周转。

图 9-33　重复运输示意图

(2) 运力选择不当　运力选择不当是指未考虑各种运输工具的优势和劣势而不正确地选用了运输工具所造成的不合理现象,常见的如下:

1) 弃水走陆。弃水走陆是在可以利用水路及陆路时,不利用成本较低的水路或水陆联运,而选择成本较高的铁路运输或道路运输,使水路优势不能发挥。

2) 铁路、水路大型船舶的过近运输。这里是指货物的运送里程不是铁路及大型船舶的经济运行里程,却利用这些运力进行运输的不合理做法。之所以说不合理,是由于铁路及大型船舶的准备、装卸时间较长且机动灵活性不足,在过近距离中,发挥不了运速快的优势,相反由于装卸时间长,反而会延长运输时间。

3) 运输工具承载能力选择不当。这里是指不根据承运物资的数量及质量合理选择运输工具,从而造成过分超载或者载质量利用率低的现象,"大马拉小车"是载质量利用率低的常见现象，由于运输工具的装货量小必然会使得单位货物的运输成本增加。

（3）无效运输　无效运输是指被运输的货物中，无使用价值的杂质含量过多或超过规定标准，使运输能力浪费于不必要物资的运输。例如煤中的煤矸石、石油中的水分、矿石中的泥土和砂石等，都是无使用价值的含有物，对使用者毫无用处，造成了运力浪费。

总之，产生不合理运输的主要原因：生产力布局不合理、物资管理分散、运输方式不能协调发展、物资的产品质量低劣等。此外，产品成本的差异、产品价格的变动等也是导致不合理运输的重要原因。

9.3.3　组织合理运输的方法

组织合理运输的方法，主要如下：

1. 认真规划与改善工业与运输网的布局

合理的工业布局和合理的运输联系是实现运输合理化的根本保障。工业布局对货物运输的方向、距离和数量起着决定性作用。因此运输部门应关心国家的工业布局规划，要从国家整体利益出发，积极避免不合理运输，积极提出实现运输合理化的建议、要求和措施，积极参与大中型企业的基建规划以及总体布局方案的编制和审查工作。实践表明，把原材料、燃料消耗量大于产品产量的企业布置在原料、燃料产地的附近，在煤炭生产基地建立坑口电站，在经济发达、人口集中地区合理布置物资仓储设备等，都非常有利于改善工业与运输网的布局。

2. 制定物资的合理流向图和运输方法

制定物资的合理流向图，并据此组织运输活动是在现有工业布局和产销联系的条件下组织合理运输的有效方法。物资的合理流向是指根据一定时期内，某种物资生产和需要的分布情况，结合运输能力在产销平衡的基础上，对该种物资的供应范围和运输路线进行最经济、最合理的划分，用流向图的形式加以固定，并将其制度化和规范化作为物资企业和运输企业安排生产、组织运输和进行销售分配的共同依据。

3. 建立正确的物资供应制度，组织直达运输

把物资从生产地直接运抵使用地（或消费地），消除物资流通过程中不必要的中转环节是提高运输效率、加速物资周转、降低流通费用的有效办法。直达运输就是其中的一种方法，组织直达运输的方法有：从物资分配入手，组织直线调拨，把物资直接分配到使用和消费的地方；生产部门按供销计划进行生产，使用部门按需要组织进货，防止产品因不适销或进货过多而造成产品积压或导致重复运输；合理设置中转站，减少物资的中转运输环节。以上都是组织直达运输的有效措施。

4. 大力发展联合运输，各种运输方式之间合理分工

5种运输方式都有各自的技术经济特征和适用范围。在实现全社会物资流通中，它们又是彼此联系、相互补充的整体，因此依据它们各自的特点和优势，既能科学合理地分工，又能相互紧密联系，综合利用运力，共同构成四通八达的运输网，这对于消除不合理运输，完成更多运输任务，具有十分重要的作用。一般而言，近距离的物资，应充分利用道路运输工具进行运输；石油、天然气等大宗液体和气体物资，应优先适用管道运输；少量紧急和贵重的物资，可以利用航空运输；沿江、沿海的物资，应大力利用水路运输或水陆联运；大宗、笨重物资，应充分利用铁路运输。大力开展运输方式间的联合运输，可以减少中间的中转环节，加速物资运送。

5. 提高产品的质量，减少无效运输

被运送的产品品质不高、无使用价值的杂质过多是造成运力浪费的一个重要原因。例如，运送洗煤与运送原煤相比，运量可以减少20%~30%；运送精选铁矿石与运送粗矿石相比，运量可以减少20%，所以减少无效运输的一个有效途径，是有效提高产品的质量。

6. 利用经济手段，鼓励合理运输，限制不合理运输

运输部门可以利用运价作为调节手段，也可以采用其他经济措施，鼓励合理运输，限制不合理运输。

7. 发展社会化的运输服务体系

小规模运输生产的运量需求有限，难于自我调剂，容易出现空驶、运力配置不当、不能满载等浪费现象，且配套的收发货设施、装卸搬运设施也很难有效运行，实行运输社会化后，可以统一安排运输工具，避免对流、倒流、空驶、运力不当等不合理形式，不但可以追求组织效益，还可以追求规模效益。在社会化运输服务体系中，各种方式的联运体系是水平较高的方式，它通过协议进行"一票到底"的运输，有助于提高整个运输系统的效益。

复习思考题

1. 简答题

（1）如何选择最佳的车辆行驶线路？

（2）什么是图上作业法的右手原则？

（3）如何依据线性规划的基本原理确定发、收车点？

（4）节约里程法的含义及核心思想是什么？

（5）合理运输的目的是什么？

（6）组织合理运输的方法有哪些？

2. 论述题

往复式行驶线路、环形式行驶线路和汇集式行驶线路分别具有什么特点？为什么往复式和环形式行驶线路通常应用在大宗货物运输，而汇集式行驶线路通常应用在零担货物运输？

3. 计算题

某货运站P要向A-I共9个用户送货，各送货点之间的距离以及各用户的送货量如图9-34

所示。货运站现有载质量分别为 2t 和 4t 的货车多辆。要求货车每一次的巡回行走里程不能超过 35km，设用户对送货时间没有特殊要求，试求最优的车辆行驶线路。

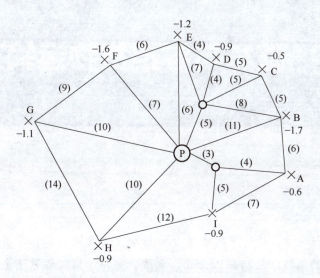

图 9-34 某货运站各送货点之间的距离以及各用户的送货量

第10章　整车与零担货物运输工作组织

【本章提要】

按照货物的托运量，道路货物运输分为整车货物运输和零担货物运输两大类。整车货物运输的工作流程，包括托运受理、承运验货、计划配运等7个环节；整车货物运输的运费，由吨次费、运价费用和其他费用构成。零担货物运输具有计划性差、组织工作复杂、单位运输成本较高的特点；零担货物运输的开展，需要满足汽车零担货运站、零担货运班车、零担班线等条件要求；零担货物运输应按照《道路货物运输及站场管理规定》办理；零担货物运输的组织形式，包括固定式零担班车和不定期零担班车两种；应做好零担货物的配载装车，尽量杜绝或避免不合理的货物运输现象发生。

【教学目标与要求】

- 了解整车货物运输的工作流程。
- 能够根据给定的条件，编制托运单、派车单、货票等。
- 掌握道路整车运费的核算方法。
- 了解零担货物运输组织的特点。
- 掌握零担货物运费的核算方法。
- 理解零担货物运输的组织形式。
- 理解零担货物运输的配载要求。

【导读案例】

某货运有限公司于2019年12月接到一项运输任务，将100台电视机（35kg/台，3800元/台）从青岛A公司运到上海B单位，全程960km，运价0.4元/（t·km）。自承运之日起运,约定 2 日内送达。装卸工作由货运有限公司负责,装卸费 5 元/台,保价费率为 7‰。该电视机的计费质量为 50kg/台。

问题 1:该批货物应以整车货物还是零担货物的形式进行运输工作组织?

问题 2:应该如何组织本次运输工作?

【准备知识】

道路货物运输按照货物的托运量分类(见图 10-1)

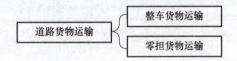

图 10-1 道路货物运输按照货物的托运量分类

10.1 整车货物运输工作组织

10.1.1 整车货物运输的含义

按照货物的托运量,道路货物运输分为整车货物运输和零担货物运输两大类。整车运输(又称为包车运输)是指以一辆或多辆货运汽车运同一位发货人的一批货物,不经中途装卸直接送达指定地点。它是一种快速、安全、"门到门"的运输方式。整车运输也指托运人一次托运货物的计费质量 3t 以上或不足 3t,但货物的形状、性质或体积需要用一辆汽车运输。整车货物运输一般直接在托运人的仓库或货场内验货理货和派车装货起运,并直接卸在收货人的仓库或货场内,由收货人自行检查货物的品名、件数、包装和货物状态等。待货物在到达地向收货人办完交付手续后,便完成了整车货物运输的全部过程。

必须办理整车运输的常见货物,包括:

1) 鲜活货物,例如,鲜鱼、活的牛羊等。

2) 需要专车运输的货物,例如,汽油、甲醛等危险货物,以及粮食、粉剂的散装货物等。

3) 不能与其他货物拼装运输的危险品。

4) 易于污染其他货物的不洁货物,例如,皮毛、垃圾等。

5) 不易于计数的散装货物,例如,煤炭、矿石、砂矿等。

10.1.2 整车货物运输的工作流程

整车货物运输的工作流程与"道路货物运输的生产作业流程"类似,其工作流程包括:

1. 托运受理

1) 岗位人员：托运人。

2) 操作内容：填写托运单，见表 10-1。

3) 操作要求：对于同一张托运单所记录的整车货物而言，货物的托运人、收货人、发站、到站和装卸地点必须相同；所记录的件杂货，凡不具备同品名、规格、包装的，应提交物品清单；托运人应对填写内容及提交的证明文件的真实性负责，并签字盖章。

表 10-1 道路运输货物托运单

货物托运单							NO：	
托运日期		发货地		目的地			货号	
发货人	姓名或单位：			收货人	姓名或单位：			
	地址：				地址：			
	电话：				电话：			
货物名称	包装	质量/体积（kg/m³）	数量	提货方式	运费（元）	不保价□ ｜ 保价□ 声明价值　　元，保价费　　元。本公司声明：托运的货物如果发生全损、灭失、遗失或被盗，有保价的，若货物实际损失高于声明价值的，按声明价值赔偿，若货物实际损失低于声明价值的，按货物实际损失赔偿；未保价的按每批货物不高于 300 元赔偿		
运杂费合计								
支付方式		现付运费；		提付运费				
代收货款	￥		大写					
托运人		承运人		收货人签字			收货日期	

协定事项：1. 托运人必须如实填写货物名称、件数、质量及收货人的详细地址和电话，并出具托运货物的合法手续
2. 所托运货物外包装必须完好无损，严禁携带"三品"和禁运品
3. 货到指定地点，收货人当场清点验收，如收货人当场没有对本批货物提出异议可视为本次货物安全到达

2. 承运验货

1) 岗位人员：托运单审核员、库管员。

2) 操作内容：审核托运单，验收货物。

3) 操作要求：对于承运验货工作环节而言，审核员应对提交的托运单，逐项认真审核，包括品名、件数、质量等是否填写完整；有关的运输凭证是否齐全；特殊的运输要求是否有注明等。审核员审核完以后，填记承运人记载事项并加盖公章，将其中一联交给托运人存查。库管员依据托运单验货，单货对照，确认发货数量和日期；检查包装等是否符合运输要求。

3. 计划配运

1) 岗位人员：调度员。

2) 操作内容：编制车辆运行作业计划；发布调度命令。

3) 操作要求：根据货物的运量和运送时间要求，调度人员编制"货物分日运输计划

第10章 整车与零担货物运输工作组织

表",再根据"出车能力计划表"编制出"车辆运行计划表",下达车队执行。

4. 派车装货

1)岗位人员:调度员、装卸员。

2)操作内容:填写派车单并派车;装货并填写装车记录。

3)操作要求:对于派车装货工作环节而言,调度员填制派车单(见表10-2),交驾驶员装车。派车的三原则是未经检验合格的车不派,未经清洗消毒的车不派,挤装挤卸的地点改善前不派车。装卸员装车前,检查车辆和货物;装车时,轻拿轻放、大不压小、重不压轻、堆码整齐稳固、标志向外,严禁倒放和卧放(钢瓶等特殊物品除外),严禁超载;装车后,做好施封加锁及装车登记,填写交运物品清单,见表10-3,与驾驶员办好交接手续。

表 10-2 派车单　　　　　　　　　　　　　　　　　　　　NO.×××××

车号	吨位	驾驶员	发车时间	任务	调度员	驾驶员签名

表 10-3 交运物品清单

起运地点:　　　　　　起运日期: 年 月 日　　　　　　　　　　　NO.×××××

编号	货物名称及规格	包装形式	件数	新旧程度	长×宽×高	质量/kg	保险或保价金额
托运人签章				承运人签章			

5. 起票发车

1)岗位人员:录单员、定价员、收款员、调度员。

2)操作内容:运单录入;核算运杂费;填制货票并收费;填写行车路单。

3)操作要求:对于起票发车工作环节而言,录单员将货物托运单及派车单、交运物品清单等录入电脑;定价员根据货物性质、包装条件、数量、体积、运距等核算运输费用。收款员根据运费填制货票,见表10-4,并收费;调度员填制行车路单,见表10-5,交驾驶员发车。

表 10-4 汽车运输货票　　　　　　　　　　　　　　　　　　NO.×××××

托运人:			车属单位:		车牌号:	
装货地点			发货人	地址		电话
卸货地点			收货人	地址		电话
运单号		计费质量	付款人	地址		电话

（续）

货物名称	包装形式	件数	实际质量/t	计费运输量		吨公里运价（元）			运费金额（元）	其他费用		运杂费小计（元）：
				t	t·km	货物等级	道路等级	运价率		费目	金额（元）	
										装卸费		
										路桥费		

运杂费合计金额（大写）			
备注		收货人签章	

开票单位（盖章）：　　　　　开票人：　　　　　承运驾驶员：　　　　　年　月　日

注：1. 本货票适用于所有从事营业性运输的单位和个人的货物运费结算。
　　2. 本货票共分4联，第一联（黑色）存根，第二联（红色）运费收据，第三联（浅蓝色）报单，第四联（绿色）收货回单（经收货人盖章后，送车队统计）。

表10-5　行车路单　　　　　　　　　　　　　　　　NO.×××××

车属单位：　　　　　车号：　　　　　吨位：　　　　　驾驶员：

起点	发车时间	终点	到达时间	货物名称	件数	运量/t	行驶里程/km

备注	1. 本单一次有效 2. 本单随车携带，使用后按期交回签发单位
路单有效日期	年　月　日至　年　月　日

签发单位（盖章）：　　　　　签发人：　　　　　回收人：

在核算运输费用时，道路整车运费的核算涉及：

1）基本运价。整车货物的基本运价是指普通货物在等级公路上运输的每吨千米运价。

2）吨次费。在实际制定运价时，考虑到短途运输中始发地、终到地作业成本的实际支出，另加一项吨次费作为道路货物运价的组成部分。它在整车运费中所占的比重很小，整车货物运输在计算运费的同时按货物质量加收吨次费。

3）普通货物运价。普通货物实行等级计价，以一等货物为基础，二等货物加成15%，三等货物加成30%。普通货物的等级划分可以查阅"公路普通货物运价分等表"。

4）其他类型货物运价。特种货物运价、非等级公路货运运价、快速货运运价、出入境汽车货物运价等可以查阅相关规定。

5）其他费用。其他费用包括调车费、延滞费、装货或装箱落空损失费、车辆通行费、装卸作业费、运输变更手续费等。

综上，道路整车运费的计算见式（10-1）。

道路整车运费 = 吨次运费 + 运价费用 + 其他费用

= 吨次费×计费质量 + 基本运价×计费质量×计费里程 + 其他费用 (10-1)

【例 10-1】 某货主托运一批瓷砖，重 5000kg，承运人公布的一等普货费率为 1.2 元/(t·km)，吨次费为 16 元/t，该批货物运输距离为 36km，根据"公路普通货物运价分等表"，瓷砖为普货三等，计价加成 30%，途中通行费 35 元，货主应支付多少运费？

解：

货主应支付的运费 = [16×5 + 1.2×(1+30%)×5×36 + 35] 元 = 395.8 元。

6. 运送与途中管理

1) 岗位人员：驾驶员。

2) 操作内容：货物途中运送与管理。

3) 操作要求：对于运送与途中管理工作环节而言，驾驶员在出车前应检查车辆技术状况，从调度员处领取行车路单，确认无误后发车；途中安全驾驶车辆；注意防火、防盗。

7. 到达卸货交付

1) 岗位人员：装卸员、驾驶员、收货人。

2) 操作内容：卸货；填写交接记录；收货。

3) 操作要求：对于到达卸货交付工作环节而言，收货人组织装卸员卸车。卸货时应轻拿轻放，严禁扔、抛、拖、翻滚等行为，注意安全作业；卸车后，填写卸车登记本，详细记录入库数量、货损货差等情况；收货人在货票第四联上签收，由驾驶员交回车队；驾驶员填写行车路单并带回，交车队留存。

10.2 零担货物运输工作组织

整车货物运输的运输工作组织，相对比较简单，本书重点介绍零担货物运输的组织。

零担货物

1. 零担货物的含义及特点

零担货物是根据货物的托运批量进行的分类，零担货运是指托运人一次托运货物量不足 3t 的货物运输。开展零担货物运输有利于满足社会对各种零星货物运输的需要，同时还可以为汽车运输企业广开货源。

零担货物具有运量零星、批次较多、品类复杂、流向分散等特点，加之零担货物的性质比较复杂、包装条件各异，有时需要几批甚至几十批托运人的货物才能配装成一整车，所以零担货物的运输组织工作比整车货物的运输组织工作要细致和复杂得多。零担货物的运输组织具有以下特点：

1) 计划性差。零担货物的特点使得零担货物运输难以像整车货物运输那样，根据运输合同的要求实现按时间计划的运送。为改善零担货物计划性差的缺陷，运输部门应加强对零担货物流量、流向、流时等的调查，以掌握其发展变化规律，更好地做好零担货物的托运受理。

2）组织工作复杂。零担货物的品类复杂、运输需求多样，使得托运受理、验货理货等货运环节增多；零担货物的运量零星，使得货运车辆的配载和积载要求较高。货运站负责零担货物的验货理货、安排装运、装货起运等，不仅需要货运站配备一系列相应的货运设施，而且增加了大量的站务管理工作。

3）单位运输成本较高。为了适应零担货物运输的需要，货运站要配置一定数量的仓库、货棚、站台以及相应的装卸搬运设备，还需要配备专用厢式车辆，相对整车运输而言，占用的人力、物力和财力较多，故投资较高；另外，零担货运的中转环节多，使得货物的装卸搬运次数增多，容易发生货损、货差等货运事故，所以货运赔偿费用相对整车运输而言要高得多。以上两个原因，使得零担货物的单位运输成本较高，零担货物运价高于整车货物运价。

2. 零担货物运输的开展条件

开展汽车零担货物运输要选择合理的零担班线，建立相应的汽车零担货运站，开行零担货运班车。具体而言，零担货物运输业务的开展应具备以下条件：

（1）汽车零担货运站　《中华人民共和国道路运输条例》规定从事道路运输站（场）经营的，应当具备以下条件：

1）有经验收合格的运输站（场）。

2）有相应的专业人员和管理人员。

3）有相应的设备、设施。

4）有健全的业务操作规程和安全管理制度。

汽车零担货运站是零担货运企业的固定营业场所，承担着集结、受理、保管、运输、交付零担货物，以及零担车辆调度安排等方面的任务，是公路零担货物与运输工具之间联系的纽带。

JT/T 402—2016《公路货运站站级标准及建设要求》规定，公路货运站设施包括办公设施、生产设施、生产辅助设施和生活服务设施，其设施构成及规模应根据货运站的主要业务功能及级别而定。办公设施由行政办公设施和业务办公设施构成，其中行政办公设施主要包括公路货运站各级行政办公人员的办公室，业务办公设施主要包括货运站站房、生产调度办公室、会议室和信息管理中心等。生产设施主要包括库（棚）设施、信息交易中心、场地设施和道路设施等。其中库（棚）设施主要包括中转库、仓储库、零担库和货棚等。生产辅助设施主要包括维修设施、动力设施、供水供热设施、环保设施等。生活服务设施主要包括浴室、卫生间、食宿设施和其他服务设施。零担货运站应设置零担车运行线路图、营运班期表、运价里程表、托运须知，应配备检验合格的计量器具；一级零担货运站宜配备货物传送装置；一、二级零担货运站应配备可装卸笨重零担货物的设备；三级零担货运站和代理点视本站情况自行配备装卸设备。

（2）零担班车　零担班车是指零担货物的运输工具，零担班车应使用装有防雨、防尘、防火、防窃设施的厢式专用车辆或厢式专用设备，并在车身涂写"零担货运"明显标志，车辆技术状况达到二级以上。采用普通客、货汽车临时代作零担班车时，车厢应坚固，并加装可靠的防火、防窃设施；货车栏板高度不得低于1m，并应增设篷杆、篷布、绳网等装置。

零担班车应定线、定站、定期运行，依据零担货物的流量和零担班车的载质量确定班期时间，一般分为每日班、隔日班、三日班、五日班、十日班等。

（3）零担班线和零担货运网络 零担班线是零担班车的运行路线，它和汽车零担货运站共同构成了零担货运网络。零担班线一般以城市为中心，或以铁路、水路的重点站港为枢纽，通往集散货物的周围乡镇。

零担班线的开辟应由经营者提出申请，按以下权限审批：

1）在县范围内的班线，由县交通主管部门（以下简称县局）审批，并报市、地（州）交通主管部门（以下简称市局）和省厅备案。

2）在市、地（州）范围内跨县的班线，由起运和终到站的县局签署意见，报市局审批，并报省厅备案。

3）在省、自治区、直辖市范围内跨市、地（州）的班线，由起运和终到站的市局签署意见，报省厅审批。

4）跨省、自治区、直辖市的班线，由起运和终到站的市局签署意见，报有关省厅批准。

此外，零担班线的运行规定，还包括：

1）班线的停开或变更，也按上述权限审批，但必须于停开或变更前三十天，通告有关各方面。

2）凡跨境班线，起运和终到站双方都应以加强协作、平等互利、协调发展为原则共同经营。如一方因故不能运行，经协商，可单方先行运行。

3）班线一经批准营运，有关各方应分别签订协议，明确经营责任和费用结算办法，保证班线畅通。

4）零担班车必须定线、定点、定班，保证正常运行，不得随意停班、误班、甩站。如因路阻、行车事故等原因而误班的，应在当班向有关方面报告。因道路施工必须改线运行的，除通告各方外，应报班线审批部门备案。

（4）相应的专业人员和管理人员 零担货运站一般都应配备专职业务人员，包括站务员、售票员、理货人员或装卸人员、搬运人员、仓库管理员以及在货运站从事管理的人员等。业务量较小的三级站、代理点也可设置兼职业务员。

（5）健全的业务操作规程和安全管理制度 健全的业务操作规程和安全管理制度是指零担货运企业已建立的业务操作规程和安全管理制度，应符合法律、法规、规章、国家标准、行业标准以及规范性文件的要求，能够预防和防止货运事故的发生。

3. 零担货物运输的托运

为便于零担货物的托运，零担货运企业应事先对外公布办理零担货运的路线、站点（包括联运站点）、班期以及里程运价，还需要张贴托运须知、包装要求以及限运规定等内容，以方便托运者按需求办理托运。零担货运企业还应该为托运者提供电话托运、信函电报托运、上门装货、送货到家、代办包装等多种服务形式。

办理零担货物运输时，为了保证货物在运输过程中的完好和便于装载，托运人在托运货物之前，应按照国家标准以及有关规定进行包装，凡在"标准"内没被列入的货物，托运人应根据托运货物的质量、性质、运距、天气等条件，按照运输工作的需要做好包装工作。零担货运站对托运人托运的货物，应认真检查其包装质量，发现货物包装不符合要求时，应建议并督促托运人将其货物按有关规定改变包装，然后再办理托运。凡在搬运、装卸、运送或保管过程中需要加以特别注意的货物，托运人除必须改善包装外，还应在每件货物包装物的明显处贴上货物运输指示标志。

办理零担货物运输时，还需由托运人填写"汽车零担货物托运单"，见表10-6。零担货物托运单是托运人托运货物的原始依据，也是零担货运站承运货物的原始凭证，它明确规定了承托双方在货物运输过程中的权利、义务和责任。货运站在接到托运人提交的货物托运单后应进行认真审查，确认无误后办理登记和承运。托运单一式三份。一份由起运站装订备查；一份随货同行，到达站装订存查；一份交托运人备查。

零担货物运输应按《道路货物运输及站场管理规定》办理，如有特殊运输要求，经承托双方同意，在托运单中注明特约事项；凡属法令禁限运货物，受理时应查验有效证明；零担危险货物不准和普通货物混装。

表10-6 汽车零担货物托运单

运输号：_____ 托运日期：____年___月___日 货票号：_____

起运站		经由站		到达站	全程公里数/km		托运人注意事项
托运单位（人）		详细地址			电话		1. 运单一式三份 2. 各栏由托运人详细填写 3. 托运货物必须按规定包装完好，捆扎牢固 4. 不得谎报货名，不得在托运货物中夹带危险、禁运等物品。否则，一切损失由托运人负责
收货单位（人）		详细地址			电话		
货物名称及规格	包装	件数	体积（长×宽×高）/cm³	保险、保价价格	类别	实际质量/t	计费质量/t	
合计								
托运人特约事项					起运站记载事项			

托运人：_____ 司磅员：_____ 仓库理货员：_____ 承运日期：____年___月___日

4. 零担货物运输的承运

汽车货运企业在承办公路零担货运，或公路与铁路、水路、航空等运输方式的零担货物联运时，通常实行起点站受托，一次托运，一次计费，中转站换装，到达站交付的运输办法和全程运输责任制。

以下货物一般不予以办理零担货物运输：

1）易燃、易爆、剧毒及放射性等危险物品。

2）易破损、易污染、易腐烂及鲜活物品。

3）上述货物，承运人有条件受理的，按承托双方协议规定办理。

承运人应将托运人提供的禁运、限运货物，以及公安、卫生检疫等准运证明的名称和文号填入"汽车零担货物托运单"的"起运站记载事项"栏内，并在证明上加盖承运章，必要时可将证明附于托运单上，随货同行，以备查验，运达后一并交收货人。

5. 零担货物运输的运杂费

托运人办理零担货物托运时，应按规定向零担货运站缴纳运杂费，并领取货运凭证——货票，见表10-7。货票是一种财务性质的票据，是根据零担货物托运单填写的。货票记载了货物装卸地点、托运人和收货人的姓名和地址、零担货物的名称、包装、件数和质量、计费质量、运费、杂费等。在零担货物起运站，货票是向托运人核收运费的收费依据；在零担货物到达站，货票是与收货人办理货物交付的凭证之一。此外，货票也是运输企业完成货运量统计，核算营运收入以及计算相关货运工作指标的原始凭证。

表 10-7 汽车零担货物货票

运输号：_____　　托运日期：____年__月__日　　货票号：_____

起运站		经由站		到达站		全程公里数/km		备注	
托运人			地址						
收货人			地址						
货名	包装	件数	外形尺寸/m			实际质量/t	计费质量/t	运价（元/(t·km)）	运费	杂费
			长	宽	高					
合计										

托运车站：　　　　　填表人：　　　　　复核人：

在表10-7中，运费是托运人向运输部门支付托运货物的基本费用；杂费是运输部门向托运人收取的运费以外的其他费用，例如，装卸费、单证费等；运费和杂费总称为运杂费。运杂费的核算，可以按照以下步骤进行：

1）根据零担货物托运单和运输线路，确定计费里程。

2）确定货物的货运种别，查得规定的每公里运价（或运费率）。公路运费费率分为整车和零担两种，后者一般比前者高30%~50%。

3）按照零担货物托运单，确定货物的计费质量。

4）运费计算公式为

$$F = wlp \tag{10-2}$$

式中　F——运费（元）；
　　　w——计费质量（t）；
　　　l——计费里程（km）；
　　　p——运费率（元/(t·km)）。

5）根据实际情况确定杂费项目，并按照"价规"计算杂费。

6）将运费和杂费求和，计算得到运杂费为

$$F' = F + F_z \tag{10-3}$$

式中　F'——运杂费（元）；
　　　F_z——杂费（元）。

【例 10-2】 某托运人托运某批零担货物 2t，托运里程为 50km，已知，该种零担货物的运费率为 0.0025 元/(kg·km)，为完成零担货物的承运，需花费货物装卸费 50 元、过路费和过桥费 35 元、仓理费 30 元，试求：该批零担货物在运输过程中发生的运杂费。

解：

由题意知，运费为

$$F = wlp = (2 \times 1000 \times 0.0025 \times 50)\text{元} = 250 \text{元}$$

该批零担货物在运输过程中发生的运杂费为

$$F' = (250 + 50 + 35 + 30)\text{元} = 365 \text{元}$$

在零担货物起运站，自在零担货物托运单和货票上加盖承运日期之时起计算承运，承运标志着运输企业对托运人托运的货物开始承担运送义务和责任。承运人还应交付给托运者提货单，见表 10-8，再由托运人及时将提货单寄交收货人，由收货人凭提货单至零担货物到达站提取货物。

表 10-8　汽车零担货物提货单

运输号：_____　　托运单号：_____　　承运日期：_____年___月___日

起运站		到达站		运距/km				托运人注意事项
托运人		地址				电话		
收货人		地址				电话		
货物名称	包装	件数	实际质量/t	计费质量/t	类别	计费项目	金额（元）	托运人应及时将本单寄交收货人，凭本单向到达站提取货物
						运费		
						单证费		
合计								
备注						收货人签章		年　月　日

6. 零担货物运输的组织

零担货物运输的组织形式如下：

（1）固定式零担班车　固定式零担班车又称汽车零担货运班车，一般是以零担货运企业服务区域内的零担货物流量、流向以及货主的实际需求为基础组织运行的。固定式零担班车又分为直达式零担班车、中转式零担班车和沿途式零担班车。

1）直达式零担班车。直达式零担班车是所有零担货运组织形式中最为经济的一种，是零担货运的基本形式。直达式零担班车是在起运站，将不同发货人托运至同一到达站且性质适于配装的零担货物装于一车，一直运送至到达站的运输组织形式，如图 10-2 所示。

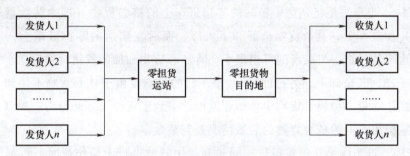

图 10-2　直达式零担班车货运形式

直达式零担班车适用于货源充足、流向集中的线路。其主要优点是：减少了货物在中转站的作业环节，因而减少了货损货差的发生；中转站作业环节的减少，还有利于提高零担货物的运送速度，加速零担班车的车辆周转。

2）中转式零担班车。中转式零担班车是在起运站，将不同发货人托运至同一去向但到达站不同且性质适于配装的零担货物，同车送至规定的中转站，再与中转站其他的同性质零担货物组成新的零担班车，将零担货物运往目的地的运输组织形式，如图 10-3 所示。

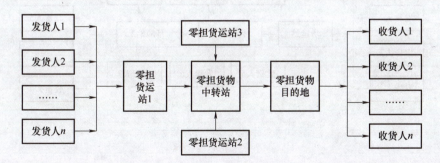

图 10-3　中转式零担班车货运形式

中转式零担班车适用于货源不足、直达式零担班车组织条件不成熟的情况。中转式零担班车由于中转作业环节较多（如图 10-3 所示，进行一次中转的组织形式，实际运输组织中可能会发生多次中转），使得货运组织工作复杂，但它是直达零担班车的有益补充。

零担货物中转站点的选择和中转范围的划分必须根据货源和货流的特点，按照经济区划原则,在充分做好调查的基础上加以确定,这是因为合理选择中转站和划分中转范围,对于加速零担货物的运送速度,减少不必要的中转环节,均衡各中转站的作业量大有裨益。零担货物在中转站点的中转作业有 3 种基本方法:

① 落地法。落地法是将到达中转站的零担班车上的全部货物卸下入库,重新按照货物流向或到达站在货位上进行集结待运,而后将货物重新配装,组成新的零担班车,继续运送至各自的终到地,简称为"卸下入库,另行配装"。落地法的优点是简单易行,车辆载质量和容积利用较好;缺点是中转站的货物装卸作业量大,作业速度慢,仓库和场地的占用面积也较大。所以,在中转作业中,应尽量避免使用落地法和减少落地货物的数量。

② 坐车法。坐车法是将到达中转站的零担班车上的核心货物(即中转数量较多或卸车困难的货物)留在车上,其余货物全部卸下入库,而后在到达的零担班车上,加装与核心货物同一到达站的货物,组成新的零担班车,将核心货物和加装货物继续运送至目的地,简称为"核心不动,其余卸下,另行配装"。坐车法的优点是由于核心货物不用卸车,减少了中转站的装卸作业量,加快了货物中转作业速度,节约了货位与装卸劳力;缺点是不易检查和清点留在零担班车上的核心货物的装载情况及其数量。

③ 过车法。过车法是几辆零担班车同时到达中转站进行中转作业时,将某零担班车上的货物直接换装到另外的零担班车上,而不卸到仓库中或货位上,然后将过车后的货物继续运送至目的地,简称为"不落地,直接换装"。

3)沿途式零担班车。沿途式零担班车是在起运站将不同发货人托运至同一去向但不同到达站、性质适于配装的零担货物组成零担班车,在运输线路上的各计划作业点卸下或装上零担货物后继续行驶,直至到达最后一个目的地的运输组织形式,如图 10-4 所示。

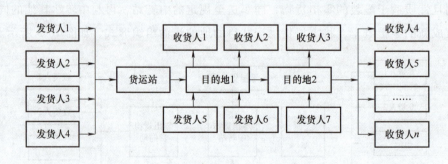

图 10-4 沿途式零担班车货运形式

沿途式零担班车的运输组织工作比较复杂,车辆在途运行时间较长,但能满足托运者多品种、小批量的运输需求,并能充分利用车辆的载质量与容积。

(2)不定期零担班车/非固定式零担班车 不定期零担班车又称加班车,是零担货运企业根据零担货流的具体情况临时组织的一种零担班车,因此这种零担班车的计划性差,适宜在季节性强的零担货物线路上临时运行。

7. 零担货物运输的配载

不管是固定式零担班车还是非固定式零担班车，都涉及零担货物的配载，在进行零担货物的配载装车时应做到：

1）充分体现"多装直达、减少中转"的原则，对于必须中转的货物，应按照合理流向配载，不得任意增加中转环节。

2）贯彻"急件先运，先托先运"的原则。

3）在严格执行货物装载规定的前提下，坚持"巧装满载，轻重配装"的原则，充分利用车辆的载质量与容积。

4）严格执行零担货物混装限制的规定，确保行车安全。

5）为便于配装和保管，每批零担货物不得超过 300 件，每一件零担货物的体积最小不得小于 $0.02m^3$（一件质量在 10kg 以上的除外）。

6）装完车后，严格检查货物的装载情况是否符合规定的技术条件。

7）货物配载装车前，必须对车辆进行技术检查和货运检查，以确保其运输安全和货物完好。

零担货运站根据车辆的载质量（或容积）以及货物的性质（或形状）等进行合理配载后，应填制配装单，见表 10-9，在填写配装单时，应按照货物"先远后近、先重后轻、先大后小、先方后圆"的顺序填写，以便按照配装单所要求的次序装车，对于不同到达站和中转站的货物要分单填制。

表 10-9　汽车零担货物车辆配装单

车号：＿＿＿＿　吨位：＿＿＿＿　容积：＿＿＿＿　配装日期：＿＿＿年＿＿月＿＿日

原票记录			中转记录			票号	收货人	品名	包装	备注
起运站	到达站	里程/km	中转站	到达站	里程/km					
附件	托运单	提货单	货票	其他		上述货物和随带附件已点件验收，收讫无误 中转站（签章）：　　到达站（签章）： 年　月　日　　　　年　月　日				

填单人：＿＿＿＿＿　驾驶员签章：＿＿＿＿＿

8. 零担货物运输的交付

零担货物到达或卸下入库后，应及时通知收货人凭"提货单"提货，并将通知的方式和日期记录下来备查。

货物交付要按单交付、件检件付，做到货票相符。货物交付完毕后，应在提货单上加盖"货物交讫"戳记，然后收回货票提货联，至此零担货物运输的承运责任才完毕。

10.3 整车与零担货物运输的区别

按照车辆所装载货物的托运量，道路运输分为整车运输和零担运输两种类型。值得注意的是，判断一批货物属于零担货物还是整车货物的依据，不完全取决于这批货物的质量，还应考虑货物的体积、形状、性质等因素，对于特种货物和散装货物，无论其质量、体积、形状如何，通常均不按零担货物承运。整车与零担货物运输的区别主要体现在 7 个方面，见表 10-10。

表 10-10 整车与零担货物运输的区别

运输方式	运输组织	储存保管	责任期间	营运方式	运输时间	合同形式	运输费用
整车货运	相对简单	不需要建立专门的储存保管设施	装货后至卸货前	直达的、不定期的货物运输方式	相对较短	预先签订书面的货物运输合同	运费率较低，仓储和装卸费用往往需要另计
零担货运	相对复杂	需要建立专门的储存保管设施	货运站至货运站	定线的、定班期的货物运输方式	相对较长	托运单或货运单作为货运合同的证明	运费率较高，仓储和装卸费用往往已包含在运费中

（1）运输组织方面的区别 整车货物的货源属于品种比较单一、数量比较大、装卸地点比较固定的货物，运输组织工作相对简单；零担货物的货源属于品种比较丰富、数量比较小、集散地点比较分散的货物，运输组织工作相对复杂。

（2）储存保管方面的区别 整车货物运输是"点到点"、"门到门"的运输，通常不需要建立专门的储存保管设施，对货物进行存储；零担货物运输是货运站到货运站的运输，通常需要建立专门的储存保管设施，对货物进行存储。

（3）货运责任期间的区别 整车货物运输是由发货方将货物直接装车，承运人负责将货物从装货地点送至目的地的一种货运形式，所以承运人的责任期间是装货后至卸货前；零担货物运输则由发货方将货物送至货运站，承运人负责将货物从货运站送至货运站的一种货运形式，所以承运人的责任期间是货运站至货运站。

（4）营运方式方面的区别 整车货物运输是一种直达的、不定期的货物运输方式；零担货物运输是一种定线的、定班期的货物运输方式。

（5）运输时间方面的区别 整车货物运输的时间相对较短；零担货物运输的时间相对较长。

（6）合同形式方面的区别 整车货物运输通常需要预先签订书面的货物运输合同；零担货物运输把托运单或货运单作为货运合同的证明。

（7）运输费用方面的区别 整车货物运输的运费率较低，仓储和装卸费用一般需要另计，需要在合同中事先做好约定；零担货物运输的运费率较高，仓储和装卸费用往往已包含在运费中，如未包含，需要事先说明。

复习思考题

1. 填空题

（1）在道路整车货物运输中，_____是指普通货物在等级公路上运输的每吨公里运价。

（2）考虑到短途运输中始发地、终止地作业成本的实际支出，道路整车运费在基本运价的基础上，还考虑了_____。

（3）一次托运的货物，其质量不足_____t时为零担货物。

（4）零担班车的车辆技术状况，应达到_____级以上。

（5）固定式零担班车包括直达式零担班车、中转式零担班车和_____三大类。

（6）"核心不动，其余卸下，另行配装"的货物装卸方法称为_____。

2. 简答题

（1）简述整车货物运输的工作流程。

（2）如何计算整车货物的运费？

（3）不予以办理零担运输的货物有哪些？

（4）为什么说零担货物运价高于整车货物运价？

（5）零担货物的三种中转作业各有什么特点？

（6）整车与零担货物运输的主要区别有哪些？

3. 知识拓展题

某货主托运八箱毛绒玩具，每箱规格为 1.0m×0.8m×0.8m、毛重 210.3kg，该货物的运费率为 0.0025 元/kg·km，运输距离为 120km，货主应该支付多少运费？

关于零担计费质量的确定如下：

1）一般零担货物的计费质量按毛重（含货物包装、衬垫及运输需要的附属物品）计算。

2）道路运输中，轻泡货物指平均每立方米不满333kg的货物。轻泡货物以它的体积质量作为计费质量，即以货物包装最长、最宽、最高部位尺寸计算体积，按每立方米折合333kg计算其计费质量。

第 11 章 特种货物运输工作组织

【本章提要】

特种货物包括长大笨重货物、危险货物、鲜活易腐货物和贵重货物；长大笨重货物的运输组织，主要包括办理托运、理货、验道、制订运输方案、签订运输合同、运输现场组织以及运费结算等；道路危险货物运输作业，一般包括托运、受托、验货、派车、配货、装运、运送、卸车、保管和交付等环节；应充分发挥道路运输快速、直达的特点，妥善安排运力，保证鲜活易腐货物的及时送达；道路运输是贵重货物运输的辅助形式。

【教学目标与要求】

- 了解特种货物的分类。
- 掌握长大笨重货物的运输组织方法。
- 掌握危险货物的分类以及运输组织方法。
- 掌握鲜活易腐货物的运输组织方法。
- 了解贵重货物的概念以及运输组织方法。

【导读案例】

某货运交通事故的发生及原因分析

某物流有限公司一辆号牌为湘B××××3的重型半挂油罐车，行驶至广州市某高速公路南岗段夏港入口附近，临时停靠在道路外侧车道和应急车道中间时，被一辆号牌为湘L××××5的个体经营货车从后方追尾碰撞，引发交通事故。事故造成油罐车所载溶剂油泄漏，并顺着高速公路排水管流至桥底排水沟，遇火源引起爆燃，大火迅速引燃桥下一露天木材加工场堆放的木板及临时搭建的工棚,致使木材加工场近千平方的木屋顶被掀飞、木屋坍塌,数十辆货车、小型车全部被焚毁,造成20人死亡,31人受伤,其中16人重伤。

问题1:本案例中的溶剂油危险品,请问属于哪一类型和哪一项的危险品?货物编号是什么呢?

问题2:为什么要重视危险货物的运输活动呢?

【准备知识】

特种货物的分类(见图11-1)

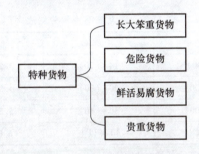

图11-1 特种货物的分类

按货物的运输和保管条件,可以将货物分为普通货物和特种货物,其中,特种货物本身的性质比较特殊,对装卸、运送和保管等环节均有特殊要求。特种货物通常分为长大笨重货物、危险货物、鲜活易腐货物和贵重货物。

11.1 长大笨重货物运输组织

长大笨重货物在道路货运总量中所占比重不大,但由于这类货物在体积、质量上往往超过普通车辆允许的载质量或容积,甚至超过公路、桥涵的净空界以及通行能力,所以长大笨重货物运输时的安全、质量、效率问题尤为突出,组织好长大笨重货物运输,具有重要意义。

11.1.1 长大笨重货物运输的概念

长大笨重货物简称为大件货物,包括长大货物和笨重货物两种。大件货物是指符合下列条件之一的货物:

1)货物外形尺寸条件。长度大于14m或宽度大于3.5m或高度大于3m的单件货物,或不可解体的成组(成捆)货物。满足上述的货物外形尺寸条件(包括长度、宽度或高度之一，甚至几者皆而有之的货物称为长大货物。

2）质量条件。质量在20t以上的单件货物，或不可解体的成组（成捆）货物，这类货物称为笨重货物。

笨重货物的质量是指货物毛重，即指货物的净重加上包装材料质量和支撑材料质量后的总重，一般以厂家提供的货物技术资料所表明的质量为参考数据。根据笨重货物的质量在车辆底板上的分布，笨重货物又可以分为均重货物和集重货物，其中均重货物是指其质量能够均匀或近似均匀地分布在装载车辆底板上的货物；集重货物是指其质量集中在装载车辆底板上的某一小部分上的货物。对于集重货物，在确定其装载方案时，需要在其下面铺一些垫木，使其质量比较均匀地分散于底板上。

长大笨重货物按照货物的外形尺寸条件和质量条件（含包装材料质量和支撑材料质量）分为四个等级，见表11-1。

表 11-1 长大笨重货物分级表

大件物件级别	质量/t	长度/m	宽度/m	高度/m
一	20~(100)	14~(20)	3.5~(4.5)	3.0~(3.8)
二	100~(200)	20~(30)	4.5~(5.5)	3.8~(4.4)
三	200~(300)	30~(40)	5.5~(6.0)	4.4~(5.0)
四	300及以上	40及以上	6.0及以上	5.0及以上

注：1. 括号内的数字表示该项参数不含括号内的数值。

2. 货物的外形尺寸条件和质量条件中，有一项达到表中所列数值，即为该级别的长大笨重货物；若同时达到两种等级以上，按最高级别确定长大笨重货物的等级。

11.1.2 长大笨重货物运输的特殊性

1. 载运工具的特殊性

长大笨重货物要用非常规的超重型汽车列车（或车组）来运输，其牵引车和挂车都必须用高强度钢材和大负荷轮胎制成，不仅列车的造价高，对于列车行驶平稳性和安全性的要求也很高。

2. 道路条件的要求

由于长大笨重货物在外形尺寸和质量上的要求的特殊性，其要求通行的道路有足够的宽度、净空和良好的道路线形，要求通过的桥涵有足够的承载能力，必要时还需要封闭路段，让载运车辆单独安全通过。这就涉及公路管理、公安、交通、电信电力等专管部门的同意和通力配合，才能使得长大笨重货物运输顺利实现。

3. 质量安全性的要求

"质量安全第一"是长大笨重货物运输的指导思想和行动指南。长大笨重货物的运输要求有严密的质量保证体系，任何一个环节都要有专人负责，按规定、按要求严格执行，经检查合格才能运行。

11.1.3 长大笨重货物运输的经营管理

《道路货物运输及站场管理规定》对申请从事道路货物运输经营和申请从事货运站经营的条件做出了相关规定：道路货物运输经营者运输大型物件，应当制订道路运输组织方案。涉及超限运输的应当按照交通运输部颁布的《超限运输车辆行驶公路管理规定》办理相应的审批手续。从事大件货物运输的车辆，应当按照规定装置统一的标志和悬挂标志旗；夜间行驶和停车休息时应当设置标志灯。

11.1.4 长大笨重货物的运输组织

长大笨重货物的运输组织主要包括办理托运、理货、验道、制订运输方案、签订运输合同、运输现场组织以及运费结算等。

1. 办理托运

托运人必须向已取得道路大型物件运输经营资格的运输业户或其代理人办理托运；托运人必须在运单上如实填写大件货物的名称、规格、件数、件重、起运日期、收发货人详细地址及运输过程中的注意事项；托运人还必须向承运人提交货物说明书，必要时应提供长大笨重货物外形尺寸的三视图（并用"+"表示重心位置）和计划装载、加固等具体要求。凡未按上述规定办理大件货物托运或运单填写不明确，由此发生运输事故的，由托运人承担全部责任。

2. 理货

大件货物承运人在受理托运时，其所承运的大件货物的级别必须与批准经营的类别相符，不准受理经营类别范围以外的大型物件；必须根据托运人填写的运单和提供的有关资料予以查对和核实货物的特性、外形尺寸、质量大小、质量分布、重心位置、货物承载位置、装卸方式以及其他技术经济资料等，完成理货工作。理货完成后，应完成理货书面报告，因为理货书面报告可以为合理选择车型、查验道路及制订运输方案等提供依据。凡未按以上规定受理大件货物托运，由此发生运输事故的，由承运人承担全部责任。

3. 验道

承运人应根据大件货物的外形尺寸和车货质量，在起运前会同托运人勘察作业现场和运行路线，查验沿途道路的宽度、质量、坡度、线形、高空障碍和桥涵的通过能力，查验装卸货现场的负荷能力；还需要了解运行路线附近有无电缆、煤气管道或其他地下建筑等。验道完毕后，根据勘查的结果预测作业时间，编制运行路线图，完成验道报告。

4. 制订运输方案

在对理货报告和验道报告充分分析与研究的基础上，制订周密的、安全可行的运输组织方案。运输组织方案的具体内容包括选用车辆、挂车及附件，确定车辆运行的最高车速，确定大件货物的装卸方案和加固方案，确定配备的辅助车辆数量，制定运行技术措施等，最终完成运输方案的书面报告。货物运输涉及其他部门的，还应事先向有关部门申报并征得同意，并按照核定的路线和时间行驶。

5. 签订运输合同

完成上述工作后，承托双方便可以签订运输合同。运输合同的主要内容包括：长大笨重货物的基本数据，运输车辆数据，运输的起止地点，运输时间和运输距离，合同的生效时间，承托双方的责任与义务，运费的结算方式和付款方式等。

6. 运输现场组织

1）为确保长大笨重货物运输的安全，应建立临时组织机构，负责运输组织方案的实施与协调各方关系，督促各方履行岗位责任。

2）长大笨重货物的装卸质量直接影响到运输安全，鉴于长大笨重货物的特点，对于装运车辆的性能和结构、货物的装载和加固技术等都有一定的特殊要求，为了保证货物和车辆完好，保证车辆运行安全，货物装卸必须满足以下基本技术条件：

① 货物的装卸应尽可能选用适宜的装卸机械，装车时应使货物的全部支承面均匀地、平稳地分布在车辆底板上，以免损害车辆底板或大梁。

② 装运货物的车辆应尽可能选用大型平板专用车辆。除有特殊规定外，装载货物的质量不得超过车辆的核定吨位，其外形尺寸不得超过规定的装载界限。

③ 支承面不大的笨重货物为使其质量均匀地分布在车辆底板上，必须将货物安置在纵横垫木上或安置在相当于起垫木作用的设备上。

④ 货物的重心应尽量置于车底板纵、横中心线交叉点的垂直线上。

⑤ 重车重心高度应符合相关要求，重车重心如果偏高，除应认真进行装载加固外，还应采取配重措施，以降低其重心高度，但需要注意货物和配重的总质量不得超过车辆的核定吨位。重车重心高度的计算公式为

$$h = \frac{h_c Q_c + h_h Q_h}{Q_c + Q_h} \tag{11-1}$$

式中　h——重车重心距地面的高度（mm）；

　　　h_c——车辆重心距地面的高度（mm）；

　　　Q_c——车辆自重（kg）；

　　　h_h——装于车上的货物的重心距地面的高度（mm）；

　　　Q_h——装于车上的货物的质量（kg）。

⑥ 货物装车完毕后，应根据货物的形状、重车重心高度、运行线路、运行速度等，采取不同的措施进行加固，以确保行车安全。这是因为长大笨重货物置于车辆（尤其是平板车辆）上运输时，比普通货物更容易受到各种外力的作用，包括纵向惯性力、横向离心力、垂直冲击力、风力以及货物支承面与车底板（或垫木）之间的摩擦力等，如图11-2所示，这些外力的综合作用，可能会使货物发生水平移动，滚动甚至倾覆。

3）长大笨重货物运输的装卸作业，由承运人负责的，应根据托运人的要求、货物的特点和装卸操作规程进行作业。由托运人负责的，承运人应按照约定的时间，将车开到装卸地

点并监装、监卸。在货物的装卸过程中，由于操作不当或违反操作规程造成车货损失或第三者损失的，由承担装卸的一方负责赔偿。

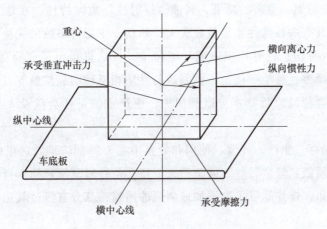

图 11-2　长大笨重货物受力情况

4）运输长大笨重货物应按有关部门核定的路线行车。白天行车时应悬挂标志旗；夜间行车和停车休息时应装设标志灯。

① 标志旗。标志旗的规格：采用布料等腰三角形旗帜。三角形底长 150mm，腰长 300mm，旗帜中间印有"大件"字样。标志旗的底色和中间字体的颜色应与运输的长大笨重货物自身颜色有明显区别。标志旗的使用：在运输过程中，分别竖于牵引车辆的前方两侧和挂车装载物件上的最宽处。如果挂车装载物件的长度超过挂车尾部，需在物件末端的最高点，装设标志旗。标志旗的管理：由运输经营业户自行制作和安装。

② 标志灯。标志灯的规格：采用运输车辆自身电源和与电源功率相匹配的红色灯泡连接而成。标志灯的使用：在挂车装载物件的最宽处和超过挂车尾部的最长处装设。标志灯的管理：由运输经营业户自行制作和安装。

7. 运费结算

1）长大笨重货物的运输费用按照交通主管部门和物价管理部门的有关规定，由承、托双方协商确定。

2）因运输长大笨重货物发生的道路改造、桥涵加固、清障、护送、装卸等费用，由托运人负担。

11.2　危险货物运输组织

11.2.1　危险货物的定义

国家标准 GB 6944—2012《危险货物分类和品名编号》给危险货物下的定义为具有爆炸、易燃、毒害、感染、腐蚀、放射性等危险特性，在运输、储存、生产、经营、使用和处置中，容易造成人身伤亡、财产损毁或环境污染而需要特别防护的物质和物品均属于危险货物。这一概念包括三层含义：

1）具有爆炸、易燃、毒害、感染、腐蚀、放射性等危险特性。在这里非常具体地指明了危险货物本身所具有的特殊性质是造成火灾、灼伤、中毒等事故的先决条件。

2）容易造成人身伤亡、财产损毁或环境污染。在这里指出了危险货物在一定条件下，由于受热、明火、摩擦、振动、撞击、洒漏或与性质相抵触物品接触等发生化学变化所产生的危险效应，不仅会使危险货物本身遭到损失，更严重的是还会危及人身安全、破坏周围环境。

3）在运输、储存、生产、经营、使用和处置中需要特别防护。这里的特别防护不仅要像普通货物那样必须做到轻拿轻放、谨防明火，还必须针对危险货物本身的理化性质采取相应的防护措施，例如，爆炸品可采取添加抑制剂的措施；部分有机过氧化物采取控制环境温度的措施。

11.2.2 危险货物的分类

危险货物的理化性质是决定物质是否具有燃烧、爆炸或其他危害性的重要因素。危险货物尤其是危险化学物品的种类繁多、性质各异，有的性质还相互抵触，为了保证储运安全、运输方便，有必要根据危险货物的主要特性对危险货物进行分类。GB 6944—2012《危险货物分类和品名编号》将危险货物，按照所具有的危险性或最主要的危险性分为9个类别，每一个类别再分成项别。类别和项别的表示如下（注意类别和项别的号码顺序，并不是危险程度的顺序）：

第1类：爆炸品。

1.1项：有整体爆炸危险的物质和物品。

1.2项：有迸射危险，但无整体爆炸危险的物质和物品。

1.3项：有燃烧危险并有局部爆炸危险、局部迸射危险或这两种危险都有，但无整体爆炸危险的物质和物品。

1.4项：不呈现重大危险的物质和物品。

1.5项：有整体爆炸危险的非常不敏感物质。

1.6项：无整体爆炸危险的极端不敏感物品。

第2类：气体。

2.1项：易燃气体。

2.2项：非易燃无毒气体。

2.3项：毒性气体。

第3类：易燃液体。

第4类：易燃固体、易于自燃的物质、遇水放出易燃气体的物质。

4.1项：易燃固体、自反应物质和固态退敏爆炸品。

4.2 项：易于自燃的物质。

4.3 项：遇水放出易燃气体的物质。

第 5 类：氧化性物质和有机过氧化物。

5.1 项：氧化性物质。

5.2 项：有机过氧化物。

第 6 类：毒性物质和感染性物质。

6.1 项：毒性物质。

6.2 项：感染性物质。

第 7 类：放射性物质。

第 8 类：腐蚀性物质。

第 9 类：杂项危险物质和物品，包括危害环境物质。

11.2.3 危险货物的品名编号

GB 6944—2012《危险货物分类和品名编号》规定：危险货物的品名编号，采用联合国编号。

从 UN0001 到大约 UN3500 的编号都是由联合国危险物品运送专家委员会制定的，这些编号在《关于危险货物运输的建议书》中公布。它们可以被用来识别有商业价值的危险物质和货物，例如，爆炸品或有毒物质。这种数字架构在国际贸易当中被广泛使用，以便于标注货运容器的内容。

11.2.4 危险货物运输管理

1. 从事道路危险货物运输经营的资质条件

《道路危险货物运输管理规定》从车辆数量、车辆设备、从业人员素质、设施设备等方面，对道路危险货物运输企业的资质进行了规定。

1）具有符合以下要求的专用车辆及设备：

① 自有专用车辆（挂车除外）5 辆以上；运输剧毒化学品、爆炸品的，自有专用车辆（挂车除外）10 辆以上。

② 专用车辆的技术要求应当符合《道路运输车辆技术管理规定》的有关规定。

③ 配备有效的通信工具。

④ 专用车辆应当安装具有行驶记录功能的卫星定位装置。

⑤ 运输剧毒化学品、爆炸品、易制爆危险化学品的，应当配备罐式、厢式专用车辆或者压力容器等专用容器。

⑥ 罐式专用车辆的罐体应当经质量检验部门检验合格，且罐体载货后总质量与专用车辆核定载质量相匹配。运输爆炸品、强腐蚀性危险货物的罐式专用车辆的罐体容积不得超过 $20m^3$，运输剧毒化学品的罐式专用车辆的罐体容积不得超过 $10m^3$，但符合国家有关标准的

罐式集装箱除外。

⑦ 运输剧毒化学品、爆炸品、强腐蚀性危险货物的非罐式专用车辆，核定载质量不得超过10t，但符合国家有关标准的集装箱运输专用车辆除外。

⑧ 配备与运输的危险货物性质相适应的安全防护、环境保护和消防设施设备。

2）具有符合以下要求的停车场地：

① 自有或者租借期限为3年以上，且与经营范围、规模相适应的停车场地，停车场地应当位于企业注册地市级行政区域内。

② 运输剧毒化学品、爆炸品专用车辆以及罐式专用车辆，数量为20辆（含）以下的，停车场地面积不低于车辆正投影面积的1.5倍，数量为20辆以上的，超过部分，每辆车的停车场地面积不低于车辆正投影面积；运输其他危险货物的，专用车辆数量为10辆（含）以下的，停车场地面积不低于车辆正投影面积的1.5倍；数量为10辆以上的，超过部分，每辆车的停车场地面积不低于车辆正投影面积。

③ 停车场地应当封闭并设立明显标志，不得妨碍居民生活和威胁公共安全。

3）具有符合以下要求的从业人员和安全管理人员：

① 专用车辆的驾驶人员取得相应的机动车驾驶证，年龄不超过60周岁。

② 从事道路危险货物运输的驾驶人员、装卸管理人员、押运人员应当经所在地设区的市级人民政府交通运输主管部门考试合格，并取得相应的从业资格证；从事剧毒化学品、爆炸品道路运输的驾驶人员、装卸管理人员、押运人员，应当经考试合格，取得注明为"剧毒化学品运输"或者"爆炸品运输"类别的从业资格证。

③ 企业应当配备专职的安全管理人员。

4）具有健全的安全生产管理制度：

① 企业主要负责人、安全管理部门负责人、专职安全管理人员的安全生产责任制度。

② 从业人员安全生产责任制度。

③ 安全生产监督检查制度。

④ 安全生产教育培训制度。

⑤ 从业人员、专用车辆、设备及停车场地安全管理制度。

⑥ 应急救援预案制度。

⑦ 安全生产作业规程。

⑧ 安全生产考核与奖惩制度。

⑨ 安全事故报告、统计与处理制度。

2. 道路危险货物运输经营的主管部门

我国是危险品生产和使用大国，截至2018年底，每天有近300万t的危险物品运输在路上，危险品道路运输量占危险品运输总量70%。为了加强危险货物道路运输安全管理，预防危险货物道路运输事故，保障人民群众生命安全、财产安全，保护环境，如依据《中华人民共和国安全生产法》《中华人民共和国道路运输条例》《危险化学品安全管理条例》

《公路安全保护条例》《危险货物道路运输安全管理办法》等有关法律和规定。国务院交通运输主管部门主管全国的危险货物道路运输管理工作；县级以上地方人民政府交通运输主管部门负责组织和领导本行政区域的危险货物道路运输管理工作。

3. 道路危险货物运输经营的监督检查部门

《危险货物道路运输安全管理办法》规定，对危险货物道路运输负有安全监督管理职责的部门，应当依据以下列规定加强监督检查：

1）交通运输主管部门负责核发危险货物道路运输经营许可证，定期对危险货物道路运输企业动态监控工作的情况进行考核，依法对危险货物道路运输企业进行监督检查，负责对运输环节的充装查验、核准、记录等进行监管。

2）工业和信息化主管部门应当依法对《道路机动车辆生产企业及产品公告》内的危险货物运输车辆生产企业进行监督检查，依法查处违法违规生产企业及产品。

3）公安机关负责核发剧毒化学品道路运输通行证、民用爆炸物品运输许可证、烟花爆竹道路运输许可证和放射性物品运输许可证明或者文件，并负责危险货物运输车辆的通行秩序管理。

4）生态环境主管部门应当依法对放射性物品运输容器的设计、制造和使用等进行监督检查，负责监督核设施营运单位、核技术利用单位建立健全并执行托运及充装管理制度规程。

5）应急管理部门和其他负有安全生产监督管理职责的部门，依法负责危险化学品生产、储存、使用和经营环节的监管，按照职责分工督促企业建立健全充装管理制度规程。

6）市场监督管理部门负责依法查处危险化学品及常压罐式车辆罐体质量违法行为和常压罐式车辆罐体检验机构出具虚假检验合格证书的行为。

4. 道路危险货物运输经营的资质凭证

道路危险货物运输是一项技术性、专业性很强的运输活动，它对运输企业的资质、技术条件、车辆设施、安全管理、从业人员素质等均有严格的要求。其中，道路危险货物运输的资质凭证是证明道路危险货物运输者、作业者的基本条件符合相关法律法规的要求，并已办理申报核准手续，有资格从事道路危险货物运输的凭证包括：

1）设区的市级道路运输管理机构应当按照《中华人民共和国道路运输条例》和《交通行政许可实施程序规定》，向道路危险货物运输经营申请人发放加盖"危险货物运输"字样的"道路运输经营许可证"，道路危险货物运输经营申请人应当依法向工商行政管理机关办理"工商营业执照"。

2）从事危险货物运输的车辆应取得"道路营业运输证"，这是在办理了"道路运输经营许可证"和"工商营业执照"后，按照营运车辆数量，从道路运输管理机关领取的一车一证，是随车同行的凭证。

3）由于危险货物运输的特殊性，凡从事危险货物运输的人员，包括驾驶人员、押运人员以及装卸管理人员，必须经设区的市级人民政府交通主管部门考试合格，取得相应的道路危险货物运输操作证（见图 11-3），持证上岗。

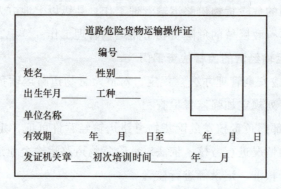

图 11-3 道路危险货物运输操作证

4）道路危险货物运输业户的安全工作合格文件是经公安、消防部门按照国家消防法规的相关规定，对危险货物运输车辆的安全技术状况、运输设施的安全措施、生产安全制度、从业人员素质、消防设施等进行审验合格后发放的凭证文件。

11.2.5 危险货物运输组织

道路危险货物运输作业过程通常包括托运、受托、验货、派车、配货、派装车、运费和开票结算、签发路单、车辆运行等环节，如图 11-4 所示。

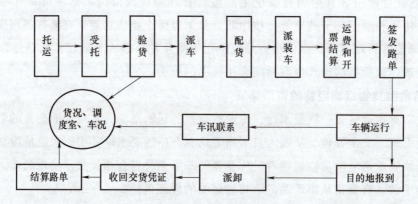

图 11-4 道路危险货物运输作业过程

1. 托运

1）危险货物托运人应当委托具有相应危险货物道路运输资质的企业承运危险货物。托运民用爆炸物品、烟花爆竹的，应当委托具有第一类爆炸品或者第一类爆炸品中相应项别运输资质的企业承运。

2）托运人应当按照 JT/T 617—2018《危险货物道路运输规则》，确定危险货物的类别、项别、品名、编号，遵守相关和特殊规定的要求。需要添加抑制剂或者稳定剂的，托运人应当按照规定添加，并将有关情况告知承运人。

3）托运人不得在托运的普通货物中违规夹带危险货物，或者将危险货物匿报、谎报为普通货物托运。

4）托运人应当按照 JT/T 617—2018《危险货物道路运输规则》，妥善包装危险货物，并在外包装设置相应的危险货物标志。

5）托运人在托运危险货物时，应当向承运人提交电子或者纸质形式的危险货物托运清单。危险货物托运清单应当载明：危险货物的托运人、承运人、收货人、装货人、始发地、目的地，还有危险货物的类别、项别、品名、编号、包装及规格、数量、应急联系电话等信息，以及危险货物的危险特性、运输注意事项、急救措施、消防措施、泄漏应急处置、次生环境污染处置措施等信息。托运人应当妥善保存危险货物托运清单，保存期限不得少于 12 个月。

6）托运人应当在危险货物运输期间保持应急联系电话畅通。

7）托运人托运剧毒化学品、民用爆炸物品、烟花爆竹或者放射性物品的，应当向承运人提供公安机关核发的剧毒化学品道路运输通行证、民用爆炸物品运输许可证、烟花爆竹道路运输许可证、放射性物品道路运输许可证明或者文件。托运人托运第一类放射性物品的，应当向承运人提供国务院核安全监管部门批准的放射性物品运输核与辐射安全分析报告。托运人托运危险废物（包括医疗废物）的，应当向承运人提供生态环境主管部门发放的电子或者纸质形式的危险废物转移联单。

2. 验货

理货员凭托运单验货、勘查现场、落实货物分批数量、起运时间、可用车型等，做好记录并向调度室汇报。

理货员还应根据托运单填写的内容，一一核实货物的编号、品名、规格、数量、净重、总重等，并检查货物包装是否破损，以及是否符合国家相关规定等。

3. 派车

调度室根据业务员送交的托运单以及反馈信息编制作业计划，选配合适的车辆，签发派车单派装。按照国家规定，凡装运危险货物的车辆应符合下列要求：

1）车厢、底板必须平坦完好，周围栏板必须牢固，铁质底板装运易燃、易爆货物时，应采取衬垫防护措施，例如，铺垫木板、胶合板、橡胶板等，但不得使用谷草、草片等松软易燃材料。

2）机动车辆排气管必须装有有效的隔热和熄灭火星的装置，电路系统应有切断总电源和隔离电火花的装置。

3）车辆必须安装标志灯，标志灯包括灯体和安装件。灯体正面为等腰三角形状，由灯罩、安装底板或永磁体（A 型标志灯）、橡胶衬垫及紧固件构成；正、反面中间印有"危险"字样，侧面印有"！"，灯罩正面下沿中间嵌有标志灯编号牌。

① 标志灯的类型。按照车辆载质量及标志灯安装方式，标志灯分为表 11-2 所列的类型。

表 11-2 标志灯类型

类型	安装方式	代号	适用车辆
A 型	磁吸式	A	载质量 1t（含）以下，用于城市配送车辆
B 型	顶檐支撑式	BⅠ	载质量 2t（含）以下
		BⅡ	载质量 2~15t（含）
		BⅢ	载质量 15t 以上
C 型	金属托架式	CⅠ[①]	带导流罩，载质量 2t（含）以下
		CⅡ[①]	带导流罩，载质量 2~15t（含）
		CⅢ[①]	带导流罩，载质量 15t 以上

① 金属托架为可选件，金属托架按底平面与标志灯基准面的夹角 γ 分为 3 种，分别为 30°、45°、60°。

② 标志灯的规格和尺寸。A 型标志灯，如图 11-5 所示，见表 11-3。B 型标志灯，如图 11-6 所示，见表 11-4。标志灯灯体与金属杆用螺栓连接，以弹簧垫圈方式锁紧。C 型标志灯，如图 11-7 所示。C 型标志灯灯体尺寸与 B 型相同。标志灯灯体与金属托架、金属托架与汽车导流罩用螺栓连接，以弹簧垫圈方式锁紧。

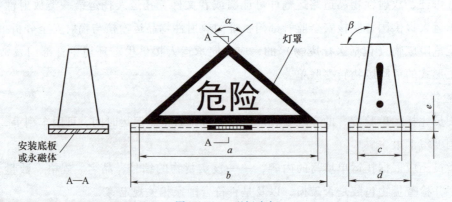

图 11-5　A 型标志灯

表 11-3　A 型标志灯尺寸

类型	尺寸						
	a/mm	b/mm	c/mm	d/mm	e/mm	α	β
A	400	440	100	140	22	100°	100°

表 11-4　B 型标志灯尺寸

类型	尺寸						
	a/mm	b/mm	c/mm	d/mm	e/mm	α	β
BⅠ	400	440	100	140	22	100°	100°
BⅡ	460	500	120	160	22	100°	100°
BⅢ	520	560	140	180	22	100°	100°

③ 标志灯的安装悬挂要求。标志灯应安装于驾驶室顶部外表面中前部（从车辆侧面看）

的中间（从车辆正面看）位置，以磁吸或顶檐支撑、金属托架方式安装固定。其具体的安装位置如图 11-8~图 11-10 所示。

图 11-6　B 型标志灯

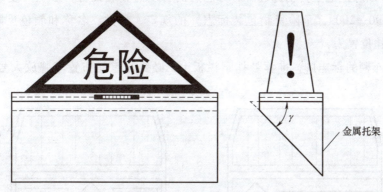

图 11-7　C 型标志灯

图 11-8　A 型标志灯安装位置

图 11-9　B 型标志灯安装位置

图 11-10 C 型标志灯安装位置

4）车辆必须悬挂危险货物标志牌，标志牌的材质为金属板材，形状为菱形，标志牌图形应符合 GB 190—2009《危险货物包装标志》的规定，种类、名称和颜色见附录 F。车辆标志牌图形悬挂位置为：

① 低栏板车辆的标志牌，推荐悬挂于栏板上，必要时重新布置车牌放大号，如图 11-11 所示。

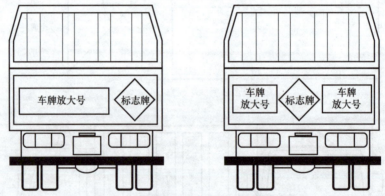

图 11-11 低栏板车辆标志牌悬挂位置

② 厢式车辆（如集装箱车、集装罐车、高栏板车）的标志牌，一般悬挂在车牌放大号的下方或上方，推荐首选下方，左右尽量居中，如图 11-12 所示。

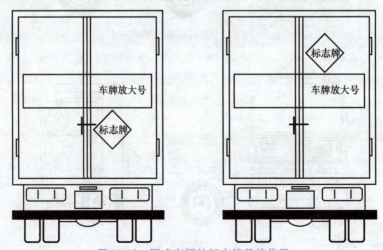

图 11-12 厢式车辆的标志牌悬挂位置

③ 罐式车辆的标志牌，一般悬挂在车牌放大号下方或上方，推荐首选下方，左右尽量居中，如图 11-13 所示。

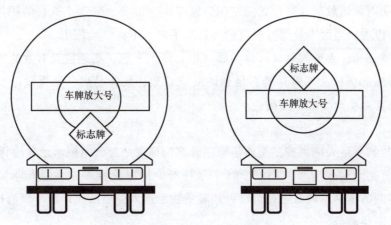

图 11-13　罐式车辆的标志牌悬挂位置

④ 爆炸、剧毒危险货物运输车辆，在车辆两侧的面厢板，各增加悬挂一块标志牌，位置一般居中，如图 11-14 所示。

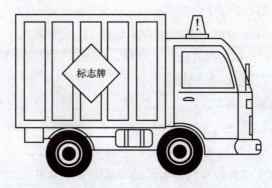

图 11-14　爆炸、剧毒危险货物运输车辆的标志牌悬挂位置

5) 危险货物运输车辆的车身，还应悬挂"危险货物安全标志卡"，见表 11-5。

表 11-5　危险货物安全标志卡

品名	溶解乙炔
种类	易燃易爆
施救方法	……
联系电话	……
核定载质量/t	……

6) 根据所装危险货物的性质，配备相应的消防器材和捆扎、防水、防散失等用具。

7) 装运危险货物的罐（槽）应适合所装货物的性能，具有足够的强度，并应根据不同货物的需要，配备泄压阀、防波板、遮阳物、压力表、液位计、导除静电等相应的安全装置；罐（槽）外部的附件应有可靠的防护设施，必须保证所装货物不发生"跑、冒、滴、漏"，并在阀门口装置积漏器。

8）应定期对装运放射性同位素的专用运输车辆、设备、搬运工具、防护用品进行放射性污染程度的检查，当污染量超过规定的允许水平时，不得继续使用。

9）装运集装箱、大型气瓶、可移动罐（槽）等的车辆，必须设置有效的紧固装置。

10）各种装卸机械、工属具要有足够的安全系数，装卸易燃、易爆危险货物的机械和工属具，必须有避免产生火花的措施。

4. 承运

1）危险货物承运人应当按照交通运输主管部门许可的经营范围承运危险货物。

2）危险货物承运人应当使用安全技术条件符合国家标准要求，且与承运危险货物性质、质量相匹配的车辆、设备进行运输。危险货物承运人应当按照运输车辆的核定载质量装载危险货物，不得超载。

3）危险货物承运人应当制作危险货物运单，并交由驾驶人随车携带。危险货物运单应当妥善保存，保存期限不得少于12个月；危险货物运单格式由国务院交通运输主管部门统一制定；危险货物运单可以是电子或者纸质形式；运输危险废物的企业还应当填写并随车携带电子或者纸质形式的危险废物转移联单。

4）危险货物承运人在运输前，应当对运输车辆、罐式车辆罐体、可移动罐柜、罐式集装箱（以下简称为罐箱）及相关设备的技术状况，以及卫星定位装置进行检查并做好记录，对驾驶人、押运人员进行运输安全告知。

5）危险货物道路运输车辆驾驶人、押运人员在起运前，应当对承运危险货物的运输车辆、罐式车辆罐体、可移动罐柜、罐箱进行外观检查，确保没有影响运输安全的缺陷。危险货物道路运输车辆驾驶人、押运人员在起运前，应当检查确认危险货物运输车辆按照 GB 13392—2005《道路运输危险货物车辆标志》的要求安装、悬挂标志。运输爆炸品和剧毒化学品的，还应当检查和确认车辆安装、粘贴了符合 GB 20300—2018《道路运输爆炸品和剧毒化学品车辆安全技术条件》要求的安全标示牌。

5. 装卸

1）装货人应当在充装或者装载货物前查验以下事项，不符合要求的不得充装或者装载：

① 车辆是否具有有效行驶证和营运证。

② 驾驶人、押运人员是否具有有效资质证件。

③ 运输车辆、罐式车辆罐体、可移动罐柜、罐箱是否在检验合格有效期内。

④ 所充装或者装载的危险货物是否与危险货物运单载明的事项相一致。

⑤ 所充装的危险货物是否在罐式车辆罐体的适装介质列表范围内，或满足可移动罐柜导则、罐箱适用代码的要求。

2）装货人应当按照相关标准进行装载作业。装载货物不得超过运输车辆的核定载质量，不得超出罐式车辆罐体、可移动罐柜、罐箱的允许充装量。

3）危险货物交付运输时，装货人应当确保危险货物运输车辆按照 GB 13392—2005《道路运输危险货物车辆标志》的要求，安装悬挂标志，确保包装容器没有损坏或泄漏，罐式车辆罐体、可移动罐柜、罐箱的关闭装置处于关闭状态。爆炸品和剧毒化学品交付运输时，装货人还应当确保车辆安装、粘贴了符合 GB 20300—2018《道路运输爆炸品和剧毒化学品车辆安全技术条件》要求的安全标示牌。

4）装货人应当建立危险货物装货记录制度，记录所充装或装载的危险货物类别、品名、数量、运单编号，以及托运人、承运人、运输车辆及驾驶人等相关信息，并妥善保存，保存期限不得少于 12 个月。

5）充装或者装载危险化学品的生产、储存、运输、使用和经营企业，应当按照要求建立健全并严格执行充装或者装载查验、记录制度。

6）收货人应当及时收货，并按照安全操作规程进行卸货作业。

7）禁止危险货物运输车辆在卸货后直接实施排空作业等活动。

6. 运送

1）应随车配备押运人员，货物应随时处在押运人员的监管之下。车辆中途临时停靠，应安排人员看管；需要停车住宿或遇有无法正常运输的情况时，应当向当地公安部门报告。随车人员严禁吸烟。行车作业人员不得擅自变更运行作业计划，严禁擅自拼装、超载。

2）运输危险货物的车辆，严禁搭乘无关人员。运输爆炸品和需要特别防护的烈性危险货物，应要求托运人派熟悉货物性质的人员，指导操作、交接和随车押运。

3）押运人员应密切注意车辆所装载的危险货物动态，根据危险货物性质，定时停车检查，发现问题及时会同驾驶人员采取措施妥善处理，不得擅自离岗、脱岗。

4）不得进入危险货物运输车辆禁止通行的区域，例如，繁华街区、居民住宅区、名胜古迹和风景名胜区等，确需进入上述区域的，应当事先向当地公安部门申报，并遵守公安部门规定的行车时间和路线。

5）发现危险货物被盗、丢失、流散、泄露等情况时，承运人及押运人必须立即向当地公安部门报告，并采取一切可能的警示措施。

7. 卸车、保管和交付

在危险货物到达承托双方约定的交货地点后，收货人应凭有效单证收货，无故拒绝收货的，承运人可以索取因此造成的损失。

危险货物卸车前，货运员应根据其性质确定卸车货位，并向装卸工组布置安全注意事项，作业前，应进行必要的通风和检查，做好安全防护工作。卸车时，应做到：卸车入库的危险货物应核对票货是否相符，并及时登记到达簿；危险货物应在专库或按配装表规定隔离存放；被危险货物污染的仓库、场地和设备、工具应及时清扫、洗刷或消毒，对撒漏的货物及清除的残渣应按有关规定进行收集并妥善处理；装运危险货物的车辆卸完后，必须彻底清扫；对装过剧毒气体、剧毒品的车辆必须进行洗刷；如发现货损货差，由承运人和收货人共同编制货运事故记录,见表11-6,并由双方在货运事故记录上签字确认;收货人逾期不提取货物的,承运人也不能因此免除保管责任,但收货人应当向承运人支付保管费等费用;收货人不明或收货人无正当理由拒绝受领货物的,依照《中华人民共和国民法典》的规定,承运人依法可以提存货物。货物待领期间,如果货物发生变化,危及安全,承运人有临机处置之权责,但最好是会同当地公安部门共同进行,以备赔偿纠纷的解决。

表 11-6 货运事故记录表

								运单号码		
								记录号码		
托运人		地址		电话				邮编		
承运人		地址		电话				邮编		
收货人		地址		电话				邮编		
车号		驾驶人员		起运日期	年	月	日 时	到达日期	年 月	日 时
出事时间			出事地点					记录时间		
原运单记载	货物品名	包装形式	件数	新旧程度	长、宽、高/cm			质量/kg	保价(元)	
事故详细情况及原因分析										
承运人签章	年 月 日			托运人或收货人签章				年 月 日		
注意事项	本记录一式三份,承运人、托运人、责任方各一份,每增加一个责任方增加一份记录									

11.3 鲜活易腐货物运输组织

11.3.1 鲜活易腐货物的概念

鲜活易腐货物是指在运输过程中,需要采取相应的保鲜、保活措施,例如,控制湿度、控制温度等,以保持其鲜活或不变质,并且必须在规定期限内运抵目的地的货物。

鲜活易腐货物分为易腐货物和活动物两大类,其中占比例最大的是易腐货物。易腐货物是指在一般条件下保管和运输时,极易受到外界气温及湿度的影响而腐坏变质的货物,包括肉、鱼、蛋、水果、蔬菜、鲜活植物等。活动物包括禽、畜、兽、蜜蜂、活鱼、鱼苗等。

11.3.2 鲜活易腐货物运输的特点

（1）季节性强、运量变化大　鲜活易腐货物大部分是季节性生产的农副产品，例如，水果集中在三、四季度，南菜北运集中在一、四季度，水产品集中在春秋汛期。由此造成了在收获季节，运量会猛增；而在淡季，运量大大降低。

（2）运送时间要求紧迫　鲜活易腐货物本身的特点是新鲜、成活。鲜活性质能否保持与运输时间的长短密切相关。在运输鲜活货物时，虽然使用了特种车辆，采取了特殊措施，若是运输时间过长，仍然会影响鲜活货物原来的质量。换句话说，鲜活易腐货物极易变质，要求以最短的时间、最快的速度及时运到。

（3）运输途中需要特殊照料　易受外界气温、湿度和卫生条件的影响，鲜活易腐货物一般比较娇嫩，热了容易腐烂，冷了容易冻坏，干了容易干缩，碰破了及卫生条件不好容易被微生物侵蚀，使易腐货物腐烂变质，使活动物病残死亡。为此，人们采取各种储存方法来抑制微生物的滋长，减缓呼吸作用以延长储存时间，例如牲畜、家禽、蜜蜂、花本秧苗等的运输，需配备专用车辆和设备，并有专人沿途进行饲养、浇水、降温、通风等。

（4）品类多，运距长，组织工作复杂　我国出产鲜活易腐货物有几千种之多，性质各不相同，且运距长，加之南、北方气温相差大，不仅同一地区在不同季节需要不同的运输条件，就是在同一季节，当车辆行经不同地区时，也要变换运输条件。在一次运送过程中，可能兼有冷藏、保温和加温三种运送方法。鲜活易腐货物的组织工作与普通货物相比要复杂得多。

11.3.3 鲜活易腐货物保藏与运输方法

鲜活易腐货物运输中，除了少数货物确因途中照料不当或运输条件不适造成死亡外，大多数货损货差都是因为发生腐烂所致，其发生腐烂的原因：对于动物性食品而言，主要是微生物的作用；对于植物性食物而言，主要是呼吸作用所致。

清楚地了解鲜活易腐货物腐烂变质的原因，就可以得出储存这些货物的方法，凡是能抑制微生物的滋长，减缓呼吸作用的方法，均可以达到延长鲜活易腐货物保存时间的目的，其中，冷链运输方法比较有效并常被采用。冷链货物大致分为冷冻货物和低温货物两种，冷冻货物是指运输温度在 $-20℃\sim-10℃$ 之间，在冻结状态下进行运输的货物；低温货物是指运输温度在 $-1℃\sim16℃$ 之间，在尚未冻结或表面有一层薄薄的冻结层状态下进行运输的货物。

为了防止鲜活易腐货物在运输过程中腐烂变质，必须保持一定的温度，该温度称为运输温度。运输温度的高低应随货种的不同而变化，同时也受到运输时间、冻结状态和货物成熟度等条件的影响。即使同一种货物，若其运输时间、冻结状态、成熟度不同，则其对运输温度的要求也不一样。一些常见冷冻货物和低温货物的运输温度，分别见表 11-7 和表 11-8。

表 11-7　冷冻货物的运输温度

货名	运输温度/℃	货名	运输温度/℃
鱼	-17.8~-15.0	虾	-17.8~-15.0
肉	-15.0~-13.3	黄油	-12.2~-11.1
麦包	-15.0~-13.3	饺子	-18℃以下

表 11-8　低温货物的运输温度

货名	运输温度/℃	货名	运输温度/℃
肉	-5~-1	苹果	-1.1~+16.0
腊肠	-5~-1	梨	+0.0~+5.0
带壳鸡蛋	-1.7~+15.0	葡萄	+6.0~+8.0
黄油	-0.6~+0.6	橘子	+2.0~+10.0

用冷链运输方法来保藏和运输鲜活易腐货物时，温度固然是主要条件，但只要妥善处理好温度、湿度、通风和卫生四者之间的相互关系，就能保证鲜活易腐货物的运输质量。

此外，用冷链运输方法保藏和运输鲜活易腐货物的突出特点是必须连续冷藏，就运输环节来讲，应尽可能配备一定数量的冷藏车或保温车，尽量组织"门到门"直达运输，提高运输速度，确保鲜活易腐货物的完好。

11.3.4　鲜活易腐货物的运输组织

良好的运输组织工作对于保证鲜活易腐货物的质量十分重要。对于鲜活易腐货物的运输，应坚持"四优先"原则，即优先安排运输计划、优先装车、优先取送和优先挂运。由于鲜活易腐货物运输的特殊性，要求必须保证及时运输，所以，应充分发挥道路运输快速、直达的特点，协调好仓储、配载、运送等环节，妥善安排运力，保证及时送达。

1. 托运

托运鲜活货物前，托运人应根据货物的不同特性，做好相应包装；托运时，须向具备运输资格的承运方提出最长的货物运到期限、货物运输的具体温度、特殊要求以及卫生检疫等有关证明，并在托运单上注明。承运人应根据发货人的要求和承运方的可能等情况，及时地安排适宜车辆予以装运。

2. 承运

承运鲜活易腐货物时，应由承运人对托运货物的质量、包装和温度进行认真检查，要求质量新鲜、包装达到要求、温度符合规定。对已有腐烂变质现象的货物，托运前，应加以适当的处理；对不符合质量规定的鲜活易腐货物，不予以承运。

3. 装车

鲜活易腐货物装车前，必须认真检查车辆的状态，车辆及设备完好时方能使用；车厢如果不清洁，应进行清洗和消毒，适当风干后才能装车。

鲜活易腐货物装车时，必须在保证货物质量良好的前提下，充分利用车辆的装载容积和载质量。因此，应根据不同货物的特点，确定其装载方法。鲜活易腐货物的装车主要有两种装载法：

1）紧密堆码法。例如冷冻货物不需要外界再提供冷量，但必须防止车身冷量的散失；再如加冰运送的货物，由于内部也有冰块提供冷量满足货温要求，也可以采用这种装车方法。

2）留有间隙法。常用的有品字形、井字形、吊挂法、分层装载法和筐口对装法等几种。

①品字形装车法。这种方法又称为棋盘式装车法，适用于箱装货物、桶装货物，上一层骑缝装载；箱间小通道 2~3cm，端部大通道 5~7cm。

②井字形装车法。这种方法适用于长条形包装的货物，各层纵横交错，可以根据车辆内部尺寸而定。

③吊挂装车法。这种方法适合于冷却肉装车用，即用钩子将一片片肉吊挂于冷藏车内，相互保持一定间隙，避免肉与肉之间皮肤的粘连，可以让空气顺利通过，防止细菌在粘连处繁殖。

④分层装载装车法。即在冷藏车内用木板或竹片将其高度分隔成许多层，让娇嫩水果平放其上，不至于受到上面货物的挤压，可以避免娇嫩水果受损伤而腐烂。

⑤筐口对装法。这种装车法适合于喇叭形竹筐、柳条筐装载的水果、蔬菜堆码用。由于这些筐体包装本身的形状特点，装载时货件之间会自然形成一定间隙，便于空气的流通，所以不必留有专用风道。

4. 运送

根据货物的种类、运送季节、运送距离和运送方向，应按要求及时起运并按时运达。在炎热的天气运送时，应尽量利用早晚，安排车辆的行驶；运送牲畜、蜜蜂等货物时，应注意通风散热。

综上，鲜活易腐货物运输组织的注意事项，见表 11-9。

表 11-9 鲜活易腐货物运输组织注意事项

运输环节	注意事项
装车前	必须认真检查车辆及设备的状态，应注意清洗和消毒
装车时	应根据不同货物的特点，确定其装载方法
承运时	应对货物的包装、质量和温度进行认真检查，包装符合要求，温度符合规定
运送时	应根据货物的种类、运送季节、运送距离和运送地点确定相应的运输方法，及时组织适宜车辆予以装运。

11.4 贵重货物运输组织

11.4.1 贵重货物运输的概念

凡交运的一批货物中，含有以下物品中的一种或多种的，称为贵重货物。

1) 其声明价值毛重每公斤超过（或等于）1000 美元的任何物品。

2) 黄金（包括提炼或未提炼过的金锭）、混合金、金币以及各种形状的黄金制品，如金粒、片、粉、绵、线、条、管、环和黄金铸造物；白金（即铂）类稀有贵重金属（如钯、铱、锇、钌、铑）和各种形状的铝合金制品，如铅粒、绵、棒、锭、片、条、网、管、带等。

但上述金属以及合金的放射性同位素则不属于贵重货物，而属于危险品，应按危险品运输的有关规定办理。

3) 合法的银行钞票、有价证券、股票、旅行支票及邮票。

4) 钻石（包括工业钻石）、红宝石、蓝宝石、绿宝石、蛋白石、珍珠（包括养殖珍珠）以及镶有上述钻石、宝石、珍珠等的饰物。

5) 金、银、铂制作的饰物和表（不包括镀金、镀铂制品）。

6) 其他贵重物品，例如，珍贵艺术品、贵重药材及药品、高级精密仪器、贵重毛皮及其他高档日用品等。

11.4.2 贵重货物的运输组织

贵重货物一般使用航空运输，道路运输主要起到从始发地到机场以及从机场到目的地的集结作用。

1. 包装

贵重货物应用硬质木箱或铁箱包装，不得使用纸质包装，必要时外包装上应用#字形铁条加固，并使用铅封或火漆封志。

2. 标记与标签

除识别标签和操作标签外，贵重货物不需要任何其他标签和额外粘贴物；货物的外包装上不可有任何对内装物做出提示的标记。

3. 价值

1) 托运人交运贵重货物时，自愿办理声明价值。

2) 每票货运单货物的声明价值，不得超过 10 万美元。

3) 每票货运单货物的声明价值超过 10 万美元时，应按以下办法：请托运人分批托运，即分几份货运单托运，产生的运费差额或其他费用，由托运人负担。

4) 每次所装载的贵重货物，价值不得超过 100 万美元。

4. 仓储

贵重货物应存放在贵重货物仓库内，并随时记录出库、入库情况，货物交接时，必须有书面凭证并双方签字；保证始发站、中转站和目的站都设有贵重货物仓库；总质量在45kg以下，单件体积不超过45cm×30cm×20cm的贵重货物，应放在指定的位置，有保险箱的尽量放在保险箱内，超过上述体积和质量的，应放在有金属门的集装箱内或飞机散舱内。

5. 运输

运输贵重货物，应尽量缩短货物在始发站、中转站和目的站的时间，避开周末或节假日交运。

贵重货物在装机（或装集装箱）过程中，至少应有三人在场，其中，一人必须是承运人的代表，并做详细记录。中转站接收中转的贵重货物应进行复核，如果发现包装破损或封志有异，应停止运输，征求始发站的处理意见；如果发现贵重货物有破损、丢失或短少等迹象，应立即停止运输，填写《货物不正常运输记录》并通知有关部门。在目的站，收货人提取货物前，应仔细检查货物包装，如有异议时，应当场向承运人提出，必要时重新称重，并详细填写运输事故记录表。

复习思考题

1. 判断题

（1）特种货物通常可分为长大货物、危险货物、鲜活易腐货物和贵重货物。（　　）

（2）长大笨重货物是指质量在20t以上的单件货物，或不可解体的成组（成捆）货物。（　　）

（3）长大货物的单件货物或不可解体成组（成捆）货物，要求同时具备长度在14m以上、宽度在3.5m以上和高度在3m以上。（　　）

（4）某货物的质量是250t，长度是25m，宽度是5m，高度是3.5m，则该货物属于二级长大笨重货物。（　　）

（5）危险货物按照其主要特性和运输要求，分为10类。（　　）

（6）危险货物编号由5位阿拉伯数字组成，第1位数字表明危险货物的类别，第2位数字代表危险货物的项别，第3~5位数字表示危险货物的顺序号。（　　）

（7）道路危险货物运输企业的自有专用车辆应该是10辆以上。（　　）

（8）装运危险货物的车辆，左前方必须悬挂黄底黑字、带有"危险品"字样的信号牌，或者安装印有"危险品"字样的黄色三角灯。（　　）

（9）鲜活易腐货物中比较多见的是活动物。（　　）

（10）冷冻货物的运输温度范围，通常在-20℃~-10℃之间。（　　）

2. 单选题

（1）以下不属于危险货物所具有的要素是（　　）。

A. 物理化学性质不稳定 　　　　　B. 潜在性危害大

C. 防护措施特殊 　　　　　　　　D. 运送时间紧迫

（2）根据我国公路运输主管部门的规定，公路超限货物按其外形尺寸和质量分为（　　）级。

A. 一　　　　B. 二　　　　C. 三　　　　D. 四

（3）在易燃有毒化学危险货物运输、装卸过程中，驾驶员和押运人员均不得（　　）。

A. 交谈　　　B. 吸烟　　　C. 玩游戏　　D. 看球赛

（4）以下不属于道路运输的鲜活易腐货物的是（　　）。

A. 蔬菜　　　B. 花木秧苗　　C. 蜜蜂　　　D. 木材

（5）在长大笨重货物的运输理货环节，大件运输企业事先取得的货物数据，不包括（　　）。

A. 数量　　　B. 几何形状　　C. 质量　　　D. 重心位置

（6）用冷链运输方法来保藏和运输鲜活易腐货物时，对货物质量会产生直接影响的主要条件是（　　）。

A. 温度　　　B. 湿度　　　C. 通风　　　D. 卫生

3. 多选题

（1）危险货物运输业务流程包括（　　）。

A. 受理托运　　B. 货物装卸　　C. 运送　　　D. 交接保管

（2）长大笨重货物的运输组织与一般货物运输相比，具有（　　）。

A. 特殊装载要求　　　　　　　　B. 特殊运输条件

C. 特殊安全要求　　　　　　　　D. 特殊人员要求

（3）道路危险货物运输的资质凭证有（　　）。

A. 道路运输经营许可证　　　　　B. 危险货物作业证

C. 道路营业运输证　　　　　　　D. 工商营业执照

4. 简答题

（1）如何做好长大笨重货物的运输现场组织？

（2）简述危险货物的含义。

（3）从事道路危险货物运输经营的从业人员应满足哪些条件？

（4）道路危险货物运输经营的主管部门有哪些？

（5）简述鲜活易腐货物运输的特点。

（6）简述贵重货物运输的注意事项。

第 12 章　道路旅客运输工作组织

【本章提要】

道路客运是我国旅客运输事业的一个重要组成部分；道路客运系统由旅客运输经营主体、旅客运输经营客体、旅客运输市场、旅客运输基础设施、移动设施等主要因素构成；申请从事道路客运经营，应满足相应的客车、驾驶人员、安全生产管理制度等要求；道路客运营运方式主要有班车（含加班车）客运、包车客运、旅游客运；公路客运站站务工作包括售票工作、行包托运与交付、候车室服务、乘车组织及发车、接车工作等。

【教学目标与要求】

- 掌握道路客运组织的基本原则。
- 了解我国道路客运的主要特点。
- 了解道路客运系统的主要构成要素。
- 理解道路客运经营和客运站经营的开业条件。
- 了解客运站的站务工作。
- 掌握客车运行作业计划的编制方法。

【导读案例】

AE 线路上的各站点位置与站间距离，如图 12-1 所示，各区间上、下行流动人数，见表 12-1。某运输公司生产计划部门提供的某 40 座客车的季度生产效率指标为：工作率 90%，平均车日行程 220km，实载率 92%。试编制 AE 线路的客运班次计划。

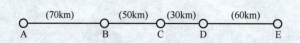

图 12-1　AE 线路上的各站点位置图

表 12-1　AE 线路各区间的上、下行流动人数　　　　　　（单位：人）

上行	下行				
	A	B	C	D	E
A	—	300	—	—	—
B	297	—	226	—	—
C	—	218	—	147	—
D	—	—	133	—	104
E	—	—	—	97	—

【准备知识】

道路客运营运方式的构成（见图 12-2）

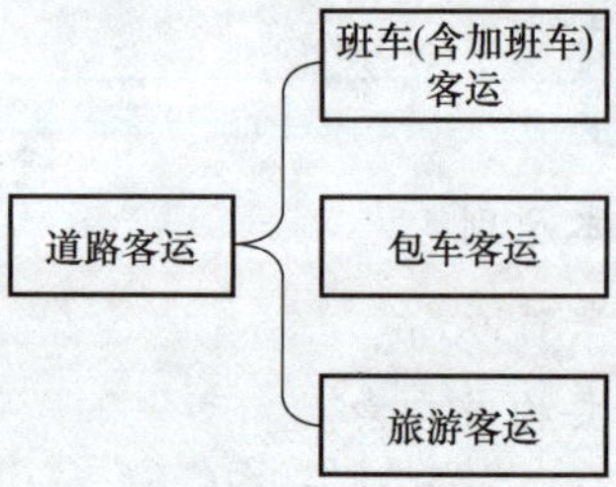

图 12-2　道路客运营运方式的构成

12.1　道路客运概述

　　道路旅客运输（以下简称为道路客运），不仅直接担负着相当数量的"门到门"旅客运输服务的任务，还承担着为铁路、水路和航空旅客提供集散服务的任务。道路客运是我国道路运输行业的一个重要组成部分。随着我国交通运输事业和国民经济生活水平的迅速发展，道路客运的地位与作用更为显著。因此，了解道路旅客运输业务，加强道路旅客运输组织工作，对于提高道路客运组织水平和服务质量具有重要意义。

12.1.1 道路客运的基本任务

道路客运的基本任务：最大限度地满足人民群众对于旅行的需要，尽可能地为旅客（或乘客）提供物质和文化生活方面的良好服务，保证安全、迅速、经济、便利地将旅客（或乘客）送往目的地。

12.1.2 道路客运的基本原则

1）注意与其他运输工具间的衔接配合和综合利用，最大限度地满足社会日益增长的旅客运输需要。
2）加强旅客运输工作的计划性，坚持正点运行，确保服务的可靠性和及时性。
3）争取最大限度的直达化，减少中转环节，提高运送速度，尽量缩短旅客在途时间。
4）不断改善旅客运输站务工作，配备必要的现代化服务性设施，为旅客提供良好的旅行环境和服务质量。
5）确保人身安全和车辆完好，坚持生产必须安全的方针。

12.1.3 道路客运的特点

1）全力发展城市公共旅客运输，这是从实际出发的一项重要国策。
2）国有大中型企业为主体，多种经济成分共同参与的旅客运输经营活动。
3）大型客车是道路客运的主要载运工具。
4）长途、短途旅客运输结合，以短途旅客运输为主。

12.1.4 道路客运系统的构成要素

（1）旅客运输经营主体　我国道路客运经营者数量多，经营规模、经营能力差别也很大。同时，道路客运经营与道路货运经营存在很大差别，道路客运的运输服务质量，往往直接关系到旅客的生命与安全。因此，道路客运经营主体的资格审定以及旅客运输的软硬件管理是旅客运输组织的一项重要内容。道路客运经营主体主要包括：班车（含加班车）客运、包车客运、旅游客运、旅客运输站（以下简称为客运站）等的经营者。

（2）旅客运输经营客体　旅客运输经营客体是指需要以道路运输方式实现出行目的的各类旅客或乘客。

（3）旅客运输市场　旅客运输市场是指各种道路客运需求、旅客运输能力供给、旅客运输交通规则、旅客运输规章和其他相关法规等。

（4）旅客运输基础设施　旅客运输基础设施包括客运站、道路桥梁、通信设施等。

（5）移动设施　移动设施是指各种旅客运输车辆，例如，特大型客车、大型客车、中型客车、轿车等。

（6）组织管理手段　组织管理手段是指电子公告牌、微机售票系统等现代化、电子化的管理手段、管理设备和管理方法。

12.2 道路客运与客运站经营管理

12.2.1 道路客运的管理主体

1) 交通运输部主管全国道路客运及客运站管理工作。

2) 县级以上地方人民政府交通运输主管部门,负责组织和领导本行政区域的道路客运及客运站管理工作。

3) 县级以上道路运输管理机构,负责具体实施道路客运及客运站管理工作。

12.2.2 道路客运经营的含义

根据《道路客运及旅客运输站管理规定(征求意见稿)》(简称《征求意见稿》),道路客运经营是指使用营运客车运送旅客、为社会公众提供服务的道路客运经营活动,包括班车(含加班车)客运、包车客运、旅游客运。

班车客运的线路根据经营区域分为以下类型:

1) 一类客运班线,是指跨省级行政区域之间(毗邻县之间除外)的客运班线。

2) 二类客运班线,是指在省级行政区域内,跨设区的市级行政区域之间(毗邻县之间除外)的客运班线。

3) 三类客运班线,是指在设区的市级行政区域内,跨县级行政区域(毗邻县之间除外)的客运班线。

4) 四类客运班线,是指县级行政区域内的客运班线或者毗邻县之间的客运班线。

包车客运按照其经营区域分为省际包车客运和省内包车客运。

旅游客运按照营运方式分为定线旅游客运和非定线旅游客运。定线旅游客运按照班车客运管理,非定线旅游客运按照包车客运管理。

12.2.3 道路客运经营申请

上述《征求意见稿》规定,申请从事道路客运经营的,应当具备以下条件:

1) 具有与其经营业务相适应并经检测合格的营运客车

① 营运客车的技术要求,应当符合《道路运输车辆技术管理规定》。

② 营运客车的类型等级要求:从事一类、二类客运班线和包车客运、旅游客运的营运客车,其车辆类型等级应当达到行业标准 JT/T 325—2018《营运客车类型划分及等级评定》规定的中级以上。

③ 营运客车的数量要求如下:

A. 经营一类客运班线的班车客运经营者,应当自有营运客车 100 辆以上,其中,高级营运客车在 30 辆以上;或者自有高级营运客车 40 辆以上。

B. 经营二类客运班线的班车客运经营者,应当自有营运客车 50 辆以上,其中,中高级营运客车在 15 辆以上；或者自有高级营运客车 20 辆以上。

C. 经营三类客运班线的班车客运经营者，应当自有营运客车 10 辆以上。

D. 经营四类客运班线的班车经营者，应当自有营运客车 1 辆以上。

E. 经营省际包车客运的经营者，应当自有中高级营运客车 20 辆以上。

F. 经营省内包车客运的经营者，应当自有营运客车 10 辆以上。

2）从事客运经营的驾驶员，应当符合《道路运输从业人员管理规定》。

3）具有健全的安全生产管理制度。健全的安全生产管理制度包括安全生产操作规程、安全生产责任制、安全生产监督检查制度、驾驶员和车辆安全生产管理制度。

4）申请从事道路客运班线经营，还应当有明确的线路和站点方案。新申请的一类客运班线营运线路，长度不超过 800km。

5）申请从事道路客运经营的，应当依法向市场监督管理机关办理有关登记手续后，按照以下规定提出申请：

① 从事一类、二类、三类客运班线经营或者包车客运经营的，向所在地设区的市级道路运输管理机构提出申请。

② 从事四类客运班线经营的，向所在地县级道路运输管理机构提出申请。

③ 在直辖市申请从事道路客运经营的，应当按照直辖市人民政府的有关规定，向相应的许可机关提出申请。

6）申请从事道路客运经营的，应当提供以下材料：

① 申请开业的相关材料如下：

A. 道路客运经营申请表。

B. 工商营业执照复印件。

C. 企业法定代表人或者个体经营者的身份证件及其复印件，经办人的身份证件及其复印件和委托书。

D. 安全生产管理制度文本。

E. 拟投入车辆和聘用驾驶员承诺，包括客车数量、类型及等级、技术等级，并承诺聘用的驾驶员具备道路客运驾驶员从业资格。如果拟投入客车属于已购置且未配发"道路运输证"的，应当提供该车行驶证、车辆技术等级评定结论、客车类型等级评定证明及其复印件。

② 同时申请道路客运班线经营的，还应当提供下列材料：

A. 道路客运班线经营申请表。

B. 进站承诺，承诺在投入运营前，与始发地、终到地和中途停靠地的客运站经营者签订进站协议。

C. 运输服务质量承诺。

7）已获得相应道路客运班线经营许可的经营者，申请新增客运班线时，除提供上述申请道路客运班线经营的材料外，还应当提供以下材料：

① "道路运输经营许可证"复印件。

② 拟投入车辆和聘用驾驶员承诺，包括客车数量、类型及等级、技术等级等，并承诺聘

用的驾驶员具备道路客运驾驶员从业资格。如果拟投入客车属于已购置且未配发"道路运输证"的，应当提供该车行驶证、车辆技术等级评定结论、客车类型等级评定证明及其复印件。

③ 经办人的身份证件及其复印件和申请人委托书。

12.2.4　客运站经营申请

申请从事客运站经营的，应当具备以下条件：

1）等级客运站经有关部门组织的工程竣工验收合格，并且经道路运输管理机构组织的站级验收合格；非等级客运站应有使用期限1年以上的固定经营场所。

2）有与业务量相适应的专业人员和管理人员。

3）有相应的设备、设施，具体要求按照行业标准JT/T 200—2020《汽车客运站级别划分及建设要求》的规定执行。

4）有健全的业务操作规程和安全管理制度，包括服务规范、安全生产操作规程、车辆发车前例检制度、安全生产责任制度、国家规定的危险物品及其他禁止携带的物品查堵制度、人员和车辆进出站安全管理制度、安全生产监督检查制度。

5）申请从事客运站经营的，应当在依法向市场监督管理机关办理有关登记手续后，向所在地县级道路运输管理机构提出申请。

6）申请从事客运站经营的，应当提供以下材料：

① 道路客运站经营申请表。

② 等级客运站竣工验收证明和站级验收证明；非等级客运站经营场所使用期限为1年以上的证明材料。

③ 企业法定代表人或者个体经营者身份证件及其复印件，经办人的身份证件及其复印件和申请人委托书。

④ 业务操作规程和安全管理制度。

12.2.5　道路客运与客运站经营许可

道路运输管理机构对道路客运经营申请、道路客运班线经营申请予以受理的，应当自受理之日起20日内，做出许可或不予许可的决定；道路运输管理机构对客运站经营申请予以受理的，应当自受理之日起15日内，做出许可或不予许可的决定。

道路运输管理机构对符合法定条件的道路客运经营申请，做出准予行政许可决定的，应当出具《道路客运经营行政许可决定书》，明确许可事项，许可事项为经营范围、车辆数量及要求；并在做出准予行政许可决定后10日内，向被许可人发放"道路运输经营许可证"，并告知被许可人所在地县级道路运输管理机构。

道路运输管理机构对符合法定条件的道路客运班线经营申请，做出准予行政许可决定的，应当出具《道路客运班线经营行政许可决定书》，明确许可事项，许可事项为经营主体、始发地、终到地、中途停靠地、途经路线及停靠站点、日发班次下限及上限、车辆数量上限及要求、经营期限，并在做出准予行政许可决定后 10 日内，向被许可人发放"道路客运班线经营许可证明"，见表 12-2，告知班线起讫地道路运输管理机构；属于一类、二类客运班线的，应当将《道路客运班线经营行政许可决定书》抄告中途停靠地和终到地同级道路运输管理机构。

表 12-2　道路客运班线经营许可证明　　　　×客运班许字　　　号

经营主体			
经营许可证号			
始发地及客运站点			
终到地及客运站点			
中途停靠地及客运站点			
途经路线			
日发班次下限及上限		客运班线类型	许可机关（盖章） 年　月　日
车辆类型等级		车牌号码	
班线客运标志牌编号			
特殊事项签注	线路公司□　区域经营式农村客运□　预约响应式农村客运□ 营运线路长度在 800km 以上的一类客运班线□		
有效期	自　　年　　月　　日 至　　年　　月　　日		
说明	1. 本证明贴在班车客运标志牌背面，缺一无效 2. 本证明不得转让、涂改或者伪造，过期作废 3. 在特殊事项签注□勾选营运线路长度在 800km 以上的一类客运班线的，车牌号码栏填写具体车牌号码，其他类型车牌号码栏不予体现 4. 在特殊事项签注□勾选线路公司、区域经营式农村客运、预约响应式农村客运的，第二至四行仅分别填写始发地、终到地、中途停靠地并注明"（站点自定）"；日发班次下限及上限栏填写"自定"		

道路运输管理机构对符合法定条件的客运站经营申请做出准予行政许可决定的，应当出具《道路客运站经营行政许可决定书》，并明确许可事项，许可事项为经营主体、客运站名称、站场地址、站场级别和经营范围；并在做出准予行政许可决定后 10 日内，向被许可人发放"道路运输经营许可证"。

道路运输管理机构对不符合法定条件的申请做出不予行政许可决定的，应当向申请人出具《不予交通行政许可决定书》。

■ 12.3　道路客运站工作组织

12.3.1　旅客运输过程的含义

旅客运输过程简称客运过程，是指旅客从检票进站开始，到检票出站为止的生产活动。

客运过程的实现，有相当多的作业需要在客运站完成，客运站是旅客集散的地点，同时是为旅客提供服务的场所。客运站的主要功能包括：运输服务功能；运输组织功能；中转、换乘功能；多式联运功能；通信、信息功能；辅助服务功能。客运站站务作业是指旅客发送和到达的业务工作，如图 12-3 所示。

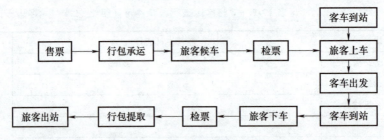

图 12-3　客运站站务作业示意图

12.3.2　旅客运输过程的作业

1. 售票工作

车票是乘车票据（包括全价票、优惠票等）的总称，它是旅客乘车的凭证，也是旅客支付票价的依据和凭证。

在出行前，旅客最关心的是按照自己的需要购买到车票，因此，售票工作十分重要。对于旅客而言，能否购买到所需的车票是能否按预定计划到达旅行目的地的主要依据；对于客运站而言，它是组织旅客运输工作，是为旅客提供服务的开始或第一步。

售票工作的基本要求是准确、迅速、方便，其中，最重要的是准确无误（包括乘车日期、车次及发车时间、票款等的准确无误）。为了使广大旅客迅速、方便地购买到车票，旅客运输站应采取多种形式的售票方式，例如预约售票、电话订票、团体送票、窗口售票、车上售票等。一般而言，旅客运输站的窗口售票具有明显的高峰时间，为了减少旅客的拥挤以及等待购票的时间，组织好高峰时间内的售票工作是提高售票效率的重要措施。旅客运输站应根据客流量的大小、在站购票人数、经营线路及班次数的多少、售票窗口工作持续时间、发售客票的效率等因素，确定开设售票窗口的数目。

旅客运输高峰内，所需售票窗口的数量，其计算公式为

$$N = \frac{tK}{60T} \cdot \sum_{i=1}^{m} nm \tag{12-1}$$

式中　N——所需要的营业窗口数（个）；

　　　t——每张客票的平均发售时间（min）；

　　　K——修正系数（修正系数是当原设定的某些因素，如购票人素质、工资水平等发生改变时，对 t 做出的局部调整和修正。一般情况下，$K<1$）；

　　　T——窗口工作时间（h）；

n——每班次出售客票数（张）；

m——全部经过和始发班次数（班）。

旅客运输站售票厅面积的大小，其计算公式为

$$售票厅面积 = 购票室面积 + 售票室面积 \qquad (12\text{-}2)$$

式中 购票室面积——购票室面积 $= 20.0 \text{m}^2/窗口 \times N$；

　　　售票室面积——售票室面积 $= 6.0 \text{m}^2/窗口 \times N + 15.0 \text{m}^2$。

【例 11-1】 某旅客运输站每日发往外地的长途始发班次为 20 班，每班次出售的客票数约 35 张；每日发往外地的短途始发班次共 25 班，每班次出售的客票数约 30 张；此外，每日约 40 班客车经过该旅客运输站，平均每班次的售票数约 20 张；该旅客运输站售票窗口的工作时间为 10h；旅客运输站的历史统计资料表明：该旅客运输站每张客票的发售时间约为 1min，修正系数为 0.5。请计算该旅客运输站在旅客运输高峰时，应开设的售票窗口数目是多少个？所需售票厅面积多大？

解：

应开设的售票窗口数目为

$$N = \frac{1 \times 0.5}{60 \times 10} \cdot (20 \times 35 + 25 \times 30 + 40 \times 20) 个 = 2 个$$

所需售票厅面积 = 购票室面积 + 售票室面积 = $20 \times 2 + 6.0 \times 2 + 15 = 67 \text{m}^2$

2. 行包托运与交付

1) 托运。旅客随身携带乘车的物品，每一张全票（含残疾军人票）免费 10kg，每一张儿童票免费 5kg；体积不能超过 0.02m^3，长度不能超过 1.8m，并以能放置本人座位下或车内行李架上为限。超过规定时，其超过部分按行包收费；占用座位时，按实际占用座位数购票。

旅客托运的行李包裹简称为行包，需由站方开具汽车旅客运输行包票。行包要包装严密，捆扎牢固，标志明显，适宜装卸。每位旅客随车托运行包总质量一般不能超过 40kg。行包单件质量不得超过 30kg，体积不得超过 0.12m^3，计件物品质量折算表所列物品除外，见表 12-3。每 1kg 行包的体积超过 0.003m^3 为轻泡行包，按体积每 0.003m^3 折合 1kg 的折算标准确定计费质量。

表 12-3　计件物品质量折算表

品名	计量单位	计费质量/kg
未拆散的自行车 [20in（1in = 0.0254m）以上]	辆	50
残疾人车	辆	100
儿童脚踏车（20in 以下）及各种儿童座车	辆	100
摩托车	辆	250 ~ 400
洗衣机	台	50 ~ 100
风扇	台	40

（续）

品名		计量单位	计费质量/kg
电视机	54cm（21in）以下	台	50
	67~76cm（25~29in）	台	80
	76cm（29in）以上	台	100

注：其他小型家用电器比照电视机体积折算。

旅客随车托运行包质量如果超过40kg，在本次班车不超载的前提下或其他车次有运输能力时也可以受理。危险品及政府禁运物品不得夹入行包托运。对有疑义的行包，由车站会同托运人开启查看。托运限运物品应持有关证明。邮件、图书、影片运输和旅客行包保价托运，按各省、自治区、直辖市规定办理。机密文件、贵重物品、易碎品、易污品、武器、精密仪器、有价证券等物品，须旅客自行携带看管。旅客自行携带看管的物品超过规定质量和体积的，为自理行包，按行包计费，如占用座位，须按实购买车票。

2）交付。旅客托运规定质量内的行包，一般应与旅客同车运达；旅客托运超过规定质量的行包或非旅客的托运物品，最迟运达期限为7天。行包运到后，应立即通知收件人提取，无法通知的予以公告。到达站从通知或公告次日起负责免费保管2天，超过2天，按不同的件重核收保管费。

托运行包凭行包票提取，如果行包票遗失，应向到达站说明登记，经车站确认后，可凭有关证明提取。如果行包已被他人持票取走，车站应协助查询，但不负赔偿责任。

行包自到达站发出通知或公告后10天内无人提取时，车站应认真查找使物归原主，超过90天仍无人提取的（鲜活易腐物品应及时处理以外），即按无法交付行包处理。无法交付行包，报经交通主管部门批准后，向当地有关部门作价移交，所得价款，扣除应付的费用，余款立账登记。在180天内仍无人领取时，上缴国库。

3. 候车室服务

候车室是大中型车站的一个基础设施，是供旅客等候乘车的场所。火车站、客运站和港口码头等重要交通中转站都设有各自的候车室。做好候车室服务工作是保证旅客运输工作正常进行的必要条件，而且能为旅客创造一个良好的候车环境。热情周到的服务能够提高旅客对运输服务的满意度。

各候车室不论大小，都应配备一定的基础设施，例如洗手间、开水房、商品销售点、公共电话处等必要设施。一般都有暖气或冷气开放，条件好的候车室还提供视频观看等。候车室都设有一定数量的座椅，供旅客等候乘车时休息使用。候车室还可以设有一些特殊的候车场所，供特殊需要的人休息使用，例如母婴候车室、军人候车室等。

候车室内除了硬件设施外，软件服务也需要满足候车旅客的需要，例如定时的清洁打扫，可以为旅客保持良好卫生的等车环境；杂志报纸销售服务，可以供旅客候车时打发时间、了解信息。

候车室按照车票的等级分为硬席候车室和软席候车室；按照环境和服务，分为普通候车室和茶水候车室。一般而言，软席和茶水候车室较硬席和普通候车室的环境与硬件设施好，所购车票也会贵一些。

4. 乘车组织及发车

组织旅客有秩序地上车并使班车安全正点出发，投入正常营业，是旅客运输站站务作业的一项重要内容。

为了维护上车秩序，保证旅客不发生错乘、漏乘，必须对持有客票的旅客办理检票手续，即上车前，对旅客车票在验明车次、日期、到达站等信息无误后检票，标志着车站的一切运行准备工作已全部就绪。

做好检票工作，借以复查旅客是否有错乘、漏乘，正确统计上车人数，为有计划地运送旅客提供可靠的数据和资料。

旅客上车就座后，驾驶员和乘务人员应利用发车前的时间做好宣传工作，使旅客了解本次班车到达的终点站、沿途停靠站、途中膳宿地点、正点发车时间、到达时间以及行车中的注意事项等，开车前的短暂宣传是保证安全行车的有效措施之一，也是不可缺少的环节之一。

班车发出前，旅客运输站值班站长或值班人员应作最后检查，确认各项工作就绪，车辆的前后、左右、上下情况都正常才能发出运行放行信号。一般采用旗、筒指挥，驾驶员在得到允许放行信号后，才能启动车辆运行。

旅客运输班车能否安全、正点地从车站出发是旅客运输站站务工作的管理水平和组织水平的评判依据之一。

5. 接车工作

旅客运输班车到达后，到达站值班员应指挥车辆停放在适当地点，查看行车路单（见表12-4和表12-5）、交接清单等有关资料，了解本站下车人数，点交本站的行包、公文及物品等，并立即通知有关人员做好各项站务工作的准备，包括照顾旅客下车，提醒下车旅客不要将随身携带物品留在车厢内，检验车票，解答旅客提出的有关问题等。还应该根据行车路单上的有关记录或驾驶员的反映，处理其他临时遇到的事项。

如果是路过班车，则按照站务作业要求组织本站旅客乘车。

表12-4　行车路单样式（正面）

车号		座位数		编号		车次		应发时间		实发时间	
驾驶员			乘务员				晚点原因				
时间		起站	止站	里程/km		运送旅客（人）		运送行包（件）		业务员签章	
月	日										

表 12-5　行车路单样式（背面）

行车燃料、润料记录	时间		发油地点	发油存量/L			经办人签章	沿线站点报到情况	时间		车站名称	开到时间		业务员签章
	月	日		汽油	柴油	机油			月	日		时	分	
												开		
												到		
												开		
												到		
												开		
												到		
合计	行程合计		人	人·km		t	t·km	汽油实耗		柴油实耗		机油实耗		备注

12.4　客车运行组织

客运生产计划是组织道路客运不可缺少的前提，它的基本要求是：一方面，努力满足人民群众对乘车出行的需要；另一方面，要尽量经济、合理地使用客运车辆和其他设施。客车运行作业计划是客运生产计划的具体化，是客运站、车队以及站务人员等，进行日常客运生产活动的依据。编制质量良好的客车运行作业计划，加强客车运行的调度指挥，保证客车运行的安全正点，是客车运行组织的中心工作。客车运行作业计划对客车运行的安全性和可靠性有很高的要求，应能在满足客流需要的前提下，有较合理的客车班次时刻表和客车运行周期表。

12.4.1　客车班次时刻表

客运调查所获得的资料和客运量预测值，是制定客车班次时刻表的主要依据。通过对客运量数据的分析，基本上能够掌握营运区域内旅客的流量、流向及其变化规律，再结合客运企业的客运能力，就可以初步确定客车班次及需要停靠的站点。

可以根据以下原则，确定客车班次时刻表：

1）规定适宜的到发时刻。客车班次时刻表能否尽量满足旅客对旅行的要求，这是衡量其质量的标志之一。一般情况下，班次的始发时刻不宜过早，到达时刻不宜过晚；班次经过沿途大站的时刻应便于旅客的中转和换乘；同一方向上有两对以上班车到达某站时，到发时间应前后错开；组织双班客运时，夜间班次尽可能组织直达运输，其到发时间应方便旅客，一般以傍晚始发，凌晨到达为好；运距不长的区内客流，为了便利旅客当天往返，可以合理安排对开班车的时刻。

2) 规定班车间相互衔接和配合的到发时间。客车班次时刻表的衔接和配合，主要是为了解决旅客的中转和换乘。这种衔接和配合，通常有三种情况：

① 长途班车和长途班车的衔接配合。长途班车以组织直达运输为主，其相互衔接配合的情况不是太多。在运距适宜（如半天之内的行程）的情况下，长途班车到发时间的衔接配合，应能保证乘客从一个方向换乘另一个方向，当天到达目的地。在客车班次时刻表中，除应考虑相互衔接配合的班次外，还应尽可能压缩旅客等待乘坐衔接班车的时间。

② 长途班车与短途班车的衔接配合。这种类型的衔接配合主要是为了便于旅客往返于城镇和乡村之间，避免过长的等待时间。当长途班车和短途班车不是运行于同一条线路上时，短途班车应提前到达旅客换乘站，并在长途班车到达换乘站之后返回，如图12-4所示。在图12-4中，11次和12次表示长途班车，101次和102次表示短途班车。

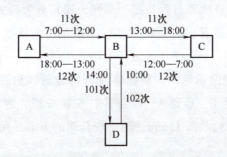

图12-4　交叉线路上长途与短途班车的衔接配合

当长途班车与短途班车运行于同一线路上时，则应根据长、短途客车班次的多少来决定衔接配合的时刻。如果短途班次较多，则最好在长途班次经过大站的前后各开一次短途班车，如图12-5所示；如果短途班次较少，且某一线路的上下行客流很不均衡，则应优先保证顺向客流的衔接配合，为多数旅客提供方便。

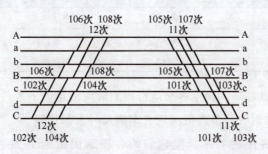

图12-5　同一线路上长途与短途班车的衔接配合

③ 汽车客运班车与其他客运方式的衔接配合。这种类型的衔接配合主要是指汽车为铁路、水路等载客量较大的运输工具承担旅客集散任务，这种衔接配合对于提高旅客运输服务质量具有重要意义。目前，交通运输业已经进入综合利用各种运输方式的新阶段，做好各种交通方式之间的衔接配合，积极开展联合运输，对于促进客运事业的发展非常重要。

3) 保证班车时刻表与客运站务工作的相互协调。班车到达客运站后或离开客运站前，要完成旅客上下车和行包装卸等作业。为了完成这些作业环节，客运站应有必要的作业时间。班车时刻表中，安排的客车在站停留时间必须充分考虑车站客运作业的项目以及完成这些作业所需要的时间，保证车辆运行和站务作业顺利对接。这种情况在作业量较大的中途站，应该特别注意。

12.4.2 客车运行周期

客车运行周期是企业组织客车行驶线路的一种具体规定，是编好客车运行作业计划的关键。确定客车运行周期表前，必须对有关各项技术参数进行详细计算和比较分析。在此基础上，确定车辆的行驶线路，如将各个不同的行驶线路有机地贯通在一起，便构成了客车运行周期。客车运行周期用图表的形式表示，则构成了客车运行周期表。

客车运行周期因它所套班次和行程长短的不同，通常分为两大类：即大循环式运行周期和小循环式运行周期。一般而言，大循环式运行周期是将营运区内所有（或绝大部分）的营运班次组织衔接在一起。一个大循环式运行周期，往往就是一个完整的运行周期表。

图 12-6 所示为某营运线路示意图，根据客流资料分析，如果要求每日的开行班次是 A 到 C、A 到 B、B 到 A、B 到 C、C 到 A、C 到 B 各安排一班，客车平均速度为 30km/h，客车每次在站上下客和装卸行包共需 15min，则比较合理的方案是用三辆车，并按照表 12-6 的行驶线路完成任务。

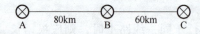

图 12-6 某营运线路示意图

表 12-6 运行周期

车号	行驶线路	运行周期类型	
Ⅰ	A→B→C	小循环式	Ⅰ+Ⅱ+Ⅲ构成大循环式运行周期
Ⅱ	C→B→A	小循环式	
Ⅲ	A→C→A	小循环式	

通过上述的例子可以得知，确定客车运行周期时应满足以下条件：

1) 保证客车班次时刻内，全部班次均有车辆及时参加运输。

2) 充分发挥每辆客车的效率，使它们的各项运用指标（如平均车日行程）尽可能接近。

3) 便于安排车辆的保修作业以及驾乘人员的食宿和公休。

4) 确保行车安全。

采用大循环式运行周期时，每个驾驶员都将参与营运区内每一班次的运行，不管是长途还是短途，干线还是支线。因此，每个驾驶员的劳动条件相同，易于安排任务，调度也较容易。但是，这种方式不利于驾驶员在很短时期内熟悉所有线路，对于行车安全、节约燃料具有一定影响；再则，不同的车型在不同运用条件下工作，其适应性也有很大区别，难以充分发挥每一辆车的运输效率，采用大循环形式时，一旦某局部计划被打乱，就会影响整个计划的进行，并难以及时弥补。

为了避免上述不足，可以将营运区域内道路和运输条件相类似的若干线路的班次结合在一起，使每辆车安排在较小的范围内进行，这种组织形式便是小循环式运行周期。一般情况下，每个小循环式运行周期都是构成某个大循环式运行周期的一部分。往复式运行线路是一种最简单的小循环。

综上，在满足客车班次时刻表的情况下，如果采用不同的循环方式，便可以组成不同的运行周期表。随着车辆调度水平的不断提高，更为合理的行驶线路会被不断发现，此时的客车运行周期就会随之而变动。客车运行周期表虽然不是每编制一次作业计划就相应变更一次，但是它的变动性会比客车班次时刻表的变动性大。

有了良好的客车运行周期表，再结合其他有关资料，便可以具体落实每辆客车的运行、保修等日期，客车运行作业计划就容易编制了。

12.4.3　客车运行作业计划

客车运行作业计划是道路客运企业为组织客车运行所编制的实施计划，是单车运行作业计划的总表，一般按月编制。客车运行作业计划由生产调度部门编制，主要内容是：安排每辆客车在一定时间（如月、旬、五日、三日、一日）内的具体运输任务，包括按日历顺序安排的客车运行作业的起止时间、运行路线、旅客上下车地点、应完成的客运量等。

1. 客车运行作业计划的编制依据

客车运行作业计划的编制依据包括：

1）运输工作量计划和车辆运用效率计划。
2）客源及客流调查与预测资料。
3）道路通阻情况及近期天气预报。
4）车辆保养修理作业计划。
5）驾乘人员配备计划。
6）客运班线及客运站等的调查资料等。

2. 客车运行作业计划的编制方法

客车运行作业计划的编制过程和方法，与货车运行作业计划基本相同。首先要制定班车班次时刻表和客车运行周期表，然后以此为依据，结合车辆保养修理作业计划，按照日历顺序，安排每辆车的运行班次及进出场保养修理时间，编制总的客车运行作业计划。在车辆出车执行任务时，由调度员签发行车路单，起点站、中间站填写上车旅客人数及其到达站，完成任务后交回调度员结算。

3. 客车运行作业计划的编制

客车运行作业计划在客车班次时刻表和客车运行周期表的基础上进行编制。某车队的客车运行作业计划见表 12-7，某客运站的客车运行作业计划见表 12-8。

表 12-7　某车队××年××月客车运行作业计划

车号	每日出车班次									
	1	2	3	4	5	6	7	8	9	……
421	101	102	101	102	101	102	B_2	101	102	……
422	102	101	102	101	B_2	T	T	102	101	……
423	D	D	106	105	102	101	101	T	T	……
429	105	106	105	106	105	106	102	D	D	……
……										

注：1. B_2 为二级维护。
　　2. D 为大修。
　　3. T 为待班。

表 12-8　某客运站××年××月客车运行作业计划

班次	每日出车车号									
	1	2	3	4	5	6	7	8	9	……
101	421	422	421	422	421	423	423	421	422	……
102	422	421	422	421	423	421	429	422	421	……
105	429	……	429	423	429	……				
106	……	429	423	429	……	429				
……										

4. 编制客车运行作业计划人员的工作职责

从事安排和实施客车运行作业计划的人员，应从事的工作主要包括：

1）编制客流图，编排运行计划。

2）协调和督促有关部门安排或实施运输计划。

3）根据运力、道路、装卸能力、客流变化等，提出运输线路开辟、延伸和班次增减建议。

4）记录、保管、整理、分析有关业务资料，制订和优化运输调度方案。

复习思考题

1. 简答题

（1）班车客运的线路有哪 4 种类型？

（2）申请从事道路客运经营，应具备哪些条件？

（3）客运站的主要功能及站务工作有哪些？

（4）如何做好汽车客运班车与其他客运方式的衔接配合？

（5）客车运行作业计划的编制依据有哪些？

2. 名词解释题

（1）客车班次时刻表。

（2）客车运行周期表。

（3）大循环式运行周期。

（4）客车运行作业计划。

3. 计算题

某旅客运输站每日发往外地的长途始发班次为 15 班，每班次出售的客票数约 30 张；每日发往外地的短途始发班次共 20 班，每班次出售的客票数约 30 张；此外，每日约 40 班客车经过该旅客运输站，平均每班次的售票数约 25 张；该旅客运输站售票窗口的工作时间为 9.5h；旅客运输站的历史统计资料表明：该旅客运输站每张客票的发售时间约为 1min，修正系数为 0.5。请计算该旅客运输站在旅客运输高峰时，应开设的售票窗口数目是多少个？所需售票厅面积多大？

附　　录

■ 附录 A　运输组织学的主要图例说明

序号	图例符号	含义	序号	图例符号	含义
1	→	有载行程或重车流向线	7	▰▻	牵引车
2	--→	无载行程或空车流向线	8	▭	挂车
3	△	车场	9	——	公路运输线路
4	○	装货地点或上客地点	10	▭▰	铁路运输线路
5	×	卸货地点或下客地点	11	←-·-·	不合理线路
6	⊗	装卸货地点或上下客地点			

■ 附录 B　某物流园建设的货物运输需求调查表

表 B-1　现有企业运输需求调查表

企业名称			
联系人		联系电话	
年营业额/万元			

（续）

企业产品运输需求情况

主要产品品类							
产品①运输需求	产品品名						
	年产量		单位		数量		
	年产值（万元）						
	产品主要销售地点						
	年外运量/万 t						
	其中集装箱运量（万 TEU）						
	预测 2025 年运量/万 t						
	预计 2030 年运量/万 t						
	分运输方式运量	产品的运输方式		铁路		公路	航空
		产品①主要运输目的地					
		年运量/万 t					
		其中集装箱运量（万 TEU）					
		预测 2025 年运量/万 t					
		预计 2030 年运量/万 t					
产品②运输需求	产品品名						
	年产量		单位		数量		
	年产值（万元）						
	产品主要销售地点						
	年外运量/万 t						
	其中集装箱运量（万 TEU）						
	预测 2025 年运量/万 t						
	预计 2030 年运量/万 t						
	分运输方式运量	产品的运输方式		铁路		公路	航空
		产品②主要运输目的地					
		年运量/万 t					
		其中集装箱运量（万 TEU）					
		预测 2025 年运量/万 t					
		预计 2030 年运量/万 t					
产品③运输需求	产品品名						
	年产量		单位		数量		
	年产值（万元）						
	产品主要销售地点						
	年外运量/万 t						
	其中集装箱运量（万 TEU）						
	预测 2025 年运量/万 t						
	预计 2030 年运量/万 t						

（续）

企业产品运输需求情况

产品③运输需求	分运输方式运量	产品的运输方式	铁路	公路	航空
		产品③主要运输目的地			
		年运量/万 t			
		其中集装箱运量（万 TEU）			
		预测 2025 年运量/万 t			
		预计 2030 年运量/万 t			

……

注：如产品品类较多，请另附页填报

企业外贸进出口商品运输需求情况

	主要外贸商品品类				
外贸商品①运输需求		商品品名			
		年进出口量	单位		数量
		年进出口额（万美元）			
		进出口国别			
		产品进出口海关名称			
		年进出口运量/万 t			
		其中集装箱运量（万 TEU）			
		预测 2025 年运量/万 t			
		预计 2030 年运量/万 t			
	分运输方式运量	产品的运输方式	铁路	公路	航空
		进出口海关名称			
		年运量/万 t			
		其中集装箱运量（万 TEU）			
		预测 2025 年运量/万 t			
		预计 2030 年运量/万 t			
外贸商品②运输需求		商品品名			
		年进出口量	单位		数量
		年进出口额（万美元）			
		进出口国别			
		产品进出口海关名称			
		年进出口运量/万 t			
		其中集装箱运量（万 TEU）			
		预测 2025 年运量/万 t			
		预计 2030 年运量/万 t			
	分运输方式运量	产品的运输方式	铁路	公路	航空
		进出口海关名称			
		年运量/万 t			
		其中集装箱运量（万 TEU）			
		预测 2025 年运量/万 t			
		预计 2030 年运量/万 t			

附　录

（续）

企业外贸进出口商品运输需求情况

……

注：如外贸商品品类较多，请另附页填报。如一种商品进口自（出口至）多个国家，请分别填报。

企业原材料运输需求情况					
主要原材料种类					
原材料①运输情况	原材料名称				
	年需求量		单位		数量
	原材料主要供应地				
	原材料年运进量/万 t				
	其中集装箱运量（万 TEU）				
	预测 2025 年运量/万 t				
	预计 2030 年运量/万 t				
	分运输方式运量	产品的运输方式	铁路	公路	航空
		原材料①供应地点			
		年运量/万 t			
		其中集装箱运量（万 TEU）			
		预测 2025 年运量/万 t			
		预计 2030 年运量/万 t			
原材料②运输情况	原材料名称				
	年需求量		单位		数量
	原材料主要供应地				
	原材料年运进量/万 t				
	其中集装箱运量（万 TEU）				
	预测 2025 年运量/万 t				
	预计 2030 年运量/万 t				
	分运输方式运量	产品的运输方式	铁路	公路	航空
		原材料②供应地点			
		年运量/万 t			
		其中集装箱运量（万 TEU）			
		预测 2025 年运量/万 t			
		预计 2030 年运量/万 t			
原材料③运输情况	原材料名称				
	年需求量		单位		数量
	原材料主要供应地				
	原材料年运进量/万 t				
	其中集装箱运量（万 TEU）				
	预测 2025 年运量/万 t				
	预计 2030 年运量/万 t				

（续）

企业原材料运输需求情况

原材料③运输情况	分运输方式运量	产品的运输方式	铁路	公路	航空
		原材料③供应地点			
		年运量/万 t			
		其中集装箱运量（万 TEU）			
		预测 2025 年运量/万 t			
		预计 2030 年运量/万 t			

……

注：如原材料品类较多，请另附页填报

表 B-2 在建、待建企业及有意向建设企业运输需求调查表

企业名称			
联系人		联系电话	
投资额（万元）			
年营业额（万元）			

（请分别填报 202×年及 203×年预计数）

企业产品运输需求情况

	主要产品品类				
产品①运输需求	产品品名				
	预测 2025 年产量		单位		数量
	预测 2025 年产值（万元）				
	预测 2025 年运量/万 t				
	预计 2030 年产量		单位		数量
	预计 2030 年产值（万元）				
	预计 2030 年运量/万 t				
	分运输方式运量	产品的运输方式	铁路	公路	航空
		产品①主要运输目的地			
		预测 2025 年运量/万 t			
		预计 2030 年运量/万 t			
产品②运输需求	产品品名				
	预测 2025 年产量		单位		数量
	预测 2025 年产值（万元）				
	预测 2025 年运量/万 t				
	预计 2030 年产量		单位		数量
	预计 2030 年产值（万元）				
	预计 2030 年运量/万 t				

附　录

（续）

企业产品运输需求情况

产品②运输需求	分运输方式运量	产品的运输方式	铁路	公路	航空
		产品②主要运输目的地			
		预测 2025 年运量/万 t			
		预计 2030 年运量/万 t			
产品③运输需求	产品品名				
	预测 2025 年产量		单位		数量
	预测 2025 年产值（万元）				
	预测 2025 年运量/万 t				
	预计 2030 年产量		单位		数量
	预计 2030 年产值（万元）				
	预计 2030 年运量/万 t				
	分运输方式运量	产品的运输方式	铁路	公路	航空
		产品③主要运输目的地			
		预测 2025 年运量/万 t			
		预计 2030 年运量/万 t			

……

注：如产品品类较多，请另附页填报

企业外贸进出口商品运输需求情况

	主要外贸商品品类				
外贸商品①运输需求	商品品名				
	预测 2025 年进出口量		单位		数量
	预测 2025 年进出口额及国别				
	预测 2025 年进出口运量/万 t				
	预测 2030 年进出口量		单位		数量
	预测 2030 年进出口额及国别				
	预测 2030 年进出口运量/万 t				
	分运输方式运量	产品的运输方式	铁路	公路	航空
		商品①进出口海关名称			
		预测 2025 年运量/万 t			
		预计 2030 年运量/万 t			

249

(续)

企业外贸进出口商品运输需求情况

外贸商品②运输需求	商品品名					
	预测 2025 年进出口量		单位		数量	
	预测 2025 年进出口额及国别					
	预测 2025 年进出口运量/万 t					
	预测 2030 年进出口量		单位		数量	
	预测 2030 年进出口额及国别					
	预测 2030 年进出口运量/万 t					
	分运输方式运量	产品的运输方式	铁路		公路	航空
		商品②进出口海关名称				
		预测 2025 年运量/万 t				
		预计 2030 年运量/万 t				

注：如外贸商品品类较多，请另附页填报。如一种商品进口自（出口至）多个国家，请分别填报

企业原材料运输需求情况

	主要原材料种类					
原材料①运输情况	原材料名称					
	原材料①主要供应地					
	预测 2025 年需求量		单位		数量	
	预测 2025 年需求量		单位		数量	
	分运输方式运量	产品的运输方式	铁路		公路	航空
		原材料①主要供应地				
		预测 2025 年运量/万 t				
		预计 2030 年运量/万 t				
原材料②运输情况	原材料名称					
	原材料②主要供应地					
	预测 2025 年需求量		单位		数量	
	预测 2025 年需求量		单位		数量	
	分运输方式运量	产品的运输方式	铁路		公路	航空
		原材料②主要供应地				
		预测 2025 年运量/万 t				
		预计 2030 年运量/万 t				
原材料③运输情况	原材料名称					
	原材料③主要供应地					
	预测 2025 年需求量		单位		数量	
	预测 2025 年需求量		单位		数量	

（续）

原材料③运输情况	分运输方式运量	企业原材料运输需求情况			
		产品的运输方式	铁路	公路	航空
		原材料③主要供应地			
		预测 2025 年运量/万 t			
		预计 2030 年运量/万 t			
……					

注：如原材料品类较多，请另附页填报

■ 附录 C 道路运输企业质量信誉考核记分标准

考核项目			考核分数	记分标准
运输安全 （300 分）	交通责任 事故率	客运企业	50	每增 0.01 次/车，扣 5 分
		货运企业	50	每增 0.01 次/车，扣 5 分
	交通责任 事故死亡率	客运企业	150	每增 0.01 人/车，扣 25 分
		货运企业	150	每增 0.005 人/车，扣 25 分
	交通责任 事故伤人率	客运企业	100	每增 0.01 人/车，扣 10 分
		货运企业	100	每增 0.005 人/车，扣 10 分
经营行为 （200 分）	经营 违章率	客运企业	200	每增 0.01 次/车，扣 10 分
		货运企业	200	每增 0.01 次/车，扣 10 分
服务质量 （200 分）	社会投诉率	客运企业	200	每增 0.01 次/车，扣 10 分
		货运企业	200	每增 0.005 次/车，扣 10 分
社会责任 （150 分）	规费缴纳		80	不按规定为营运车辆缴纳运管费、养路费、客货运附加费的，每台次扣 10 分
	投保承运人责任险		70	不按法律法规要求为营运车辆投保承运人责任险的，每台次扣 10 分
企业管理 （150 分）	质量信誉档案		50	质量信誉档案不健全的，每缺一项，扣 10 分；不按要求上报质量信誉情况但能及时纠正的，扣 30 分
	企业稳定		100	由于企业管理原因，导致发生违反《信访条例》规定、出现过激行为、严重扰乱社会秩序、造成恶劣社会影响的群体性事件的，不得分；情节不严重，或经批评教育后及时改正的，每次扣 50 分

(续)

考核项目		考核分数	记分标准
加分项目（100分）	企业形象	20	营运车辆统一标识和外观的，加10分；服务人员统一服装的，加10分
	科技设备应用	30	50%以上营运车辆安装GPS或行车记录仪并有效应用的，加20分；全部营运车辆安装并有效应用的，加30分
	省部级以上荣誉称号	20	获得省、部级以上荣誉称号的，加20分
	完成政府指令性运输任务	30	圆满完成县级以上人民政府、交通主管部门或道路运输管理机构指令性应急运输任务的，加30分；未按要求完成的，不加分，若发生一次从考核总分中扣30分

注：1. 所有项目的考核分，不计负分，扣完本项目规定考核分数为止。
2. 交通责任事故限于考核周期内道路运输企业承担同责及同责以上、有人员伤亡的交通事故。
3. 交通责任事故率=企业发生交通责任事故的次数/营运客车数（或营运货车数）。
4. 交通责任事故死亡率=企业发生交通责任事故导致的死亡人数/营运客车数（或营运货车数）。
5. 交通责任事故伤人率=企业发生交通责任事故导致的受伤人数/营运客车数（或营运货车数）。
6. 经营违章限于企业及其从业人员违反交通行业管理行政法规、规章和规定，受到各级交通主管部门、道路运输管理机构行政处罚的违章行为。
7. 经营违章率=企业被查处的违章行为的次数/营运客车数（或营运货车数）。
8. 服务质量的社会投诉是指道路运输企业及其从业人员违反有关规定，损害他人正当权益，旅客、货主、其他相关人向道路运输管理机构进行投诉，或新闻媒体对企业的服务质量事件曝光，经查属实的。
9. 社会投诉率=服务质量投诉次数/营运客车数（或营运货车数）。
10. 省、部级以上荣誉称号指道路运输企业在考核周期内获得的国家部委、省级党政机关以上单位（不含下设机构）授予的在评优创先、安全生产、文明服务、精神文明建设方面的集体荣誉称号。
11. 各项考核指标的有效数据按四舍五入的原则保留到小数点后2或3位，具体要求见每项的记分标准。
12. 附录C中的营运客车数系指企业上年度末企业在册的营运客车总数，包括客运班车、客运包车、旅游客车，但不包括出租汽车和城市公共汽车；营运货车数系指企业上年度末企业在册的营运货车总数，包括非经营性道路危险货物运输车辆。

■ 附录D 某快递公司顾客满意度评价（专家用）调查表

一、问卷调查说明

1）此次调查是对×××快递公司的服务做出评价，×××快递公司的相关资料见附送材料。

2）本次调查采用无记名问卷形式，您对问卷的回答不存在对错，关键是尊重事实，你的真实意见才是最重要的。

3）调查表均采用矩阵形式，且为对称矩阵。为尽量少占用您宝贵的学习和工作时间，每份调查表只需要您填写右上角部分。

4)调查表中单元格的取值,采用两两比较法获得,即把单元格的行元素与列元素对比,当行元素比列元素重要时,取值为1~9的整数,您认为越重要取值越大;当行元素没有列元素重要时,取值为1/9、1/8、1/7、1/6、1/5、1/4、1/3、1/2,越不重要取值越小。

诚挚地感谢您的协助!

二、问卷调查表

评价指标	企业形象	服务质量	运价水平	客户忠诚	其他评价
企业形象	1				
服务质量		1			
运价水平			1		
客户忠诚				1	
其他评价					1

■ 附录E 某快递公司客户满意度(顾客用)调查表

尊敬的客户:

您好!

非常感谢您在百忙之中参加我们的客户满意度调查。

×××快递公司感谢您多年来的支持!为了更好地为您服务,恳请您接受我们的客户满意度调查,欢迎您提出宝贵的意见。

1. 您对本公司及公司快递品牌的印象如何?(　　)

　A. 很满意,快递品牌不错　　　　B. 较满意,有发展前景

　C. 一般,还过得去　　　　　　　D. 不太满意,快递品牌有待提高

　E. 很不满意

2. 您认为本公司的快递服务质量总体上的满意程度如何?(　　)

　A. 很满意　　　　　　　　　　　B. 满意

　C. 一般　　　　　　　　　　　　D. 不太满意

　E. 很不满意

3. 您对本公司对外形象(如员工统一衣着、企业文化、环保等)的印象如何?(　　)

　A. 很满意,形象很好　　　　　　B. 一般,还过得去

　C. 较满意,形象较好　　　　　　D. 不太满意,形象较差

　E. 很不满意,形象很差

4. 您对本公司的快递包装以及外观满意吗?(　　)

A. 非常满意 B. 满意
C. 一般 D. 不满意
E. 非常不满意

5. 您如何看待本公司的物流能力（如车辆类型、服务及时性等）？（　　）
   A. 很满意，完全能满足我的需要 B. 较满意，基本上可以满足我的需要
   C. 一般，还过得去 D. 不太满意，物流能力需提高
   E. 很不满意

6. 您如何看待本公司的可送达区域（或送达范围）？（　　）
   A. 非常满意 B. 满意
   C. 一般 D. 不满意
   E. 非常不满意

7. 您认为本公司的各种信息（如货运车辆供给信息、服务价格信息、新服务的宣传等）获得的便利性如何？（　　）
   A. 很满意 B. 满意
   C. 一般 D. 不太满意
   E. 很不满意

8. 您对本公司的发货速度以及送货速度满意吗？（　　）
   A. 非常满意 B. 满意
   C. 一般 D. 不满意
   E. 非常不满意

9. 您对本公司的快件递送位置查询的响应能力（即查询在途快递的位置）满意吗？（　　）
   A. 非常满意 B. 满意
   C. 一般 D. 不满意
   E. 非常不满意

10. 您对本公司在履行对客服的承诺（如快递的接收时间、送达时间方面）满意吗？（　　）
    A. 非常满意 B. 满意
    C. 一般 D. 不满意
    E. 非常不满意

11. 您认为本公司提供的个性化服务（如上门收货、代收货款等）如何？（　　）
    A. 非常满意 B. 满意
    C. 一般 D. 不满意
    E. 非常不满意

12. 您使用本公司寄送快件的次数为平均（　　）次/月？

A. 0 B. 1
C. 2 D. 3
E. 4及以上

13. 您在本公司的寄件共发生过（　　）损坏？
A. 0次 B. 1次
C. 2次 D. 3次
E. 4次及以上

14. 您在本公司的寄件共发生过（　　）丢失？
A. 0次 B. 1次
C. 2次 D. 3次
E. 4次及以上

15. 您对本公司快递员的服务态度满意吗？（　　）
A. 非常满意 B. 满意
C. 一般 D. 不满意
E. 非常不满意

16. 您认为本公司快递员在服务主动性和沟通方面的表现如何？（　　）
A. 非常好 B. 好
C. 一般 D. 很差

17. 您对本公司服务失误的处理方式（如快递丢失、快递损坏等的处理方式）以及处理效率满意吗？（　　）
A. 非常满意 B. 满意
C. 一般 D. 不满意
E. 非常不满意

18. 您对本公司的首重收费标准与续重收费标准满意吗？（　　）
A. 非常满意 B. 满意
C. 一般 D. 不满意
E. 非常不满意

19. 您认为本公司收费在快递行业中的价格水平如何？（　　）
A. 明显高于同行 B. 略高于同行
C. 与同行持平 D. 略低于同行
E. 明显低于同行

20. 您对本公司快递服务的结算方式（如现金结算、按照月份结算等方式）的满意程度如何？（　　）
A. 非常满意 B. 满意
C. 一般 D. 不满意
E. 非常不满意

21. 您有再次使用本公司服务的意愿吗？（   ）

A. 很强　　　　　　　　　　B. 强

C. 一般　　　　　　　　　　D. 弱

E. 几乎不会再使用

22. 您是否愿意向他人推荐本公司？（   ）

A. 非常愿意　　　　　　　　B. 愿意

C. 一般　　　　　　　　　　D. 不愿意

E. 相当不愿意

附录 F　道路危险货物运输车辆标志牌图形

编号	名称	标志牌图形	对应的危险货物类项号
1	爆炸品	（底色：橙红色　图案：黑色）	1.1 1.2 1.3
2	爆炸品	（底色：橙红色　图案：黑色）	1.4
3	爆炸品	（底色：橙红色　图案：黑色）	1.5

（续）

编号	名称	标志牌图形	对应的危险货物类项号
4	易燃气体	（底色：红色　　图案：黑色）	2.1
5	不燃气体	（底色：绿色　　图案：黑色）	2.2
6	有毒气体	（底色：白色　　图案：黑色）	2.3
7	易燃液体	（底色：红色　　图案：黑色）	3

（续）

编号	名称	标志牌图形	对应的危险货物类项号
8	易燃固体	（底色：白色红条　图案：黑色）	4.1
9	自燃物品	（底色：上白色下红色　图案：黑色）	4.2
10	遇湿易燃物品	（底色：蓝色　图案：黑色）	4.3
11	氧化剂	（底色：柠檬黄色　图案：黑色）	5.1

（续）

编号	名称	标志牌图形	对应的危险货物类项号
12	有机过氧化物	有机过氧化物 5.2 （底色：柠檬黄色　图案：黑色）	5.2
13	剧毒品	剧毒品 6 （底色：白色　图案：黑色）	6.1
14	有毒品	有毒品 6 （底色：白色　图案：黑色）	6.1
15	有害品（远离食品）	有害品（远离食品）6 （底色：白色　图案：黑色）	6.1

（续）

编号	名称	标志牌图形	对应的危险货物类项号
16	感染性物品	（底色：白色　　图案：黑色）	6.2
17	腐蚀品	（底色：上白色下黑色　　图案：黑色）	8
18	杂类	（底色：上白色黑条下白色　　图案：黑色）	9

注：运输放射性危险货物车辆的标志牌图形应符合 GB 11806—2019《放射性物品安全运输规程》的规定。

参 考 文 献

[1] 杨浩. 运输组织学 [M]. 3版. 北京：中国铁道出版社，2020.

[2] 国家统计局. 中国统计年鉴：2021 [M]. 北京：中国统计出版社，2021.

[3] 户佐安，薛锋. 交通运输组织学 [M]. 成都：西南交通大学出版社，2014.

[4] 金晓红，顾正洪，付丽红. 道路运输组织学 [M]. 徐州：中国矿业大学出版社，2015.

[5] 王小霞. 运输组织学 [M]. 北京：北京大学出版社，2013.

[6] 戴彤炎，孙学琴，姜华. 运输组织学 [M]. 北京：机械工业出版社，2006.

[7] 吴文静. 公路运输组织学 [M]. 北京：人民交通出版社股份有限公司，2017.

[8] 周骞，柳伍生，叶鸿. 运输组织学 [M]. 北京：人民交通出版社股份有限公司，2015.

[9] 韩东亚，余玉刚. 智慧物流 [M]. 北京：中国财富出版社，2018.

[10] 郭晓汾，王国林. 交通运输工程学 [M]. 北京：人民交通出版社，2006.

[11] 施先亮. 智慧物流与现代供应链 [M]. 北京：机械工业出版社，2020.

[12] 姜明虎，常连玉. 道路运输管理概论 [M]. 北京：人民交通出版社股份有限公司，2017.

[13] 交通运输部运输服务司. 道路旅客运输安全生产监督检查指导手册 [M]. 北京：人民交通出版社股份有限公司，2021.

[14] 董千里. 交通运输组织学 [M]. 北京：人民交通出版社，2008.

[15] 邵振一，董千里. 道路运输组织学 [M]. 北京：人民交通出版社，1998.

[16] 骆勇，宇仁德. 道路运输组织学 [M]. 北京：人民交通出版社，2006.

[17] 中国大百科全书总编辑委员会《交通》编辑委员会. 中国大百科全书：交通 [M]. 北京：中国大百科全书出版社，1986.

[18] 王生昌，白韶波，张慧. 公路客运量预测方法的比较 [J]. 长安大学学报（自然科学版），2005，25(5)：83-85；98.

[19] 梁金萍，奇云英. 运输管理 [M]. 3版. 北京：机械工业出版社，2021.

[20] 马连福. 现代市场调查与预测 [M]. 5版. 北京：首都经济贸易大学出版社，2016.

[21] 雷培莉，张英奎，秦颖. 市场调查与预测 [M]. 北京：经济管理出版社，2014.

[22] 林红菱. 市场调查与预测 [M]. 2版. 北京：机械工业出版社，2016.

[23] 严季. 危险货物道路运输安全管理手册 [M]. 北京：人民交通出版社股份有限公司，2018.

[24] 马天山. 运输经济（公路）专业知识与实务：中级 [M]. 北京：中国人事出版社，2008.

[25] 王征宇. 国际道路运输管理 [M]. 北京：人民交通出版社股份有限公司，2020.

[26] 中华人民共和国交通运输部. 中国城市客运发展报告：2020 [M]. 北京：人民交通出版社股份有限公司，2021.

[27] 王长琼，袁晓丽. 物流运输组织与管理 [M]. 2版. 武汉：华中科技大学出版社，2017.

[28] 中华人民共和国住房和城乡建设部. 城市客运交通枢纽设计标准：GB/T 51402—2021 [S]. 北京：中国建筑工业出版社，2021.

[29] 鲍香台，何杰. 运输组织学 [M]. 2版. 南京：东南大学出版社，2015.

[30] 《交通大辞典》编辑委员会. 交通大辞典 [M]. 上海：上海交通大学出版社，2005.

[31] 张赫,李振福. 交通运输与物流工程 [M]. 大连: 大连海事大学出版社, 2007.

[32] 刘志萍. 运输港站与枢纽 [M]. 成都: 西南交通大学出版社, 2018.

[33] 张德南,张心艳. 指数平滑预测法中平滑系数的确定 [J]. 大连铁道学院学报, 2004, 25 (1): 79-80.

[34] 吴小华. EXCEL 在指数平滑法参数优选中的应用 [J]. 安徽工业大学学报 (社会科学版), 2007, 24 (1): 38-39.

[35] 袁伯友. 物流运输组织与管理 [M]. 北京: 电子工业出版社, 2018.

[36] 彭勇. 运输组织 [M]. 北京: 人民交通出版社股份有限公司, 2017.

[37] 杨震. 三次指数平滑法在港口吞吐量预测中的应用 [J]. 城市建设与商业网点, 2009 (29): 429-432.

[38] 崔国成. 运输组织与管理 [M]. 武汉: 武汉理工大学出版社, 2019.

[39] 崔英会,李伟. 基于组合模型的港口集装箱吞吐量预测方法 [J]. 中国水运, 2007, 7 (10): 28-30.

[40] 翁小杰. 基于灰色理论和神经网络的预测方法研究与应用 [D]. 武汉: 中南民族大学, 2009.

[41] BATES J M, GRANGER C W J. The combination of forecasts models [J]. Operational research quarterly, 1969, 20 (4): 451-468.

[42] 戴华娟. 组合预测模型及其应用研究 [D]. 长沙: 中南大学, 2007.

[43] 肖玲,王建州,董昀轩. 基于变权重的组合预测方法理论与应用 [M]. 北京: 电子工业出版社, 2020.

[44] 陈华友. 组合预测方法有效性理论及其应用 [M]. 北京: 科学出版社, 2008.

[45] 严修红. 改进型灰色神经网络组合预测方法及应用研究 [D]. 赣州: 江西理工大学, 2007.

[46] 邵春福,熊志华,姚智胜. 道路网短时交通需求预测理论、方法及应用 [M]. 北京: 清华大学出版社, 2011.

[47] 王一红. 定性预测法在销售预测中的应用 [J]. 辽宁师专学报 (自然科学版), 2001, 3 (4): 24-25; 77.

[48] 傅家良. 运筹学方法与模型 [M]. 2 版. 上海: 复旦大学出版社, 2021.

[49] HOWARD A J, SHETH J N. The theory of buyer behavior [M]. NewYork: John Wiley and Sons, 1969.

[50] 科特勒,凯勒. 营销管理: 第 13 版 [M]. 王永贵,何佳讯,于洪彦,等译. 上海: 格致出版社, 2009.

[51] 凤伟. 第三方物流企业客户满意度评价与分析 [D]. 大连: 大连海事大学, 2008.

[52] 麻志宏. 顾客满意度测评方法研究 [D]. 大连: 大连理工大学, 2004.

[53] 杜栋,庞庆华. 现代综合评价方法与案例精选 [M]. 4 版. 北京: 清华大学出版社, 2021.

[54] 严季. 危险货物道路运输从业人员培训教材 [M]. 2 版. 北京: 人民交通出版社股份有限公司, 2017.

[55] 宋年秀,王耀斌. 运输枢纽与场站设计 [M]. 北京: 机械工业出版社, 2006.

[56] 肖艳阳. 城市道路与交通规划 [M]. 武汉: 武汉大学出版社, 2019.

[57] 李升朝. 道路运输行政管理学 [M]. 北京: 人民交通出版社股份有限公司, 2017.

[58] 中华人民共和国交通运输部. 危险货物道路运输规则: JT/T 617—2018 [S]. 北京: 人民交通出版社股份有限公司, 2018.

[59] 苏朝霞. 运输组织与管理 [M]. 北京: 科学出版社, 2016.

[60] 国家发展和改革委员会综合运输研究所. 中国交通运输发展报告: 2020 [M]. 北京: 中国市场出版

社，2020．

[61] 国家发展和改革委员会综合运输研究所．中国交通运输发展报告：2021［M］．北京：中国市场出版社，2021．

[62] 交通运输部．交通运输大事记：1949—2019［M］．北京：人民出版社，2021．

[63] 万明．交通运输概论［M］．2版．北京：人民交通出版社股份有限公司，2021．

[64] 秦进，魏堂建，黎新华．交通运输安全管理［M］．北京：高等教育出版社，2021．

[65] 汪建江．公路执法实务［M］．北京：人民交通出版社股份有限公司，2018．